PRECURE

20th ANNIVERSARY

プリキュア20周年アニバーサリーブック

プリキュア20周年 交通広告ギャラリー

20周年を記念して2月1日の「プリキュアの日」に合わせ、歴代プリキュアのキャラクターデザイナーによる描き下ろしイラストを使った「プリキュア20周年広告」が展開された。ここでは、その中から全国9都道府県、20のエリアで100面にわたって掲出された「バス停広告」のデザインの一部を紹介しよう（掲出期間2023年1月30日～2月12日）。

HOKKAIDO

北海道

MIYAGI

宮城

チェインジ・プリキュア・ビートアップ！
イエローハートは祈りのしるし！
とれたてフレッシュ、
キュアパイン！
CURE PINE

チェインジ・プリキュア・ビートアップ！
ブルーのハートは希望のしるし！
つみたてフレッシュ、
キュアベリー！
CURE BERRY

デュアルスピリチュアルパワー！
かがやく金の花
キュアブルーム！
CURE BLOOM

デュアル・オーロラ・ウェイブ！
光の使者
キュアブラック！
CURE BLACK

プリキュア、スマイルチャージ！
キラキラ輝く未来の光！
キュアハッピー！
CURE HAPPY

プリキュア・オープンマイハート！
陽の光浴びる一輪の花、
キュアサンシャイン！
CURE SUNSHINE

プリキュア・オープンマイハート！
海風に揺れる一輪の花、
キュアマリン！
CURE MARINE

プリキュア・オープンマイハート！
大地に咲く一輪の花、
キュアブロッサム！
CURE BLOSSOM

TOKYO

キュアップ・ラパパ！
ミラクル・マジカル・ジュエリーレ！
ふたりの奇跡！
キュアミラクル！
CURE MIRACLE

プリキュア！くるりんミラーチェンジ！
大地に実る命の光！
キュアハニー！
CURE HONEY

東京

2006

スターカラーペンダント！カラーチャージ！
夜空に輝く！神秘の月あかり！
キュアセレーネ！
CURE SELENE

スターカラーペンダント！カラーチャージ！
宇宙を照らす！灼熱のきらめき！
キュアソレイユ！
CURE SOLEIL

キュアラモード・デコレーション！プリン！
知性と、勇気を！レッツ・ラ・まぜまぜ！
キュアカスタード！できあがり！
CURE CUSTARD

キュアラモード・デコレーション！ショートケーキ！
元気と、笑顔を！レッツ・ラ・まぜまぜ！
キュアホイップ！
できあがり！

プリキュア・デリシャスタンバイ！パーティ・ゴー！
あつあつごはんで、
みなぎるパワー！
キュアプレシャス！
PRECIOUS

プリキュア！トロピカルチェンジ！
ひらめく果実《フルーツ》！
キュアパパイア！
CURE PAPAYA

プリキュア！トロピカルチェンジ！
ときめく常夏！
キュアサマー！
SUMMER

スターカラーペンダント！カラーチャージ！
銀河に光る！虹色のスペクトル！
キュアコスモ！
CURE COSMO

プリキュア・デリシャスタンバイ！パーティ・ゴー！
ふわふわサンドde
心にスパイス！
キュアスパイシー！
SPICY

東京

TOKYO

スマイルプリキュア！
SMILE PRECURE!
これからもずっと一緒だよ。プリキュア20周年！
2012

スイートプリキュア♪
これからもずっと一緒だよ。プリキュア20周年！
2011

レッツプレイ！プリキュア・モジュレーション！
爪弾くはたおやかな調べ！
キュアリズム！
CURE RHYTHM

レッツプレイ！プリキュア・モジュレーション！
爪弾くは荒ぶる調べ！
キュアメロディ！
CURE MELODY

プリキュア・メタモルフォーゼ！
安らぎの緑の大地、
キュアミント！
CURE MINT

プリキュア・メタモルフォーゼ！
弾けるレモンの香り、
キュアレモネード！
CURE LEMONADE

東京

Yes! プリキュア5
これからもずっと一緒だよ。プリキュア20周年！
2007

TOKYO

キュアラモード・デコレーション！アイス！
自由と、情熱を！レッツ・ラ・まぜまぜ！
キュアジェラート！できあがり！
CURE GELATO

プリキュア、プリンセスエンゲージ！
きらめく星のプリンセス！
キュアトゥインクル！
CURE TWINKLE

ひろがるスカイ！プリキュア
これからもずっと一緒だよ。プリキュア20周年！
2023

魔法つかいプリキュア！
これからもずっと一緒だよ。プリキュア20周年！
2016

Go! プリンセスプリキュア
これからもずっと一緒だよ。プリキュア20周年！
2015

ドキドキ！プリキュア
これからもずっと一緒だよ。プリキュア20周年！
2013

プリキュア、ラブリンク！
ひだまりポカポカ！
キュアロゼッタ！
CURE ROSETTA

プリキュア、スマイルチャージ！
しんしんと降りつもる清き心！
キュアビューティ！
CURE BEAUTY

プリキュア・メタモルフォーゼ！
知性の青き泉、
キュアアクア！
CURE AQUA

プリキュア・メタモルフォーゼ！
情熱の赤い炎、
キュアルージュ！
CURE ROUGE

神奈川

キュアップ・ラパパ！フェリーチェ・ファンファン・フラワーレ！
あまねく生命に祝福を！
キュアフェリーチェ！
CURE FELICE

プリキュア、プリンセスエンゲージ！
澄みわたる海のプリンセス！
キュアマーメイド！
CURE MERMAID

プリキュア！くるりんミラーチェンジ！
天空に舞う蒼き風！
キュアプリンセス！
CURE PRINCESS

ミライクリスタル！ハート、キラっと！
輝く未来を抱きしめて!! みんな大好き！
愛のプリキュア！
キュアマシェリ！
CURE MACHERIE

キュアラモード・デコレーション！チョコレート！
強さと、愛を！レッツ・ラ・まぜまぜ！
キュアショコラ！できあがり！
CURE CHOCOLAT

キュアラモード・デコレーション！マカロン！
美しさと、トキメキを！レッツ・ラ・まぜまぜ！
キュアマカロン！できあがり！
CURE MACARON

KANAGAWA

プリキュア・オペレーション！
交わる二つの流れ
キュアフォンテーヌ！
CURE FONTAINE

スターカラーペンダント！カラーチャージ！
天にあまねくミルキーウェイ！
キュアミルキー！
CURE MILKY

スターカラーペンダント！カラーチャージ！
宇宙に輝くキラキラ星！
キュアスター！
CURE STAR

ミライクリスタル！ハート、キラっと！
輝く未来を抱きしめて!! みんな大好き！
愛のプリキュア！
キュアアムール！
CURE AMOUR

プリキュア！トロピカルチェンジ！
ゆらめく大海原《オーシャン》！
キュアラメール！
CURE LA・MER

プリキュア！トロピカルチェンジ！
はためく翼《つばさ》！
キュアフラミンゴ！
CURE FLAMINGO

プリキュア！トロピカルチェンジ！
きらめく宝石《ほうせき》
キュアコーラル！
CURE CORAL

プリキュア・オペレーション！
時を経て繋がる二つの風
キュアアース！
CURE EARTH

Tropical-Rouge! Precure
これからもずっと一緒だよ。プリキュア20周年！
2021

フレッシュプリキュア！
これからもずっと一緒だよ。プリキュア20周年！
2009

ふたりはプリキュア Max Heart
これからもずっと一緒だよ。プリキュア20周年！
2005

プリキュア・デリシャスタンバイ！パーティ・ゴー！
きらめくヌードル・エモーション！
キュアヤムヤム！
CURE YUM-YUM

AICHI

愛知

SHIZUOKA

静岡

プリキュア、スマイルチャージ!
太陽サンサン熱血パワー!
キュアサニー!
CURE SUNNY

プリキュア・オープンマイハート!
月光に冴える一輪の花、
キュアムーンライト!
CURE MOONLIGHT

スカイローズ・トランスレイト!
青いバラは秘密の印、
ミルキィローズ!
MILKY ROSE

ルミナス!シャイニングストリーム!
輝く命
シャイニールミナス!
SHINY LUMINOUS

プリキュア・オペレーション!
重なる二つの花
キュアグレース!
CURE GRACE

ミライクリスタル!ハート、キラっと!
輝く未来を抱きしめて!!みんなを癒す!
知恵のプリキュア!
キュアアンジュ!
CURE ANGE

プリキュア、プリンセスエンゲージ!
深紅の炎のプリンセス!
キュアスカーレット!
CURE SCARLET

大阪

OSAKA

これからもずっと一緒だよ。プリキュア20周年!
2023

Yes! プリキュア5 GoGo!
これからもずっと一緒だよ。プリキュア20周年!
2008

ふたりはプリキュア
PRETTY CURE
これからもずっと一緒だよ。プリキュア20周年!
2004

広島

HIROSHIMA

福岡

FUKUOKA

プリキュア20周年アニバーサリーブック

PRECURE
20th ANNIVERSARY

CHAPTER 1

第1章
ひろがるスカイ！プリキュア 大特集

ひろがるスカイ！プリキュア キャストインタビュー

キュアスカイ／ソラ・ハレワタール役

関根明良

SEKINE AKIRA

PRECURE 20th ANNIVERSARY

HirogaruSky! Precure

CAST INTERVIEW

――放送がスタートしてから半年以上が過ぎましたが、周囲の人々からはどんな反応がありますか？

関根　友人や小学校の頃の担任の先生が「見てるよー！」と応援してくれました。とくに友人は、子供がエンディングや変身シーンでスカイミラージュを振りながら遊んでいる様子を動画で送ってくれて。その友人は私の声優の夢をずっと応援してくれていたんです。その友人の子供に楽しんでもらえる作品に出演したいと思っていたので、夢がひとつかなったと実感しています。

――この半年と少しの期間は、自分の中で長かったですか？　それともあっという間でしたか？

関根　あっという間だったなと思います。最初は「私にやりとげることができるだろうか？」と心配していましたが、自分ひとりの力じゃなくて、共演者やスタッフの皆さんが支えてくださって、みんながいるから、こうして収録できているのだなと感じています。

――演じるうえで心境に変化は？

関根　そこは放送が始まった頃からあまり変わっていないですね。変身シーンの口上は、何度演じても第1話から変わらずに「これから変身するぞ！」というドキドキがあって、いまだに新鮮な気持ちが続いています。キュアスカイが戦いに挑む前の「いくぞ！」という気持ちに、これからも寄り添っていきたいなと思います。

――ソラについて、どんなところが一番変わったと思いますか？

関根　いい意味で柔らかくなりましたね。「ヒーローになりたい」という自分の目指す姿にまっすぐ走っていた女の子が、ましろさんたちと出会うことによって、いろいろな考え方を取り入れたり、友達のやり方から学び、反省したり、そこから自分のやり方を見つけ、柔軟さを身につけました。前に進む道はひとつではなく、たくさん枝分かれしていて、いろいろな方法があるということをきっとこれからも知っていくんだと思います。

――ソラ役の視点から、ましろにはどんな変化を感じていますか？

関根　ましろさんには最初、「守らなければいけない人」という印象がありました。ましろさんがピンチに陥ったら、彼女の前に立って戦わなければいけないというか。でも、だんだんとましろさんが背中を支えてくれて、心に寄り添ってくれて。今では隣に立ってソラちゃんを守ってくれる存在ですね。

――ツバサにはどんな魅力を感じていますか？

関根　努力家で、知識がいっぱいあって、でも一番年下なので、年相応の反応をしてくれるところが可愛いですね。ただ、じつはみんなの中でも熱い心を持っている人だなとも思っていて。第23話でソラちゃんがくじけてスカイランドに帰ってしまったとき、ツバサ君は「なんで相談してくれなかったんだ、ソラさん！」と、話し合おうとする姿勢を見せてくれました。もちろん、そっとしておこうとしたましろさんのやり方も素敵なのですが、あの言葉にツバサ君の優しさや、自分の考えを持って行動できるところがあらわれていて素敵だなと感じました。

――あのシーンのやりとりは、あげはを含めた4人の関係性が凝縮されていた気がします。

関根　関根としては思わず感動してしまい、泣きそうになってしまって。「ダメだ、ソラちゃんはこのことは知らない！　ここで泣いてはダメだ！」と焦ったシーンでした。そうそう、ツバサ君といえば、スタジオオーディションのときにプニバード族の姿のイラストを見て「可愛い！」とひと目惚れしてしまったので、その点でも彼と仲間になれてよかったなと思います（笑）。

――あげはについての印象はいかがですか？

関根　いつもみんなをフォローしてくれるお姉さんですが、年下のソラちゃんたちと同じ目線で全力で楽しんでくれる人だなと思っています。頑張りすぎてしまうところとか、成人しているとはいえ、まだ18歳なので未熟なところもありますが、それをフォローするツバサ君との関係にもキュンときます。本当にあんなお姉さんが身近にいてくれたら幸せでしょうね。

——彼女がいることで、ソラたちのファミリー感がグッと上がっているような気がします。

関根　つねに守ってくれる安心感というか、みんなが暴走しがちなところをあげはさんがうまく抑えてくれて、ポジティブな方向にしてくれる姿は頼りになります。

——もうひとり、どんどん成長しているエルですが、とくにどんなところに可愛さを感じますか？

関根　あの、たぶん全員こう言うんじゃないかなと思うんですけど、「もう全部が可愛い」（笑）。

——そうですね（笑）。

関根　エルちゃん役の古賀葵さんとは収録時間が違うことが多くて、私は録音された声を聞きながら演じることが多いのですが、声を聞いたらみんな、可愛さのあまりのけぞるんですよ（笑）。「ウチの子が一番可愛い！」と思わせてくれる存在で、おしゃべりするようになったのも、みんなの仕草を真似し始めるようになったのも、イヤイヤ期になってワガママを言うようになったのも、すべてに成長と愛おしさを感じます。

——関根さんが思う『ひろがるスカイ！プリキュア』の面白さや特徴は、どんな点ですか？

関根　キャラクター同士の関係がしっかりとつながっているところがお気に入りです。ひとつ屋根の下でみんなが暮らしているからなのか、ちょっとずつ仕草や言動が似てきているんですよね。たとえば、いつの間にかソラちゃんも、ましろさんみたいに「ターイム！」と言い始めたり、みんなで「アゲ！」と笑顔で言うようになりましたね！　映像や台本を見ていると、物語が進むにつれて仲のよさや絆の強さが見えるようになり、キュンとしています。

——ストーリーはそろそろ後半に差しかかりますが、関根さんが楽しみにしていることは？

関根　エルちゃんがキュアマジェスティに変身できるようになり、今後はソラちゃんたちと5人で戦ったり、壁を乗り越えていく姿が見られると思います。今まで守る対象だったエルちゃんと一緒に戦うので、みんなにどんな変化が起きるのか、とても気になります。これから彼女たちの世界がもっと広がり、その中でみんなが持つ夢がどう広がっていくのかが楽しみです。

変身シーンの口上は、何度演じてもドキドキがあります

Profile

せきねあきら　12月16日生まれ。東京都出身。アプトプロ所属。主な出演作に『プリンセス・プリンシパル』（プリンセス）、『風都探偵』（ときめ）、『Fate／Grand Carnival』（藤丸立香）など。

（関根明良さんが選ぶメモリアルエピソード）

● 『ひろがるスカイ！プリキュア』第1話「わたしがヒーローガール！？キュアスカイ参上!!」

ソラちゃんがエルちゃんと出会って、ソラシド市に来てましろさんと出会い、プリキュアとして、ヒーローとして覚悟を決めるという、本作が凝縮されたお話でした。関根自身としてもソラちゃんと初対面だったことで印象に残っています。もちろん、オーディションなどでイラストは見ていました。でも、映像の中で動いているソラちゃんを見ることができて、「ああ……」と胸にくるものがあったことが忘れられません。いまだにあの新鮮さは私の中に残っています。「参上！」というサブタイトルもヒーローっぽいなと思います。

● 『ひろがるスカイ！プリキュア』第17話「わたせ最高のバトン！ましろ本気のリレー」

最初に台本を読んだとき「ソラちゃん、なんてことを」って思っちゃったんです（笑）。リレー本番で転んでしまったましろさんは悔しがり、私はその加隈（亜衣）さんの演技にも胸を打たれました。この話数ではましろさんがソラちゃんに走り方を教わりますが、第30話では逆にましろさんがソラちゃんに泳ぎを教えていて、お互いが素直に教えを請える関係も素敵だなと思いました。

● 『ひろがるスカイ！プリキュア』第23話「砕けた夢と、よみがえる力」

憧れのシャララ隊長がランボーグ化して、ソラちゃんはあげはさんが考えた救出作戦も信じられないくらい、くじけてしまって。でも、ましろさんからの手紙は優しさと強さにあふれていて、私は収録中ずっと泣いていました。そんな支えを受けて、立ち直ったソラちゃんがみんなのもとに戻ってきたシーンはとてもカッコよかった！　シャララ隊長が登場したときを彷彿とさせるマントのなびき方で「ふわ〜!!ヒーローだ!!」と感激して、オンエアを見たときにも朝から泣いてしまいました。本当にカッコよかったんです！

ひろがるスカイ！プリキュアキャストインタビュー

キュアプリズム／虹ヶ丘ましろ役

加隈亜衣

KAKUMA AI

PRECURE 20th ANNIVERSARY

HirogaruSky! Precure

CAST INTERVIEW

——ここまでましろ役を演じてきての手応えや、率直な心境を聞かせてください。

加隈　あっという間にここまできてしまったなという感じです。『ひろがるスカイ！プリキュア(以下、ひろプリ)』って、従来のシリーズならもっと後半に出てきそうなお話がすでに描かれるなど、先が読めない作品だなと思っています。丁寧にゆっくり描いているかと思いきや、急にお話が進むという展開を繰り返していて、これが『ひろプリ』の特徴かも、と感じています。

——お話の展開に独特なテンポがある？

加隈　そうですね。たとえば、キュアバタフライがなかなか登場しないところは、皆さんもやきもきしたんじゃないかと思います。今までのシリーズだと、みんなが早く変身を果たして、揃ったところで「立ち向かうぞ！」みたいな感じがありましたが、ソラちゃんをはじめ、みんなが主人公となってじっくりと物語が進んでいく。そういった意味で、ちょっと先が読めないですね。

——ましろ自身も、いろいろなことを経験して成長しています。彼女の一番の変化や強みはどんなところだと思いますか？

加隈　当初のましろは、本当に普通の女の子という描かれ方で夢もありませんでした。今では絵本作家という夢を見つけられて、取り柄である優しさがソラたちにも影響を与えていると思います。ただ、たとえばエルちゃんがキュアマジェスティになり、前向きに頑張ろうとみんなが言っているところで、ましろだけは不安な表情をしていたりするんですよね。感情のコントロールがうまい子だと思っていたんですけど、そうじゃないのかもと感じています。この子はこうだ、と言いきるのはまだ難しいですね。

——今まさに演じている途中ですから、難しい面もありますね。

加隈　私自身の変化でいうと、ましろへのアプローチは、最初は可愛らしく、柔らかくと心がけていましたが、最近はそういう雰囲気もあまりなくなって(笑)。戦い方も最初は「自分にこんな力が？」と戸惑っていたのが、敵が現れたらエルちゃんを守るために前に出て戦うように変化してきました。ましろが心の準備をしてすぐに打って出られるようになったのは大きいですね。

——ましろとソラの関係を見ていて、いいなと思うところは？

加隈　初めの頃は話して気持ちを確認したり、やり取りを経て理解していたのが、今では空気感や表情ひとつで伝えあっていますね。手をつないだり、肩を寄せるだけでも気持ちを届けられるし、受け取れる。もう「夫婦何年目？」という感じで(笑)。

——ましろはソラのどんなところがいいと思っているのでしょう？

加隈　ずっと自分の夢を持っていてブレないところが、ましろからすると憧れですし、応援したいって気持ちにもさせてくれます。「あ、未熟だ」と反省しながらも前を向く姿か、まわりに頼ってもいいのにコツコツ努力して自分の力にしていくところは、ましろにとっては眩しいんじゃないかな。

——逆にソラはましろのどこがいいと思っていると思いますか？

加隈　受け止めてくれるところかなと思います。頑張っているソラちゃんを否定しないで寄り添いながら応援し、彼女が気づかない努力の仕方を教えてくれるところも、ソラちゃんは信頼していると思います。

——お互いを補い合って肯定しあえるということですね。

加隈　尊敬しあっている気がしますね。

——最初から一緒にいたエルがキュアマジェスティに変身しましたが、ましろ役としてどのような心境ですか？

加隈　最初はひたすら可愛いだけだったのが、だんだんとワガママを言うようにもなってきました。それでも、見守っていたはずがむしろ支えて励ましてくれることも多くなって、そんなところも含めて「我が子」の成長がいとおしくてたまらないです。

――ツバサに対してはどんな印象ですか？

加隈　自分がプニバード族で飛べないことを克服するために知識を身につけて努力してきたところは尊敬できます。でも、やっぱり可愛いですよね（笑）。自分のプライドを大事にしていたり、みんなといるときに親御さんから「ツバサちゃん」って声をかけられてプンプンってなったりするところなんて、たまらなく可愛いです（笑）。

――ツバサに言ったら怒られますね（笑）。

加隈　そうなんですよ。でも、あげはちゃんに対して最初は「苦手です」みたいなことを言っていたのはびっくりしました。今ではもう、あげはちゃんとはすっかりコンビですよね。ツバサくんの成長はとくに丁寧に描かれていて、素敵だなと思います。じつはましろに似ているなと感じる部分もあるんですよ。

――どんな部分が？

加隈　「プリンセスを守る必要がなくなったら、自分はどうしたらいいんだろう」とか「僕には何もない」という彼の悩みは、まわりの人たちが輝いて見えるからこそ生じるんだと思います。そこはましろに似ていますね。

――たしかに。そしてもうひとり、あげはには大人としての頼もしさがありますね。

加隈　そうですね。急に家に「アゲ！」って感じで来られたら、私はちょっと引いてしまうかもしれないです（笑）。でも、ソラちゃんは真面目、ましろは受け身、ツバサ君も自分から積極的に動くのは……というチームなので、ああいうテンションで明るさをもたらしてくれるのはすごくありがたいです。その一方で、表情の曇り加減から相手の気持ちを見極めて、機転を利かせて空気を変えてくれるところも心強い。立場的にも行動からも保護者役を担ってくれていて、本当に「あげは姉さん！」という感じですよね。しっかりしていて夢も持っているし、憧れます。

――キャストとして『プリキュア』シリーズでしか味わえない楽しさ、面白さはどんなところにありますか？

加隈　変身のときのドキドキ感です。今でも緊張感が半端なくて。『ひろプリ』では変身の口上をその回のお話のメインになっている人が担当するので「順番が来た！」と思うと緊張します。あと、変身シーンに参加するキャラクターが増えると、掛け声のタイミングが難しくなってくるので、私のブレスに合わせてもらったり、いろいろ工夫をしています。

――今後のストーリーで加隈さんが楽しみにしているところを聞かせてください。

加隈　ソラちゃんがどんなヒーローになっていくのか、それによってまわりがどんな道を選び進んでいくのかがとても気になります。結末はわかりませんが、皆さん、見守っていただけたらうれしいです。

ソラとは空気感や表情で気持ちを伝えあえるようになってきました

Profile

かくまあい　9月9日生まれ。福岡県出身。マウスプロモーション所属。主な出演作に『無職転生 ～異世界行ったら本気だす～』（エリス）、『転生したら剣でした』（フラン）、『青のオーケストラ』（秋音律子）など。

（加隈亜衣さんが選ぶメモリアルエピソード）

●『ひろがるスカイ！プリキュア』第4話「わたしもヒーローガール！キュアプリズム登場!!」

自分の人生でプリキュアになれるとは思っていなかったので、やはり初変身の回は印象に残っています。『ヒーリングっど♥プリキュア』で妖精のラビリンとして出演して、素敵な作品に出られてよかったなと思っていましたけど、『ひろプリ』で今度はプリキュアになれる機会をいただけて。変身は子供の頃からの夢だったのでうれしかったです。オーディションでは他のプリキュアも演じたのですが、キュアプリズムの「ふわり広がる」という変身セリフが言いやすくて、自分の中で一番バチっとハマりました。

●『ひろがるスカイ！プリキュア』第17話「わたせ最高のバトン！ましろ本気のリレー」

ましろは普段の運動神経がいいわけじゃないのに、ソラちゃんに巻き込まれるかたちでリレーに参加することになるお話ですね。リレーの本番では転んでしまい、悔しくて泣いてしまって。でも、ましろにとっては、そのときはつらくても、将来振り返ったときに絶対いい思い出になっているはずなんです。そして同じような経験をした人がこのお話を見てくれれば、救われた気持ちになってくれるのではないか、そんな風に思った回でした。

●『ひろがるスカイ！プリキュア』第23話「砕けた夢と、よみがえる力」

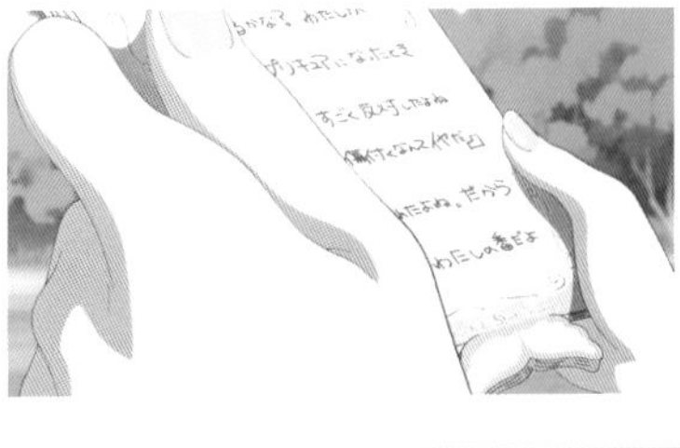

ソラちゃんへのお手紙は笑顔で読み上げなきゃいけないのに涙が止まらなくて。泣きながら「大丈夫だよ」と言っても説得力がないじゃないですか（笑）。「演じきる自信がない」と思っていたんですけど、先に録り終わった（関根）明良ちゃんの姿を見たら、もっと涙が出てきてしまいました。なんとか収録を終えて戻ったら明良ちゃんが号泣していて、明良ちゃんが一番大変なお話なのに、気遣ってあげられなかったことがつらくなって……こんなときに感情をコントロールできたらいいのになと思いました。

ひろがるスカイ！プリキュアキャストインタビュー

キュアウィング／夕凪ツバサ役

村瀬 歩

MURASE AYUMU

PRECURE 20th ANNIVERSARY

HirogaruSky! Precure
CAST INTERVIEW

―ストーリーはそろそろ後半ですが、ツバサの成長を感じた瞬間はありましたか？

村瀬　作戦を立案したり、チームに役立てるように自分が得意なことを積極的に引き受けるようになりましたよね。それをみんなが受け入れてくれたことで、ツバサ自身も精神的なゆとりや、仲間への信頼感を持てるようになったと思います。

―４人が一緒に過ごしていることも、チームワークが高まる一因のように思います。

村瀬　とくにあげはさんが引っ越してきて、ワチャワチャ感が増した感じはありますね。

―ツバサ以外のキャラクターについても聞かせてください。まず、ソラについて変わってきたなと感じることはありますか？

村瀬　最初、ソラはメンタルもフィジカルもどっちも強そうと思っていましたけど、じつはメンタルはそれほどでもないとだんだんわかってきました。ショックなことがあれば引きずるし、恐怖心も口にするし、そういった点で印象は変わりました。ただ元気なだけじゃなくて「この子、急におとなしくなった」みたいな、ちょっと危うい感じが、また魅力的だなと思えるようになりましたね。

―ましろはどうですか？

村瀬　ましろは逆にずっとブレないですね。すごくフラットにいろいろな物事を見て、視聴者が一番共感できるキャラクターなんじゃないかなと思っていて。包容力もありますし、ソラもそういうところに安心するんじゃないかな。ソラは荒れ狂うスポーツカーみたいにぶっ飛んでいて、アクセルを踏むと時速３００キロメートルぐらいまで一気に出るんだけど、ブレーキもギュンと強く踏む必要がある。一方で、ましろは優しくて安定感があるので、ふたりでいることでバランスが取れていると思います。

―ふたりの関係を形容する言葉って何なんでしょう？　相棒なのか兄弟なのか……。

村瀬　それは今作のテーマになっている気がします。一緒に暮らしている感じはファミリーのようだし、でも友達といえば友達だし。かけがえのない存在ではあるけれど、既存の概念に当てはめづらいですね。

―ツバサとソラ、ましろの関係について、村瀬さんはどう捉えていますか？

村瀬　ふたりともちょっと抜けているところがあって可愛いですね。ツバサにとっては年上だけど、放っておけないところがあるお姉ちゃんみたいな感じです。

―では、ツバサは弟という感じですか？

村瀬　そこはそうでもなくて、ましろとソラに敬語を使っているけど、話している内容を聞いていると、対等なんですよね。ツバサ自身は自分と変わらない立ち位置だと思っているんじゃないかな。

―では、あげははどんな存在でしょう？

村瀬　僕がつねに思っているのは、ツバサにとってあげはさんは絶妙に心をざわつかせてくる存在であるということ。あげはさんはツバサのコンプレックスを刺激してくるけど、彼女自身に悪意はないんですよね。最初はそれがよくわからなくて、「ズカズカ来る人だ」という印象だったんです。でも、彼女の優しさや芯の強さに触れたり、グイグイ行動するけど、同時にいろいろなことを考えていることがわかってきてからは、気の置けない相手だと思って接するようになっています。あげはさんに対しては、ソラやましろに対してよりも自分の言いたいことや思っていることを言えていますよね。あげはさんの言動にツッコミを入れながらですけど（笑）。

―もうひとり、ツバサが「ナイト」を自負しているエルについては、どんなところが魅力だと思いますか？

村瀬　ツバサにとってエルちゃんは、本当に何がなんでも守らなきゃいけないと思っている存在ですね。第９話でカバトンに追われるなか、エルちゃんはツバサを置いて逃げることなく守ってくれました。その恩に報いるためにツバサはエルちゃんのナイトにな

あげはさんに対しては、思ったことを素直に言えるんです

ることを決断するのですが、非力なはずの赤ちゃんが自分を守ってくれたことにヒロイックさをすごく感じたんだと思います。キュアマジェスティに変身するときもそうですが、じつはエルちゃんは「人を助けてあげたい」という気持ちがすごく強いんですよね。ツバサ以外にも、ましろを慰めるようなシーンもあって。だから赤ちゃんなんだけどみんなの中心にいるし、ツバサはそんなエルちゃんの姿に惹かれているんだと思います。

――一方、ここまでまだ詳細が明らかになっていない、アンダーグ帝国の面々にはどんな印象を持っていますか？

村瀬　僕はミノトンが好きなのですが、キャスト陣からも人気があるんですよ。カバトンの親戚だと言われると怒ったり、ハンディファンだけで猛暑をしのいで頑張っていたり、ちょっと可愛らしさがあって。

――キュアウィングとして戦うシーンで、気をつけている部分はありますか？

村瀬　とくに歯噛みするようなシーンで、音として汚くならないように意識しています。「ギリッ」とか「ギーッ」とか、濁ったり、こもったりしすぎる音はあまり出さないように心がけました。「くっ！」というような感じで、どの年代の人が聞いてもピンチであることをわかりやすく感じられるように演じています。

――他に『プリキュア』らしさを感じた点はありましたか？

村瀬　ツバサの初変身シーンでは、口上の「スカイミラージュ！」までは覚悟を持ってキリッと叫んだんです。でも『トーンコネクト』からは華やかな感じの声色にチャレンジしてほしい」とオーダーを受けて。オンエアで変身シーンを見たら「たしかにこちらのほうが画に合うかも」と感じました。ずっと「覚悟」のニュアンスで演じたら、重くなっていたかもしれません。変身シーンにおける華やかさ、きらびやかさが「お約束」としてあるんだなと思いました。

――今後のストーリー展開で期待していることはありますか？

村瀬　とても楽しんで演じることができているので、このまま続いてくれればなと思っています。あと個人的には『映画プリキュアオールスターズF』が楽しみなんです（※インタビュー収録時は公開前）。予告映像ではキュアウィングが僕の一番好きなプリキュアであるキュアフローラと一緒のチームで行動するような描写があって、びっくりしました。夢がありますね。

――キュアフローラのどんなところが好きなんですか？

村瀬　周囲からなんと言われても「プリンセスになる！」という夢をコツコツと育てていて、めちゃくちゃヒロイックなんですよね。そして決めるときは決める。健気でカッコいいし、一番の推しですね。

Profile

むらせあゆむ　12月14日生まれ。アメリカ合衆国出身。アスターナイン所属。主な出演作に『ハイキュー!!』シリーズ（日向翔陽）、『Dr.STONE』（銀狼）、『魔入りました！入間くん』（鈴木入間）など。

（村瀬 歩さんが選ぶメモリアルエピソード）

●『ひろがるスカイ！プリキュア』第9話「勇気の翼、飛べキュアウィング!!」

絵コンテでキュアウィングの動きを確認しても、変身する実感がなかなか湧かなかったのですが、オンエアで見て「アニメーターさんってすごい！」と感動しました。カッコよくて、でも可愛く、凛々しく、ひとつひとつの表情を大事に描いてくれていたんです。おまけに空を飛ぶし、ダメ押しでウィンクまでしてくれて「愛にあふれているな」と感心しました。変身に至るストーリーも2話にわたって丁寧に描かれて美しかったし、プリキュアの仲間として温かく迎え入れてもらえたと思います。

●『ひろがるスカイ！プリキュア』第11話「気まずい二人！？ツバサとあげは」

ランボーグの手に握り込まれたあげはさんが、ランボーグにじゃんけんでパーを出させて脱出するのですが、山の上でそんな無茶をする彼女をキュアウィングは放っておけなくて。あげはさんはあげはさんで、このお話でツバサをずっと信用してかまってくれていました。彼女は過干渉にも見えますが、困った人のことを放っておけない優しさがあるんですよね。あげはさんとのファーストコンタクトだったので、ツバサはまだはっきりわかっていなかったのですが、ここから彼女に一目置くことになるので印象に残っています。

●『ひろがるスカイ！プリキュア』第21話「ひろがれ！知識の翼」

このエピソードを収録する少し前に、スタッフの方から「もうすぐツバサ回がありますよ」という話を聞きました。ツバサは変身したことで空を飛べるようになり、夢がかなったけど、じつは彼の気持ちは宙ぶらりんになっている、ということを描いているお話なのですが、それまでツバサが真面目に空を飛ぶことを勉強してきたことを踏まえると、すごく説得力のあるエピソードですよね。脚本を書かれたスタッフの方に対して「おみそれしました」という気持ちです。『ひろプリ』は本当に脚本がすごいなと思います。

ひろがるスカイ！プリキュアキャストインタビュー

キュアバタフライ／聖あげは役

七瀬彩夏

NANASE AYAKA

PRECURE 20th ANNIVERSARY

HirogaruSky! Precure

CAST INTERVIEW

――『プリキュア』シリーズについて、どのような印象を持っていましたか？

七瀬　声優を目指し始めた頃に『スイートプリキュア♪』と『スマイルプリキュア！』を見ていました。キラキラしていて、女の子がみんな憧れて「プリキュアのようになりたい」という気持ちが理解できます。私も当時「なりたいな」と思って見ていたので（笑）。

――なりたいと思う気持ちに年齢は関係ないですよね。

七瀬　朝見ていると「今日も一日頑張ろう」と明るい気持ちになれて。声優の養成所に通っていたときは、くじけそうになることもあったのですが、プリキュアから勇気をもらっていたので、それもあって「なりたいな」と思っていました。

――『ひろがるスカイ！プリキュア（以下、ひろプリ）』以前の作品のオーディションにも参加していたのですか？

七瀬　はい。デビューしてから何度も受けさせていただいていました。今回はテープオーディションでましろちゃんとエルちゃんを受けていたのですが、スタジオオーディションに進んだときに「あげはちゃんも受けてほしい」と依頼され、初めてセリフを読み込んでイラストを見て演じました。合格した手応えはなかったのですが、役を作ったりイラストを見たりしていると「あげはちゃん、けっこうしっくりくるな」と感じたんです。

――それまでにはなかった感覚でしたか？

七瀬　以前のオーディションではプリキュアのカラーやイメージに引っ張られすぎることがあったんです。たとえば、ピンクのキャラクターなら元気に、とか。でも、あげはちゃんは私の持っている感覚を気負うことなくぶつけられました。自然体で演じられたなと思いましたね。

――合格の連絡が届いたときは？

七瀬　すごくうれしかったんですけど、実際に収録が始まるまでは、緊張が続いてドキドキしていました。アフレコに遅刻する夢を見たりするんですよ（笑）。

――収録が始まってからの心境の変化は？

七瀬　収録が始まる前までは「私なんかに務まるかな」という不安がつきまとっていたのですが、あげはちゃんが初登場した第4話で『私なんか』？　そんなこと言うな！　そんなこと誰にも言わせるな！」とすごく前向きな言葉をましろちゃんにかけていて。その言葉が私の支えにもなって、自信を持って楽しもうと気持ちを切り替えられました。あげはちゃんに背中を押されましたね。

――登場から変身まで3カ月ほどかかりましたが、変身回を迎えたときの気持ちは？

七瀬　台本をいただいて「次かな？」と思って確認すると「次じゃなかったか……」というのを繰り返していたので「やっときたぞ！」と。夢への一歩として気合を入れていた保育実習中に「大切な人たちを守りたい」と言って変身するのですが、私も初変身回ですごく気合を入れていました。変身の仕方も、保育園の子供たちを守るために自ら進んでエルちゃんにスカイトーンを出してもらっていて、あげはちゃんの前向きな意志の強さを感じました。

――キュアバタフライの戦闘シーンでとくに印象に残っているものはありますか？

七瀬　第18話で子供をあやすような感じでランボーグをいなす戦い方をしていたのですが、お姉さんらしい余裕のある雰囲気があって、演じていてもしっくりきましたね。

――他のキャラクターについても聞かせてください。まず、ソラの印象は？

七瀬　まっすぐで真面目ですね。一生懸命に取り組んでいて伸びしろが無限大な感じがします。いつも気合が入っていて頑張っている、一直線な子だなと思います。

――ましろに関しては？

七瀬　ふわふわしているけど芯のある強い子だなと思っています。ツッコミもけっこうするし（笑）。

――ソラとましろの距離感についてはどう

感じますか？

七瀬　ソラちゃんは身体的に強いけど精神的にちょっともろい。一方でましろちゃんは精神的に強くて、それゆえに人に優しくできるところがあるんだと思います。お互いが補い合い、支え合っていますよね。あげはちゃんからすると、ツバサ君を含めてみんな親から離れて暮らしているので、見守ってあげたいと思っているでしょうね。だから、ふたりの間に入って何かしてあげようというよりは、成長を見守りつつ、何かあったら助けようというポジションです。

――その点でいうと、あげはの成長を感じたことはありますか？

七瀬　成長というか、あげはちゃんのことをいろいろわかってきたなという実感があります。最初は車の運転ができて人に気遣いもできる、非の打ちどころのないカッコいいお姉さんだと思っていました。でも、第19話でツバサ君に「頼ってください」と言われたあたりから、保育園の実習のために深夜まで絵を描くなど、必死に努力している子なんだということが見えてきて。そんなところも含めて「ああ、あげはちゃん、大人だな」と思うようになりました。

――あげはとは対になることが多いツバサについては、どのように捉えていますか？

七瀬　12歳にしては落ち着いていますね。お姉さんたちの中にいて最年少だけど、「プリンセスのナイトですから」と背伸びしている感じが頑張っていて可愛い（笑）。

――理想に向けて努力するツバサの姿は、あげはと似たところがありますね。

七瀬　そうですね。年の差がありつつもお互いを頼りにしているところがありますし、上下関係が決まっていなくて対等な感じは姉弟みたいです。

――残るひとり、エルちゃんについてはどんなところに魅力を感じますか？

七瀬　だんだん言葉をおぼえて「あげは」と呼んでくれるようになったり、歩けるようになったりして、親心を持って見守っています。最近「イヤ！」と自分の意志を出すようになってきたところも可愛いですね。一方で、キュアマジェスティへの変身回はすごくカッコよかったです。まさに気高くて神秘的な存在でした。

――七瀬さんが思う『ひろプリ』の魅力、面白さはどんなところにありますか？

七瀬　みんなが一緒に住んでいるのが「家族」という感じがしていいですね。チームの絆が日常生活で垣間見られて、それがどんどん強くなっていく感じが楽しいです。

――今後の展開で楽しみなところは？

七瀬　いつかみんなが別れるときがくるのかなという予感がしています。そうだとしたらとても寂しいんですけど、それぞれが歩んでいく道をどう見つけていくかは、すごく楽しみですね。

「『私なんか』？ そんなこと言うな！」というセリフに背中を押されました

（七瀬彩夏さんが選ぶメモリアルエピソード）

Profile

ななせあやか　7月11日生まれ。東京都出身。アクセルワン所属。主な出演作に『スーパーカブ』（礼子役）、『女神寮の寮母くん。』（早乙女あてな役）『サクラクエスト』（木春由乃役）など。

● 『ひろがるスカイ！プリキュア』第19話「あげはとツバサ、カラフルにアゲてこ！」

みんなで頑張って描いた壁画をバッタモンダーに壊されそうになり、泣き出したエルちゃんに「僕たちと一緒に守りましょう、プリンセス！」「ここからアゲてくよ、エルちゃん！」とキュアウィングと声をかけるシーンがとても印象的です。キュアウィングと新技「プリキュア・タイタニック・レインボーアタック」を放てたのも印象深かったです。初めてキュアバタフライに変身した第18話も思い出深いのですが、その続きでキュアバタフライとキュアウィングで共闘する姿が描かれた第19話はお気に入りです。

● 『ひろがるスカイ！プリキュア』第23話「砕けた夢と、よみがえる力」

ましろちゃんの手紙が読み上げられるなかでソラちゃんが「私は弱虫だ」と泣くシーンにすごく感動しました。ソラちゃんのやるせない気持ちや悔しい気持ちに感情移入する一方で、ましろちゃんが優しい声で手紙を読むシーンのバックではキュアプリズムが必死の形相で戦っていて、ソフちゃんを思いやる気持ちが胸に迫りました。収録ブースの中で関根（明良）さんや加隈（亜衣）さんのお芝居を見ていたのですが、泣いてしまって。『ひろプリ』は感動的なシーンが多く、泣きながらテレビを見ることも多々ありますが、この回は特別です。

● 『ひろがるスカイ！プリキュア』第28話「あげはのアゲアゲファッションショー」

お姉さんたちが開催したファッションショーを台無しにされそうになって「いつも笑えるわけじゃない。苦しいとき、つらいとき、泣きたいときもある。でも、そんなときこそ笑顔で、みんなを笑顔にするために頑張って、笑顔が返ってきたら最高なんだって教えてくれた。だから私も、そんな風になりたいんだ」と、我を忘れることなく語るあげはちゃんの言葉にハッとしました。いつも「アゲてこう！」と場を盛り上げてくれる彼女の信念や核心に触れられた気がします。

ひろがるスカイ！プリキュアキャストインタビュー

キュアマジェスティ／プリンセス・エル役

古賀 葵

KOGA AOI

PRECURE 20th ANNIVERSARY

HirogaruSky! Precure

CAST INTERVIEW

——キュアマジェスティの変身回を振り返っての印象から聞かせてください。

古賀　じつはオンエアよりも先におもちゃや販促物で変身のセリフを収録することがあるのですが、初めてアニメで変身シーンを演じたときは全然印象が違いました。物語が進み、エルちゃんの気持ちを考えながら演じることで「こういうことか！」と気づいたこともあって。

——それは具体的にどんなことですか？

古賀　最初は赤ちゃんとキュアマジェスティで別人格になるのかなと思っていたんです。でも、変身してからもエルちゃんの気持ちはキュアマジェスティにつながっていて。エルちゃんとしてみんなから学んだことや、もらった愛情がキュアマジェスティに凝縮されていることを感じました。

——一方でキュアマジェスティにはどことなく人間離れした印象もありますが、どのようにアプローチしましたか？

古賀　力いっぱい戦うというよりは、戦い慣れしているような、少し余裕があるようなところが見せられたらいいなと意識しました。初めての変身回では、私は余裕どころかすごくドキドキしながら演じていましたけど（笑）。

——なるほど。話がさかのぼりますが、古賀さんはこれまで『プリキュア』シリーズを見ていたのでしょうか？

古賀　もちろん！『ふたりはプリキュア』を見て育ったといっても過言ではないです。小さいときから声優になりたいという気持ちがあったんですけど、どんな作品に出たいか？と聞かれて思い浮かぶのは、日曜朝帯のヒーローや『プリキュア』で、ずっと憧れでした。『プリキュア』シリーズへの出演は夢であり目標だったので、オーディションで選んでいただいたときはとてもうれしかったです。

——『プリキュア』シリーズのオーディションに参加したのは今作が初めてですか？

古賀　いえ、何度も受けていましたね。だから念願かなっての出演でした。レギュラーで赤ちゃん役を演じるのも初めてだったので、その部分でも新しい挑戦でした。

——のちにキュアマジェスティに変身するのはわかっていたんですよね。

古賀　はい。オーディション資料にエルちゃんの喜怒哀楽の「えるぅ〜」という言葉に加えて、キュアマジェスティのセリフも載っていました。

——エルを演じるにあたって苦労したことや、ディレクションで印象的だったことはありますか？

古賀　まず、赤ちゃんや小さな子供が身近にいなかったので、エルちゃんと同い年くらいの子供が出ている動画を延々と見たり、街行く子供を観察したり……（笑）。あとは他の声優さんが演じている赤ちゃんのお芝居を研究しました。

——それだけ準備をしていれば、アフレコが始まってもバッチリだったのでは？

古賀　収録が始まってから小川（孝治）シリーズディレクターに「リアルな赤ちゃんに寄せずに、みんなを癒やすように演じていただければ」と言われたんです。それを聞いて、多くの人が赤ちゃんを見ると笑顔になることに気づきました。そこから、見た人がうれしい気持ちになるような表現の仕方にこだわることにしました。

——「キリンしゃん」などの赤ちゃん言葉はアドリブですか？

古賀　台本に書いてあることもあれば、エルちゃんの成長具合に合わせて、考えながら演じることもあります。視聴者の方がＳＮＳで「言葉がはっきり言えるようになったと思ったら、そのあとの回では言えなかったりするのがすごくリアル」と指摘してくださっているのを見たことがあるのですが、進歩したり後退したりを繰り返すのがリアルな成長なんだと知ってからは、以前にちゃんと言えた言葉がたどたどしくなっても、あえて直さないこともあります。

キュアマジェスティには、みんなから学んだことや愛情が詰まっている

——エルを取りまくキャラクターたちの印象も聞かせてください。まずはソラから。

古賀　ソラちゃんとは運命的な出会いを果たし、そこから物語が始まったということで、エルちゃんとしても特別な思いがあると思います。実直で強い信念を持っているソラちゃんですけど、いつも気持ちが張り詰めているがゆえにちょっとつつかれると切れてしまいそうな危ういところがありますね。でも、そんなところにも惹かれます。

——ましろはどうですか？　エルはずっと抱っこされていた印象ですが(笑)。

古賀　そうですね(笑)。可愛いし、エルちゃんを包み込んでくれる優しさや、否定せずに導いてあげようとするところが印象的です。お友達にしたいし、お母さんにもなってほしいし、いろいろな要素を持っている子だなと思います。

——ツバサはどんなところが魅力ですか？

古賀　しっかり者ではあるけど、はしゃぐあげはさんたち女子陣のにぎやかさに「やれやれ」感を出しているところが好きかな。一生懸命に航空力学を学んでいるところも誠実で好印象です。残るあげはさんは……ちょっとズルいですよね。

——ズルい？

古賀　理想的すぎるお姉さんですよね(笑)。みんなが違う方向に行きそうになると、その場を落ち着かせてまとめてくれるのもあげはさん。エルちゃんも彼女の影響を受けていると思います。「アゲ！」っていう口癖なんかは、まさにそうですね(笑)。エルちゃんから見ると、一緒にいてワクワクする楽しい人だと思います。

——ストーリーもそろそろ終盤に差しかかりますが、5人の関係性をどのように捉えていますか？

古賀　友達でもあり、家族でもあり、という印象ですね。最初は他人だったのが、大切に思い合える仲になっていって素敵だと思います。エルちゃんがいることでその絆がより強まって、家族感が増しているのを感じます。

——エルがキュアマジェスティに変身したことで、その関係性は変化しそうですか？

古賀　これまではみんなでエルちゃんを守るという目的で結ばれた絆がありましたが、エルちゃんにも「みんなを守りたい、一緒に戦いたい」という気持ちが芽生えてきたことで、5人が守り合うような関係に変わるんじゃないかと思います。お互いの信頼関係も、より深まっていくと思います。

——他に終盤の見どころや楽しみにしているポイントを教えてください。

古賀　アンダーグ帝国がさらに手強くなり、プリキュアがどのように戦っていくのか気になります。キュアマジェスティが加わったことで5人での全員技も増えますし、よりパワーアップしたプリキュアの戦いを楽しみにしてほしいです！

Profile

こがあおい　8月24日生まれ。佐賀県出身。81プロデュース所属。主な出演作に『かぐや様は告らせたい』(四宮かぐや)、『古見さんは、コミュ症です。』(古見硝子)、『SYNDUALITY Noir』(ノワール)など。

古賀 葵さんが選ぶメモリアルエピソード

● 『ひろがるスカイ！プリキュア』第20話「ましろの夢 最初の一歩」

ましろちゃんが「絵本作家になりたい」という夢を持ち始めることになった回です。そのきっかけに、エルちゃんが関わっていたのがうれしいですね。あと、ましろちゃんがエルちゃんに「ひとりで遊ぶのも楽しいけど、お友達とだともっと楽しいんじゃない？」と提案してくれるシーンがあるのですが、これがエルちゃん自身の成長のきっかけにもなっていて、いいお話だと思いました。お話を作る回でいうと「えるたろう」の人形劇をみんなで作る第16話も大好きで、どちらにしようか迷いました。

● 『ひろがるスカイ！プリキュア』第23話「砕けた夢と、よみがえる力」

家で台本を読んでいるときからボロボロ泣いてしまいました。ずっと憧れていたシャララ隊長がランボーグ化してしまい、落ち込むソラちゃんに対して、ツバサ君は「なんで相談してくれなかったんだ」と前のめりになってしまうのですが、ましろちゃんがあえて離れたところから見守ってあげようとするのは、今まで一番近くにいたからこそなんですよね。そこからちゃんと立ち上がってくることができるのはソラちゃんの力だし、本当に素敵な関係だなって……ああ、今思い出していても泣いてしまいそう(笑)。

● 『ひろがるスカイ！プリキュア』第32話「大変身！キュアマジェスティ!!」

エルちゃんは自分がキュアマジェスティだと明かして、一緒に戦えることをアピールするのですが、なかなか変身できないことに悩むんです。一度は変身できたのにうまくいかないもどかしさが、とても伝わりました。でも「嘘じゃないんだよ」と言うエルちゃんを、みんな信じてくれて。変身できたキュアマジェスティが「信じてくれてありがとう」と感謝を伝えるシーンはとても心に刺さりました。「みんなが守りたいという気持ちを教えてくれたから、私はみんなを守れる」というエルちゃんの気持ちが伝わってグッときました。

キャラクターデザイン

斎藤敦史

SAITO ATSUSHI

本作のキャラクターデザインを担当したのは『ラブライブ！スーパースター!!』など、幅広いジャンルで活躍するアニメーター・斎藤敦史。カッコよさと愛らしさを同居させた、清潔感あふれるそのデザインは、本作の魅力のひとつだ。デザインのポイントや『プリキュア』ならではの苦労など、その制作の裏側について話を聞いた。

「カッコいい6、可愛い4」の配分を意識したデザイン

―斎藤さんが『プリキュア』シリーズに参加するのは、今回が初めてですよね。

斎藤　そうですね。『デリシャスパーティ♡プリキュア』のオープニングに1カットだけ参加したのですが、それを除けば初めてです。製作担当の方から「キャラクターデザインのコンペを受けてみませんか」と声をかけていただいたのですが、意外な感じもありつつ、もともと僕の絵柄とか絵の方向性がわりとさっぱりした感じの絵で、ある意味、子供向けの作品に向いているんじゃないか、と思っていたところだったんです。なので、やりたいことと「やってみませんか」と声をかけていただいたタイミングがバチッと合ったのかなと。

―コンペで描いたのはキュアスカイとキュアプリズムですか？

斎藤　そこにエルを加えた3人ですね。キャラクターに関する簡単な文字資料に加えて、シリーズディレクターの小川（孝治）さんのちょっとしたメモというか、画像資料を一緒にいただきました。最初に小川さんとプロデューサーの鷲尾（天）さん、髙橋（麻樹）さんの3人で打ち合わせがあったのですが、そこで「ヒーロー」モチーフで行きたいという話をされたんです。可愛いだけではなくて、可愛いとカッコいいをミックスさせたい、と。そのときに「何対何くらいのイメージですか？」と聞いた記憶があります。

―どれくらいの配分がいいか、という。

斎藤　どちらかに偏りすぎたら、求められているものと違うものを描いてしまいそうだなと。そのときに「カッコいい6、可愛い4」みたいな話をした気がします。それで打ち合わせのあとに着手したのが、キュアスカイですね。最初に作るキャラクターだったので、空にまつわるモチーフをとにかく入れ込もうと思って、まずは文字でバーッと書き出しました。

―空から連想するものを、ですか？

斎藤　そうですね。二の腕についている丸っこいパーツは気球がモチーフだったり、靴のデザインは太陽をイメージしているのですが、そんな感じで空に関係するモチーフを散りばめて。あと、初期稿のコスチュームは足元がちょっと暗めで、上に向かって夜明けのように明るくなるグラデーションにしていました。

―空のモチーフをいかにコスチュームに反映していくか、ということですね。キュアスカイと言えば、マントが片側だけなのも印象的です。

斎藤　先ほどお話しした小川さんのメモに、マントに関する希望があったんです。ただ、背中が全部隠れるマントにしてしまうと、ちょっと重苦しい印象になっちゃうな、と。マントを羽織らせつつ、軽やかなイメージを出すにはどうしたらいいかを考えて、今のかたちになりました。

―キュアスカイは前髪が斜めにカットされているのも、大きな特徴ですね。

斎藤　前髪ぱっつんは、自分の中で子供っぽさや未熟さの印象があったんです。キュアスカイは右側が刈り上げになっていて、そっち側でカッコよさを表現して、左目側の長い髪でガーリー感を表現しました。ガーリー感とカッコよさ、ボーイッシュな感じを混ぜ合わせた結果、今の髪型に落ち着いたというところですね。

―キュアプリズムは、どんなコンセプトだったのでしょう？

斎藤　キュアプリズムはキュアスカイとセットだったので、カッコいい方向に振ったキュアスカイに対して、とことんガーリーな方向に振ったほうがいいのかなと。そこからふわっとした真っ白い衣装とか、髪の毛のボリューム感を考えています。

―スカートに入っているスリットがワンポイントになっていますね。

斎藤　キュアプリズムは、周囲に活かされることで自分の可能性を見つけるキャラクター、という説明があったんです。それをヒントに、隙間から彼女の本来の人間性みたいなものがチラっと見えている、みたいな。中に見えているのは「光」なんですけど、真ん中に大きく光っているのがましろで、そのまわりに光っているのが他の4人のプリキュアたち。そして4つの光が集まって、ましろが強く光っている……みたいなイメージでした。白く光っている中にいろいろな色が混ざっている、というのがデザインのコンセプトです。

―デザインの際、過去の『プリキュア』シリーズは参考にしましたか？

斎藤　『ハートキャッチプリキュア！』ですね。というのも、打ち合わせのときに「線をなるべく減らしたい」と言われて、線が少ないプリキュアといえば『ハートキャッチ』だろうと。もともと馬越（嘉彦）さんの絵が好き

キュアスカイ
CURE SKY

キュアプリズム
CURE PRISM

キュアウィング
CURE WING

キュアバタフライ
CURE BUTTERFLY

キュアマジェスティ
CURE MAJESTY

「ヒーロー」モチーフで可愛いとカッコいいをミックスしたいというオーダー

だというのもあって、オーディションのときは『ハートキャッチ』を参考に、今よりも少し頭身が低いデザインにしていました。そうしたら「もう少し頭身が高いほうが大人っぽく見える」という意見をいただいたので、そこから今の頭身になっていますね。

――なるほど。

斎藤　あとは『トロピカル～ジュ！プリキュア』や『Go！プリンセスプリキュア』の中谷友紀子さんですね。中谷さんの絵にも、馬越さんに通じるところを感じていて。そういう意味では『トロピカル～ジュ』と『ハートキャッチ』からは、多少なりとも影響を受けていると思います。

――その次に取りかかったのはキュアウィングとキュアバタフライですか？

斎藤　そうですね。どちらが先だったかはおぼえていないんですけど、空の色をモチーフに進めていた気がします。キュアウィングが夕焼けで、キュアバタフライが朝焼けですね。

――ああ、なるほど。

斎藤　キュアウィングに関しては、そもそも「男子プリキュア」というのがシリーズキャラクターとして初めてだったので、どこまで男の子にすればいいか、というのが最初にありました。髪型については、小川さんから、とある方がオールバックにしているときと髪を下ろしているときの2枚の参考画像をいただいて。たぶん、片目が隠れているときの弱気な感じと、両目がぱっちり見えたときのギャップが欲しいということだったと思うんですけど(笑)。わりと小川さんのやりたいことがはっきりあった印象です。あと衣装に関しては、エルに仕える立場だというのを踏まえて執事みたいなイメージで、燕尾服をモチーフにしつつ、固めていった感じですね。

――では、一方のキュアバタフライは？

斎藤　キュアバタフライが、初期稿から一番大きく変わっている気がします。最初は「ギャル」ということで、もっとクラブで遊んでいそうというか(笑)。普段はふわふわしているけど、いざというときにはキリッとする、みたいなギャップがあるキャラクターを考えていたんです。でも、小川さんから「そっちじゃない」と言われて。保育士でもあるので、もっとちゃんとした感じのキャラクターにしたいという話があって、それで根っこのところから変えていった感じですね。

――ステージ衣装っぽい印象もありますね。

斎藤　下半身は、他のプリキュアと比べてもボリューム感がありますね。2段重ねになっている腰のパーツで動きを出したり、わりとゴージャスな方向に持っていくことになったかなと思います。

――で、最後がキュアマジェスティ。エルちゃんが変身するプリキュアですが……。

斎藤　「高貴な感じがほしい」というのは言われた気がします。最初は、エルちゃんから髪型も変えようとしていたんですけど、そのまま大きくなった感じで、というオーダーがあって。なので、基本的にはエルちゃんのディテールを拾いつつ、ゴージャスさや大人っぽさを足してまとめていった感じです。そういう意味では、他のプリキュアとはデザインラインがちょっと違う印象がありますね。

――斎藤さんは作画まわりもチェックしていますが、どんな方針で臨みましたか？

斎藤　堅苦しくしすぎない、という感じでしょうか。深夜アニメとは求められているものも制作に割ける時間も違うので、ある程度、自由度があったほうが作っているスタッフも見る人も楽しいんじゃないかな、と。なので、アニメーターさんたちのやりたいことを拾いながら、それを補強する感じで修正を入れるよう、意識していました。やっぱりイチから描き直されると、やっている側もつまらないと思うので。ある程度、自由度が高いところが1年ものの楽しいところだと思うので、そこは大事にしたいと思っています。

――初参加の『プリキュア』は、やってみていかがですか？

斎藤　先ほどもお話しした通り、比較的、おまかせするかたちでやろうと思っていたのですが……。それでも当初予想していたより3倍くらい大変でした(笑)。なんというか、ヘビー級のパンチが一発一発腹に来るというよりは、ものすごい量のパンチの中に、さらにたまに強めのパンチで叩かれ続けている感じ、というか。つねに何かやることがあるんですよ。ようやく今はちょっと落ち着いてきたんですけど、やっぱり深夜アニメみたいなテンションで現場に入るとうまく行かないんだろうなと思いました。そこはすごい学びでしたね。

――では最後に、物語はクライマックスに向けて盛り上がっていますが、終盤の見どころはどこでしょうか？

斎藤　ソラとましろという、違う世界に住んでいたふたりが出会うところから始まった物語なので、最終的には別離というか、もともとの世界に戻る、という話が出てくると思うんですね。そのときに、どんなエモーションが待っているのか。涙なくしては見られない感じになるのか、それとも爽やかに終わるのか、個人的にも気になっています。あとは、ソラが最終的にどんな「ヒーロー」になるのか。そこは、皆さんと同じように楽しみにしているところです。

Profile

さいとうあつし　熊本県出身。アニメーター。京都アニメーションに入社後、Ordetを経て現在はフリー。最近の参加作にロッテ・ガーナのCM「ピンクバレンタイン」、EveのMV「心予報」、テレビアニメ『ラブライブ！スーパースター!!』、劇場アニメ『BLACKFOX』（いずれもキャラクターデザイン、作画）など。

音楽

深澤恵梨香

FUKASAWA ERIKA

舞台『千と千尋の神隠し』や映画『ハニーレモンソーダ』など、幅広いジャンルで活躍する音楽家・深澤恵梨香。『プリキュア』シリーズ初参加となった本作において、彼女は華やかなブラスサウンドでソラたちの活躍を盛り立てる。制作開始前は大きなプレッシャーを感じていたという深澤に、その舞台裏について話を聞いた。

エリック・ミヤシロさんの演奏をイメージして書いたメインテーマ

――深澤さんは本作でシリーズ初参加となりました。もともと『プリキュア』シリーズのことは知っていましたか？

深澤　もちろん、知っていました。私は世代が少しずれているので、子供の頃にずっと見ていたという感じではないのですが、『プリキュア』シリーズは錚々たる先生方が参加されていることもあって「今期はどんなアプローチで作っていらっしゃるのかな」と劇伴作家としてチェックしていました。今回、お声がけをいただいたあとにこれまでの作品を見て、音楽も聞いたのですが、うれしい気持ちと同時に責任感がどんどん押し寄せてきて……。

――プレッシャーが（笑）。

深澤　20年の間、お子さまはもちろん、男女問わず愛され続けている作品の劇伴をやらせていただくことになって、しかもこれまでの先生方からバトンを引き継ぐプレッシャーですね。それを強く感じました。ただ、参加されている先生によってアプローチが全然違うのに、不思議とすべてが『プリキュア』らしい。キャラクターやストーリーが力強いのはもちろんなのですが、いろいろな先生たちが「変身ヒロイン」というテーマを音楽で表現されていて、それが最終的に『プリキュア』らしさにつながっている、ということに気づいたんですね。

――なるほど。

深澤　ですから、これまでのシリーズ作品に寄せるというのは、きっと違うんだろうなと。「『プリキュア』らしいサウンドって、こういう感じだよね」と、あらかじめ決めつけて作ってしまうのはつまらない。むしろ今回は「ヒーロー」というところに焦点をしっかり当てて曲を書こう、と。そう決めるまでが大変で（笑）、プレッシャーをすごく感じていました。

――劇伴の依頼を受けたとき、作品の内容はどこまで決まっていたのでしょうか？

深澤　最初のタイミングで、絵コンテを送っていただいたんです。それこそ、スカイランドはこんなところで、キャラクターはこんな感じで、敵はこんな外見で……と設定がたくさん書き込まれていて。打ち合わせの前だったのですが、その段階で「こんな音をつけたら楽しいかな」と、デモを勝手に何曲か作りました。その後、小川（孝治）シリーズディレクターと音楽の打ち合わせがあって、そこから本格的に制作に着手しました。そのときに作ったデモ曲のうち、いくつかは実際の劇伴として使われていて、第1話の冒頭に流れる「空の王国スカイランド」もそうですね。絵コンテでもスカイランドについてはとくに細かく描かれていたので「こんな雰囲気かな」と思いながら曲を書いていました。

――なるほど。実際の制作では、どこから着手しましたか？

深澤　変身曲の「スカイミラージュ！トーンコネクト！」ですね。小川さんからは「いかにもオーケストラを使った感じではないほうがいい」「ノリのいい感じで」というオーダーがありました。ただ、私としては、オーケストラ色を乗せたいなと思っていて。楽器の音が少しずつ重なっていって、後半に向けて盛り上がるイメージがあったんです。変身シーンの絵コンテも一緒に見せていただいたのですが、今っぽいキラキラした感じもありましたし、変身アイテムも新鮮な印象があったので、見ている子供たちにもノってもらえるような、今っぽいサウンドを意識しています。

――サウンドトラックを聞くと、金管楽器の印象を強く感じたのですが、編成はどのように決めたのでしょうか？

深澤　「ヒーロー」というテーマを考えたときに、やっぱりブラス（管楽器）が必要だろうというのはありました。いただいた音楽メニューにも「ブラスで華やかに」という指示があったので、ホルンが6本にトランペットも6本、それにトロンボーンが加わる、という編成になっています。じつを言うと、メインテーマの「ひろがるスカイ！」は、エリック・ミヤシロさんの演奏ありきで曲を書いています。

――エリックさんはトランペット奏者として活動しているだけでなく、自身のバンドも率いて、第一線で活躍している方ですね。

深澤　演劇では、先に出演してもらう役者さんを決めて、その人のイメージに沿って脚本を書く「あて書き」という手法がありますが、その音楽バージョンみたいな感じですね。エリックさんが吹くトランペットの音に他の音が集まってきて、どんどん重なっていく。そういうイメージからスタートしています。

――エリックさんのトランペットの、どこにそれほど惹かれるのでしょうか？

深澤　具体的に「ここがいい」と話してしまうのは責任を感じてしまうのですが……。

エリックさんといえばハイトーンが有名ですが、その一方で優しく吹くところも魅力的で。プレイスタイルも幅広い方なのですが、個人的にはとくに音色が際立っていると感じています。今回のメインテーマで言えば、彼のトランペットが聞こえてきた瞬間に「もう大丈夫だ!」と思える、というか。このメインテーマは誰かが決意した瞬間とか、ソラたちが誰かのために動く瞬間をイメージして書いた曲なのですが、まさにエリックさんの音は「もう心が決まりました、大丈夫です」と思えるような音なんです。

――力強さや意思の強さを感じるような音色だったわけですね。

深澤　レコーディングのときも、エリックさんの音が流れてくると、他のミュージシャンの方が気づくんです(笑)。エリックさん本人も、譜面を見て笑っている瞬間があって。ご本人には私の意図が伝わっていたのかな、と思います。もちろん、エリックさん以外の方も個性的な音を出される方ばかりで。今回、トランペット奏者が10人いたのですが、皆さん音が全然違うんです。なので、ひとりひとりの音が生きるように、と考えて曲を作っていました。

日曜日の朝、日常の喧噪の中でも印象に残るメロディを

――他にも、サントラにはバラエティに富んだ曲が並んでいますが、制作していて楽しかった曲は?

深澤　バリエーションを作るのは楽しかったですね。メインテーマのメロディを使って「ヒーローの出番です!」を書いたのですが、同じメロディでも全然違う曲になっています。あと「澄みわたる空」も同じく、メインテーマのメロディを使ったバリエーションですね。

――そうだったんですね!

深澤　メロディに関してはすごく意識をしていて、小川さんからは「口ずさめる曲をお願いしたい」というオーダーがありました。この作品がオンエアされるのは日曜日の朝なので、子供たちがテレビを見ている横でお父さんやお母さんが朝食の準備をしていたり、いろいろな日常の音が鳴っているわけです。そういう中で、メロディがちゃんと印象に残る曲であってほしい、と。そうおっしゃっていたのが、すごく印象に残っています。

――たしかに、強いメロディというのは『プリキュア』シリーズの音楽に共通している要素な気がします。

深澤　自分が子供の頃に見ていたアニメや遊んでいたゲームも、ストーリーと一緒にメロディの記憶が強く残っているな、と感じます。なので、先ほど挙げたバリエーション曲を作るときも、メインテーマのメロディをできるだけ崩さないように、見ている人が「あっ、あの曲だ!」とすぐにわかってもらえるように作っています。

――あらためて振り返ってみて、気に入っている楽曲はどれですか?

深澤　「ヒーローの出番です!」です。ヒーローが来て、みんながもう「大丈夫だ」と思う場面でかかるのですが、この曲は変身曲と並んで、作品の肝だと思っていました。じつは最初、この曲はカッコよさを前面に押し出すような感じで制作していたんです。ただ、途中で小川さんから「安心感がほしい」というオーダーをいただいて。それでメジャーコードのど真ん中に修正して、今のかたちになっています。今思うと、見ている子供たちが「ソラちゃんやましろちゃんたちが戦っているから、もう大丈夫だ」と思える、そういう安心感が必要だったのかな、と。他のヒーロー番組を見ていても、実際にヒーローが出てくると「よっ!　ありがとうございます!」みたいな感じになるじゃないですか(笑)。

――ちょっと歌舞伎みたいな感じで(笑)。

深澤　そこがカッコいいし、醍醐味だとも思うんです。自分でも気に入っている曲のひとつですね。

――もう一曲、挙げると……?

深澤　どの曲も好きなのですが、強いて挙げるなら「空の王国スカイランド」でしょうか。この曲は第1話の冒頭で流していただいたのですが、実際、オンエアまではすごく不安だったんです。自分なりの「ヒーロー」を考えて、やりきったつもりではあるんですけど、実際にご覧になった皆さんからどんな反応があるか、本当に怖くて。でも、第1話の冒頭、完成した絵に乗ってホルンの音が流れてきたときに、すごく高揚したんですよね。この作品の世界観を音でうまく表現できた感じもあって、気に入っている曲です。

――深澤さんのキャリアの中で『ひろがるスカイ!プリキュア』は、どんな立ち位置の作品になりましたか?

深澤　今回、録音に参加していただいたミュージシャンの中には、昔『プリキュア』を見ていたという方もいらっしゃったんです。『プリキュア』と一緒に育ってきた子たちが、今度は作品を作る側に回るようになった。だから作品にかける愛が、皆さん本当に強いんだと思います。ストーリーやキャラクターにもそれを受け止めるだけの強さがあって、どんどんそうした愛をぶつけることができる。みんながそれぞれ持っている『プリキュア』像をぶつけて、いろいろなチャレンジができる場所が『プリキュア』シリーズなんだと思いますね。

音楽担当者によってアプローチが違うのに、不思議とすべてが『プリキュア』らしい

Profile

ふかさわえりか　東京都出身。作・編曲家。劇伴作曲家を目指して、東京音楽大学に入学。現在はゲーム音楽の提供や映画、CMの楽曲制作、ビッグバンドへの楽曲提供など、多方面で活動中。主な参加作品に、舞台『千と千尋の神隠し』『キングダム』(音楽監督)、映画『ハニーレモンソーダ』(音楽)など。

シリーズディレクター
小川孝治
OGAWA KOUJI

×

シリーズ構成
金月龍之介
KINGETSU RYUNOSUKE

男子プリキュアであるキュアウィングの登場など、意欲的な試みが数多く盛り込まれたシリーズ20周年記念作。果たして、本作はどのような試行錯誤の末に生み出されたのか。「企画をイチから立て直すところからスタートした」というその舞台裏について、シリーズディレクターの小川孝治とシリーズ構成・金月龍之介のふたりに話を聞いた。

素案となった企画を立て直すところからのスタート

——最初に『ひろがるスカイ!プリキュア(以下、ひろプリ)』への参加の経緯から聞かせてください。小川さんは今作で初めてシリーズディレクターを務めていますが、依頼を受けたときはどのように感じましたか?

小川　最初は、うれしいというよりも戸惑いのほうが大きかったです。というのも、初めにいただいた企画の内容が「プリンセス」をモチーフにした素案だったのですが、そのままだと自分の力量ではいいものを作るのは難しそうだ、と思ったんですね。そのモチーフだと過去に『Go!プリンセスプリキュア』があったので。それでプロデューサーの鷲尾(天)さんに交渉して、企画をイチから立て直すところからスタートしましょう、と。

——金月さんが参加したのは、どのタイミングだったのでしょうか?

金月　僕が最初に会議に参加したときには小川さんが先ほどおっしゃっていた素案がまだギリギリ生きていたので、わりと早い段階だったんじゃないですかね。

小川　自分が呼ばれてから、2週間くらいあとだったと思います。

金月　僕のことは、小川さんが推薦してくださったんですよね?

小川　そうですね。

——ふたりで企画を立て直すところからスタートしたわけですね。金月さんは本作以外に『ヒーリングっど♥プリキュア(以下、ヒープリ)』にも各話脚本として参加していますね。

金月　そうですね。『ヒープリ』は劇場版(『映画ヒーリングっど♥プリキュア ゆめのまちでキュン!っとGoGo!大変身!!』)もやらせていただいたので、タイトルとしてはこれが3本目になります。でも、最初は「僕でいいのかな?」と思いました。というのも、個人的に『ヒープリ』は各話ライターとして作品にあまり貢献できなかった感覚があって。『プリキュア』シリーズのノリがわからなくて、最初の頃はプロットだけで8回も書き直したりしたんですよ。なので、「もう『プリキュア』には呼ばれないな」と勝手に思っていたんです。

——あはは。そうだったんですね。

金月　ただ、そのあとの劇場版でなぜか声をかけていただいて。「僕でいいのかなあ」と戸惑いつつも、中村(亮太)監督やABCアニメーションの田中(昂)プロデューサーと一緒に、TVシリーズをもとにどんな映画にしようかと意見を交わしながら、見に来てくれるお客さんの傾向だったり、コロナ禍だからこういうことをしたい、みたいなところまで含めて、イチから作り上げる作業を経験して。それにはものすごい充実感があって……。なので、後に小川さんに『ひろプリ』のシリーズ構成をやりませんか」とお声がけいただいたときは、ありがたいなあって。ちなみに『ヒープリ』の劇場版のとき、鷲尾さんに初めてご挨拶させていただいたんですけど、「失敗しても大丈夫ですよ、責任をとるのは東映アニメですから(笑)」と言ってもらえて、肩の荷が下りたのをおぼえています。

——なるほど。金月さんの参加は小川さんからの推薦だったとのことですが、それはどういった理由なのでしょうか?

小川　正直な話、金月さんと『プリキュア』の組み合わせは絶対に合うだろうと思っていたんです。以前、別の作品で金月さんとご一緒したことがあるのですが、それもヒーローが敵と戦うという構図のお話で、作品の基本構造がわりと近かったんです。

金月　その作品は少年向けだったのですが、主人公が冒険を通じて成長していく姿を1年かけて描く作品だったんですよね。ジュブナイルであるところも『プリキュア』に近かったのかなと。

小川　『プリキュア』は女児向けの作品なので、最終的には「可愛い」ところに着地しなければいけないんですけど、とはいえ、それはあくまでガワ(※見た目)の問題だと思っていて。本質は、困難に立ち向かっていく主人公たちの姿を描くところにある。「可愛い」に関しては、キャストの皆さんや、参加してくれるスタッフの力を借りれば成立するんじゃないかな、と考えていました。

企画会議の合言葉は「普遍的ないいものを作ろう」

——先ほど、企画をイチから立て直すところからのスタートだったという話がありましたが、立て直すにあたっては、どのあたりが取っかかりになったのでしょうか?

小川　取っかかりを見つけるまでは、かなり迷走しましたね。最初の段階では手帳、ステーショナリーの玩具、あとはスカイミラージュ(スティック型の変身アイテム)を出すことだけが決まっていて。これがいったい何の

『プリキュア』の本質は、困難に立ち向かう姿を描くところ（小川）

モチーフにつながるんだろう？みたいな感じでした。

――バーサライタ（LEDで模様や図形を映す装置）を使ったアイテムですよね。

金月　実際に形を見てみれば、なんとなく「こういうものか」とわかるんですけど、最初に聞いたときは雲をつかむような印象でした。「文字が映せる」と言われても、たとえばどれくらい細かい字を表示できるのか、といったことがまったくわからなくて。

小川　LEDが光るってことはパリピ路線なのか？とか、手帳の要素をピックアップして『おしりたんてい』みたいな探偵ものがいいんじゃないか、とか、そんな迷走ぶりでした（笑）。

――あはは。

小川　そんなところから始まって、みんなでアイデアを出しあったんですけど、そのときに金月さんから「ヒーロー」という単語が出てきたんです。

金月　最初に僕らが見た企画の素案に「カッコいいプリキュア」という一文があったんです。それを見たときに、たしかに「カッコいいプリキュア」はアリなんじゃないかと思っていたんですね。前作の『デリシャスパーティ♡プリキュア（以下、デパプリ）』が可愛いプリキュアで、その前の『トロピカル～ジュ！プリキュア』は楽しいプリキュアで。で、『ヒープリ』は優しいプリキュアで『スター☆トゥインクルプリキュア』は多様性をモチーフに掲げていた。そうやって考えてみると、ここしばらく「カッコいいプリキュア」はなかったんじゃないかと思ったんです。

――言われてみるとたしかに。

金月　最初の『ふたりはプリキュア』は「カッコいいプリキュア」だったわけで、ちょうど20周年ということもあるし、「カッコいい」に回帰して、カッコいいといえば、ヒーロー、ヒロインじゃないか、と。

――もうひとつ、大きな要素となる「空」はどこから来たのでしょうか？

小川　会議でアイデアを出しあっていくうちに、どんどん思考がニッチな方向に向かっていたんです。そんなとき、ふと外に出て見上げてみたら青い空が広がっていて、そういえば自分は空が好きだったな……と思って。

金月　いい話だ（笑）。

小川　お子さんにとっても身近なモチーフだし、ここから何かにつながるんじゃないかな、と思ったんです。それが「ヒーロー」というキーワードと合体して、ようやく作品の原型になっていったという流れですね。

金月　「空のヒーロー」なら空の国に住んでいるのかな、みたいなところから設定を少しずつ詰めていきました。空の国に住んでいる主人公なら、これまでの『プリキュア』ともちょっと違う、新鮮な感じになりそうだし、キャラクターカラーもピンクじゃなくてブルーだよね、と。そこからだんだんと細かいところが決まっていった記憶がありますね。

――これまでの『プリキュア』シリーズとは、またちょっと違う雰囲気が作れそうな感触があった。

小川　無理に変えようとは思っていなかったんですけど、いいものを作れる可能性を探っていった結果、今のかたちに落ち着いた、という感じです。

金月　小川さんはこれまでいろいろな『プリキュア』シリーズに演出として携わっていらっしゃるので、本当にプリキュア博士なんです。何かひとつアイデアを出すと「それは、あのシリーズの何話にありましたよ」と、生き字引のように反応が返ってくる。『プリキュア』シリーズのパターンみたいなものがすべて小川さんの中にインストールされているんです。でも、過去のシリーズでやったから選択肢から外すわけではなくて、いいものだと思えば積極的に取り込んでいきました。

――いい作品ができることが、なによりも重要だと。

金月　小川さんは「普遍的ないいものを作ろう」と、ずっとおっしゃっていた気がします。そこはたぶん鷲尾さんも同じで、打ち合わせで顔を突き合わせていると「鷲尾さんはとにかく面白いもの、いいものが作りたいんだな」と感じるんです。インパクトがあって心惹かれるものを作れば、理屈はあとからついてくる、といった信念がある。アイデアとしては魅力的ではあるけれど『プリキュア』の文法には則していない、あるいは先例がない、そんなことを僕が言い出しても「それは案外こういう風にすれば『プリキュア』として成立するんじゃないですかね」とフラットに判断してくれるところがありました。

『プリキュア』の主人公らしさを背負っているツバサ

――企画の土台ができたところで、次はキャラクターだと思うのですが、まずはソラ／キュアスカイですね。

小川　「空」がモチーフだから、仮で「ソラちゃん」にしていたら、そのまま決まりました（笑）。

——本編を見ていると、ソラは躊躇なくパッと動き出せるのがキャラクターの魅力なのかなという気がします。

小川　そうですね。やっぱり「動ける」というのは、子供にとってわかりやすい魅力ですから。子供が憧れを抱くポイントを作っています。それぞれのキャラクターを意識して、

金月　ソラに対する、子供が憧れるポイントといえばやっぱり……。

小川　運動能力ですね。

金月　で、ましろは優しさ。

小川　ソラがバリバリにフィジカルが優れている分、飛び抜けた個性がないところが逆に個性になる、というか。

金月　「私、運動は苦手だし、ソラちゃんにはなれないな」と思うお子さんもいると思うんですよ。そういうお子さんが感情移入して好きになってくれるのが、ましろかなと。

小川　ソラの対極として、いちばんスタンダードなタイプを置いたという感じですね。

——なるほど。ツバサについてはいかがですか？

小川　ツバサはもともと鷲尾さんからのオーダーだったんです。「男の子を入れてほしい」と。そのときに鷲尾さんに言ったのは、ひとまずツバサに関してはすべて自分にまかせてほしい、と。見た目から設定まで、自分にやらせてほしいと言いました。

金月　それくらい、さじ加減が難しいキャラクターではありますよね。

小川　いくつかポイントがあるのですが、やっぱり見てくれる5歳くらいの女の子に受け入れてもらえる男の子像にしないといけない。そこは大きかったですね。強すぎても他のプリキュアたちを食ってしまうだろうし、逆に弱すぎると情けなく映るだろうし。

金月　小川さんからは「少年マンガに出てくる正統派の主人公像——努力して、どんどん成長していくキャラクターにしてほしい」と言われました。ソラは身体能力が最初からバリ高ですが、メンタルの強さや成長速度は一般人寄りなんですよね。そのギャップが彼女ならではの特性であり魅力であるわけですが……。そういう意味でいうと、ツバサのほうが『プリキュア』の主人公っぽいところがあると思います。

小川　歴代の『プリキュア』シリーズの主人公たちがやってきたことを、今回はツバサにいちばん乗せるべきだろう、と。性別を抜きにして感情移入できるところにいかないと、男子プリキュアは成立しないだろう、と思ったんです。

——「成人プリキュア」となるあげはは、どのようなコンセプトだったのでしょう？

金月　あげはは「先生」ですね。保育園の先生は子供たちが両親以外に最初に触れる大人であることが多いですし、それがおしゃれに詳しいお姉さんなら、きっと憧れの対象になりますよね。ただ、僕も脚本を書くときに苦労したんですけど、「ギャル」という言葉のとらえ方が難しくて(笑)。あげははギャルっぽいんですけど、人間性はギャルじゃない。むしろ、良識的な大人なんですよね。建てつけとして「ギャル」という言い方をしているけど、中身はギャルじゃない、ということを小川さんはしきりにおっしゃっていました。そして、みんなの頼りになるお姉さんで、何でもできるように見えるけど、でもじつは裏では頑張っているんだよ、と。

——チームのムードメーカーというか、4人の空気感を作るキャラクターのように見えます。

金月　おっしゃるように、ソラ、ましろ、ツバサがじつは揃って悩みがちということもあって、みんなの精神的なリーダーを担っているキャラクターです。「アゲ」は「気分をアゲていくよ」という意味で、ギャル言葉として使っているわけじゃないんですよね。

——あとはエル、キュアマジェスティですね。本作の鍵を握るキャラクターでもありますが。

小川　これもまた「赤ちゃんをプリキュアにしてほしい」というオーダーが最初にあって。とはいえ、赤ちゃんがさらわれるというのは相当な大事なので、そこを主軸にストーリーが転がっていくべきだろう、と考えました。ただ、なぜアンダーグ帝国に狙われているかを描くと、そのままエルのドラマの核心に直結してしまうので、今はまだ説明せずに進んでいるんですけど。

金月　そこに関しては、可愛い赤ちゃんのエルが、どう見ても悪そうなカバトンにさらわれそうになっている。それを助けるのに理由はいらないだろう……と、導入部はそういう見せ方で進んでいます。ただ、赤ちゃんがメインキャラクターにいるのって、なかなか難しいんですよ。毎回狙われて、さらわれそうになって……というのをやっていると、見ている人が「足手まといじゃないか」と感じかねない。そうならないためにはどうすればいいのか。どういうバランスなら許されるのかについては、苦労しました。

小川　カバトンやミノトンといった敵側のキャラクターは、そこを意識して作ったところがあるんです。

金月　そうですね。彼らは「エルをさらえ」と命令されているのに、ミノトンのように強さにこだわったりして、プリキュアと戦うことに執着してしまう。そうすることで、積極的にエルが狙われないようにしています。スリングに乗って空を飛べるのもそうですね。とにかくエルは、ストーリーを展開させていくうえで大変なキャラクターでした。

本編に登場しないところまで作り込んだスカイランドの設定

——メインのキャラクターが固まったところで、次はシリーズ構成の作業が始まっていくと思うのですが、お話を組み立てていくうえで、どのあたりが鍵になったのでしょうか？

金月　最初はやっぱりソラですね。ソラというキャラクターをきちんと描いていくのにあわせて、ましろを描いていこう、と。今回、大きかったのは、2022年に続いて春に『プリキュア』シリーズの映画がなかったことなんです。映画の公開にあわせてメインキャラクターを早めに登場させる必要がなかった。だからソラとましろの出会いから、お互いのことを知って、仲よくなっていく過程をじっくりと描くことができたんですよ。

小川　前半のポイントになったのはやはり第5話ですね。じっくりとドラマを積んで、ソラとましろというふたりのプリキュアを好きになってもらう気持ちの流れを、第5話

でちゃんと作ることができた。

金月　本来だったら第1話でやるようなことを、今回は5話分かけてやっているんです。知らない世界からやって来た子と出会って、お互いを守りたいという気持ちが高まって変身して……という。実際には変身シーンを早く見てもらいたい意図もあって、第1話と第4話で変身しているわけですが、本当の意味での「変身」は第5話だったんじゃないかなと思います。

――スカイランドという異世界が重要な舞台のひとつとして出てきたのも、本作の特徴だと思います。

本当の意味での「変身」は第5話だったと思う（金月）

小川　本編には出ていない裏設定がじつはたくさんあるんです。たとえば『デパプリ』のクッキングダムって、けっこうふんわりしていると思うんですけど、『ひろプリ』は主人公のソラが異世界の出身なので、ある程度きっちり作っておかなければいけない。なので、文明レベルはどれくらいで、どういう産業があって……みたいな設定は用意しています。

金月　小川さんはそういうロジックをちゃんと積んで考えるタイプの方なんです。感情描写やストーリーもそう。見ているお子さんたちにちゃんと伝わることが一番大切なのはもちろんですが、「こういう理由があるから、こうなるんだ」とスタッフに説明できるように理屈を用意していくんです。それはスカイランドの設定以外のところでも一貫していたと思います。

――理屈は考えてあるけど、それとは関係なく、見ている人に楽しんでほしい。

小川　そうですね。最終的には、各話の演出さんや美術さんたちが細かい設定を作っていくことになるわけですけど、自分自身も演出するうえで、そういったことが気になるんですよ。たとえば、「この建物はどんな材料でできているの？」とか。

金月　石なのか、それとも木なのか。

小川　そう。森林文化であれば、木がたくさん生えている世界なのか、とか。

金月　エネルギー源が何なのか、みたいなこともそうですよね。火で動いているなら、蒸気機関みたいなものもあるだろう、とか。絵にするときには、きっと気になるところでしょうし。

小川　スカイランドに関しては、スカイジュエルという万能エネルギーを基礎にした、ちょっとファンタジックな世界観、といったあたりまで設定してあります。ソラのお父さんがじつはスカイジュエルの炭鉱作業員だとか。だから、ちょっとガタイがいいんですよ（笑）。

――世界観と言えば、敵勢力となるアンダーグ帝国は、これまでのシリーズと違ってあまり「組織」として描かれていない印象があります。

金月　早くから敵側の事情みたいなものを描き始めると、お話の中心がそっちのほうにいってしまうんじゃないか、という懸念がありました。ただ、この先、終盤はアンダーグ帝国の事情にもスポットが当たっていきます。まず中盤までは全力でプリキュアたちにスポットを当てる。お子さんたちに登場人物＝自分と等身大の友達だと思ってもらう。登場人物の喜怒哀楽を我がものとして感じてもらえるようにする。そのうえで、ここからはちょっと難しいお話をするけどソラたちと一緒に考えてみてね――というターンを始めます。それが「敵組織」、そして「正義・悪」の描き方についての全体構想、手持ちの札を場に出していくプランです。

――まさにこの作品の核となるテーマが、これから先、展開するわけですね。では最後に、おふたりから終盤の見どころについて教えてもらえますか？

金月　敵に対して、ソラたちがどう関わって、どんなヒーローになるのかを、あくまでもエンターテインメントの土俵の上で描いてきます。とにかく普遍的ないいものにしたいと思っています。

小川　今回のテーマとして「知ることで世界は広がる」というのが、作品の根底にあるんですね。それが終盤の展開に、すごく重要な役割を果たすことになります。そのあたりも楽しみながら、見ていただけるとうれしいです。

Profile

おがわこうじ　長崎県出身。アニメーション演出家・監督。『プリキュア』シリーズには『ハートキャッチプリキュア！』から演出として参加。『映画プリキュアオールスターズ NewStage2 こころのともだち』『NewStage3 永遠のともだち』の監督も務める。主な作品に『ゲゲゲの鬼太郎（第６シリーズ）』など。

きんげつりゅうのすけ　アメリカ合衆国出身。脚本家。『プリキュア』シリーズには『ヒーリングっど♥プリキュア』で初参加。小川シリーズディレクターとは『ゲゲゲの鬼太郎（第６シリーズ）』などでタッグを組んでいる。最近の主な参加作品に『AIの遺電子』『悪魔くん（2023）』『ハコヅメ～交番女子の逆襲～』など。

プロデューサー
鷲尾 天 × 髙橋麻樹
WASHIO TAKASHI　プロデューサー　TAKAHASHI MAKI

これまでのシリーズにはないユニークな要素を盛り込んだ『ひろがるスカイ！プリキュア』。その狙いはどこにあったのか。プリキュアシリーズを立ち上げた鷲尾 天、そして本作が初めてのプロデュース作になる髙橋麻樹の両氏に、企画の立ち上げから「男子プリキュア」起用の裏側、そして20周年にかける思いを聞いた。

15周年のときに視聴者層の広がりを実感した

――鷲尾さんが立ち上げた『プリキュア』シリーズが20周年を迎えました。まずは、今の率直な心境を聞かせてください。

鷲尾　驚いています。そもそも立ち上げのときは1年きりのものだと思っていましたし、続くなんて誰も思っていなかったですから、一番驚いているのは私かもしれません（笑）。どうしてここまで続いたのか、ということに関して、私の中でもまだちゃんとした答えはありません。

――『ひろがるスカイ！プリキュア（以下、ひろプリ）』をはじめ、20周年を記念した施策がいくつも行われています。これらはどのように企画していったのでしょう？

鷲尾　15周年のときにもいろいろな施策をやらせていただいたのですが、その中で「5年後にはこういう人たちが増えるのではないか」「そういう人たちをターゲットにした映像やビジネスを生み出せるのではないか」という手応えがあったんです。一番大きかったのは、映画『HUGっと！プリキュア♡ふたりはプリキュア オールスターズメモリーズ』ですね。歴代のプリキュアが全員登場する内容だったのですが、非常に話題を呼びました。しかも公開が秋（※10月27日）という、平日が多い時期だったにもかかわらず、非常にいい興行成績を収めることができたんです。

――たしかに反響の大きな作品でした。

鷲尾　私も劇場まで見に行ったのですが、おそらく『プリキュア』を卒業しているであろう中学生や高校生、あるいは小・中学生くらいのお子さんを連れたお母さんが見にいらっしゃっていました。しかも、お子さんが小さかった頃に見ていたプリキュアが画面に出てくると、なぜかお母さんのほうが号泣している姿を見かけて。きっと、自分のお子さんが小さかった頃のことを思い出していたんでしょうね。そうした場面を目にして、もしかしたら『プリキュア』を見ていた子供たちが「そういえば、私、見ていたな」と思い返してくれる、そういうタイミングがまた5年後に来るのかなと。

――観客層が広くなっているのを、そこで実感したわけですね。

鷲尾　あと、横浜でプリキュア全員が登場するパレードをやらせていただいたのですが、そこでもものすごい人に集まっていただけました。それを見て、こういった施策も喜んでいただけるのかなと思ったんです。そこから最初は内々で小さなグループを作って相談を始めて、関係各所の皆さんや社内で議論を重ねていくなかで、いろいろなところからお声がけをいただきつつ、今のかたちになったという流れですね。

――なるほど。その中でも『ひろプリ』は20周年の主軸のひとつになる作品かと思います。鷲尾さんがプロデューサーとしてシリーズに関わるのは久しぶりですね。

鷲尾　そうですね。プロデューサーとして参加するのは『Yes！プリキュア5GoGo！』以来です。以降、クレジットの上では「企画」ということになっていますが、基本的には現場のプロデューサーが企画の立ち上げから作品の進行まで担当していましたから、私は本当にときどき口を挟む程度で。今回は比較的、企画の初期段階から入って進めていますね。

――今回、東映アニメーションからは鷲尾さんと髙橋さんがプロデューサーとして参加していますが、どのように役割分担しているのでしょうか？

鷲尾　私が投げっぱなしにしたものを、髙橋に具体化してもらっています（笑）。

髙橋　いえいえ（笑）、頼りにさせていただいています。

――そもそも『ひろプリ』は、どんなところから企画がスタートしたのでしょうか？

髙橋　最初は鷲尾さんの言葉でしたね。

鷲尾　でも、自分でなんと言ったのか、おぼえていないんですよ（笑）。

髙橋　初めは「知は力」ですね。知力というか、考える力というところからスタートして、そのキーワードをもとに鷲尾さんが最初の企画案を作っています。その途中から私が参加することになって、そこから「空」だったり「広がっていく」というコンセプトが加わって、内容が固まっていきました。

鷲尾　ね、ちゃんとしているでしょう？

――あはは。髙橋さんは今回が『プリキュア』シリーズ初参加なのでしょうか？

髙橋　もともとCG部に所属していて、そこで『ハピネスチャージプリキュア！』に参加したのが最初なので、ほぼ10年前ですね。その後、エンディングのCG進行を担当した『魔法つかいプリキュア！』からは、ほぼすべてのシリーズに関わっています。

――髙橋さんが最初に見た『プリキュア』シリーズというと……。

髙橋　初代（『ふたりはプリキュア』）ですね。

20年が経った今、原点に戻ったらどうなるんだろう?と考えた

当時、すでに中学生くらいだったのですが（笑）。

鷲尾　中学生だったんだ！

髙橋　『おジャ魔女どれみ』からの流れで楽しく見ていました。主人公たちが夢に向かっていく姿に、背中を押してもらった記憶があります。中学生というとやはり進路や将来に悩む時期なので、対象年齢ではなかったとはいえ、刺さるものがありました。

――作り手側に回ってみて『プリキュア』の印象は変わりましたか？

髙橋　やっぱり「頑張る女の子」という部分はブレちゃいけないんだな、と思いました。私はエンディングやバンクなど、基本的にプリキュアたちの「可愛い部分」に関わることが多かったんです。ただ、先ほど話題に出た15周年の映画で、CGスタッフとして本編のアクションに関わらせていただく機会があって。そこで頑張る女の子たちの姿が、子供たちだけでない層にも届いていることを実感したんです。そこは作り手側に回ったからこそ、見えてきた部分でしたね。

鷲尾　髙橋のように現場を知っているプロデューサーが、最近は希少なんです。CGはもちろん、制作現場の流れをちゃんと知っていて、スケジュール感もわかるということは、今後、作品を作っていくうえで非常に強みになる。そのうえで作品の企画・提案を行う営業的な側面を視野に入れつつ、どうやって制作を進めていくかというのは非常に大事なことなんです。髙橋には現場の経験があったので、今回、企画の立ち上げからやりましょうという話になりました。

「初代」を意識してくれたのはまわりのスタッフ

――鷲尾さんが書いた企画案が発端だったということですが、髙橋さんが面白いと感じたポイントは？

髙橋　男子プリキュアを含めて、新しいことをやりたいというコンセプトが明快でした。A４の紙に箇条書きになっていたのですが、「20周年だからこそチャレンジしたい」という強い思いが、その一枚から伝わってきました。

鷲尾　私としては、最初のオンエアから20年が経った今、原点に戻ったらどうなるんだろう？というところをベースに考えていました。女の子がきちんとアクションする、ということをもう一度あらためて考えてみたい、ということですね。

――まさに第1作『ふたりはプリキュア』の「女の子だって暴れたい」というコンセプトに立ち戻るということですね。

鷲尾　とはいえ、当時からもう20年も経っているわけですから、それだけでシリーズができるとは思っていないですし、今の時代だからこそあるべき要素も加味したいと思っていました。髙橋が先ほど話した「知ること自体が力になる」も、そこで出てきたコンセプトですね。新しいことを知ることが、どんどん自分の力になるという。その「知」の中に、これまでは妖精や宇宙人、アンドロイドが入ってきたけれども、そこに「男の子」が入ってきても不自然じゃないだろう、と。お子さんたちも、きっと違和感を感じないだろうと考えたんです。

――のちにキュアウィングになるキャラクターのアイデアも、その時点で企画に入っていたわけですね。

鷲尾　20周年という節目だったので、ここで出してみたいと思いました。もちろん、シリーズディレクターやシリーズ構成の方にもやりたいことがありますから、イメージをすり合わせつつ進めていきました。

――「原点に戻る」という話がありましたが、そういう意味では『ひろプリ』は肉弾戦をメインとしたアクションを大きくフィーチャーしています。

鷲尾　ある意味、今の世の中ではやりづらいところもあります。その点でいうと今回、キャラクターデザインの斎藤（敦史）さんから上がってきたプリキュアがマントを着ていたんですね。それを見て、後ろ姿のプリキュアの背中でマントがなびいていたら、どんなにカッコいいだろうと思いましたし、このカッコよさを押し出す方向で行けばいいんだなとも思えました。ですから、私が考えていたことだけではなくて、小川（孝治）シリーズディレクターやキャラクターデザインの斎藤さん、そしてスタッフの皆さんが考えてくれたことがヒントとして積み重なっているんだと思います。

――『ふたりはプリキュア』との関連で言えば、『ひろプリ』にはどこか『ふたりはプリキュア』を思わせる要素が入っているように感じます。

鷲尾　意識していたのは、小川さんじゃないかな。

髙橋　小川さんは意識していましたね。ただ、本人は「序盤だけ」とおっしゃっていましたけど。20周年を楽しみにしている昔からのファンの方が楽しめるように、手をつなぐとか、そういう要素は入れておこう、と。『プリキュア』シリーズにずっと関わってこられた小川さんだからこそ、できた演出なのかなと思います。

鷲尾　そういう意味では、私は第5話が好きですね。あの終わり方が、とてもよくて。あれは金月（龍之介）さんが言ってくれたんだよね。

髙橋　喧嘩したあと、それまで絶対に名前で呼ばなかったキュアスカイが、キュアプリズムを名前で呼ぶところですね。あそこは『ふたりはプリキュア』の第8話に出てきた喧嘩のエピソードをオマージュしています。金月さんから出てきたアイデアなのですが、そういう意味では、鷲尾さんよりもまわりのスタッフが初代を意識しているんだと思います（笑）。

――先ほども話題に出ましたが、今回、シリーズキャラクターとしては初の男子プリキュア（キュアウィング）が登場しました。

主人公の存在が「きちんとまっすぐであること」が、一番大事

鷲尾　「絶対にやらなければいけない」とは思っていなかったんです。要素として入れてみたいとは考えていましたが、ストーリーや映像のイメージ的にハマらないのであれば、引っ込めようと思っていました。ただ、小川さんは相当悩んでいましたね。これまで女性だけだったプリキュアたちの中に、男の子のキャラクターをレギュラーとして登場させるにはどうすればいいか。そこについては、大変なことをお願いしてしまったなと思っています。

――また、4人目となるキュアバタフライは、お姉さん的な立場のプリキュアです。彼女が加わることによって、従来のシリーズと比べても、バラエティ感のあるチームになっていますね。

鷲尾　バタフライを入れるというアイデアは、小川さんからじゃなかったっけ？

髙橋　そうですね。企画していたときにちょうど新成人が18歳に引き下げられたタイミングだったことも、要因のひとつです。ウィングの年齢を低めに設定して、子供たちに受け入れやすいビジュアルにする一方で、それと対になるような成人プリキュアを出そう、と。小川さんは「明るいお姉さんキャラが、これまでいなかった」とおっしゃっていたのですが、たしかにこれまでは、キュアムーンライトやキュアマカロンのような、少し大人の「お姉さま」が多かったんですね。だから「明るく、自分たちの目線に降りてきてくれるようなお姉さんを描いてみたかった」とおっしゃっていて。それで今回、チャレンジしてみよう、という話になりました。

鷲尾　そうですね。いい感じでツバサくんとのコンビネーションになっているんじゃないかなと思います。

守りに入ったら終わるので つねに挑戦していきたい

――今回、初めて『プリキュア』シリーズに参加するにあたって、髙橋さんがやってみたかったことはありますか？

髙橋　正直なところ、初めてのことばかりで無我夢中でやってきた感じなのですが、とはいえ、ちゃんと子供たちに伝わるものにしたい、という思いはありました。大人が楽しむ作品と子供たちが見る作品は描き方が少し違うと思っていて、大人の目線で見て「いい」と思ったものであっても、そのままでは子供に伝わらないんですね。でも、子供たちが「可愛い」と思える要素や仕草をデザインに組み込むと、ちゃんと見てくれる。ウィングもちゃんと「男の子」として認識してくれますし、バタフライも、これまでのお姉さんキャラと毛色が違っていても、ちゃんと受け入れてくれている。小さなお子さんでも楽しく見てもらえるような作り方を、スタッフの皆さんから教えてもらいながら走ってきた感覚があります。

鷲尾　ディテールに関しては、髙橋が今話したようなことになると思うのですが、そこでひとつ大きなポイントになるのは「まっすぐであること」かなと思っています。主人公の存在がきちんとまっすぐであること。もちろん、迷ってもいいのですが、ひとつ思いを持っていて、そこがストレートであるということが一番大事だと思います。それは見ている子供たちにも確実に伝わるし、きっと応援したくなるんじゃないかな、と。そう思いますね。

――物語も佳境に入りますが、おふたりが思う今後の見どころを教えてください。

髙橋　スカイランドとアンダーグ帝国の関係については、見ている人にはなかなかわからないまま、これまで物語が進んできたと思います。ただ、序盤にシャララが「ヒーローだからこそ、考え続けなければいけない」と話す場面がありましたよね。おそらくソラやましろたちが、そういうところにぶつかる話が出てくるかなと思います。彼女たちが「考え続けた」結果が、どんな風に実を結ぶのか。ぜひ最後まで、しっかり見ていただければと思います。

鷲尾　この先、「そうきたか！」と思ってもらえるようなサプライズを用意しています。ぜひ楽しみに見ていただければ。

――では最後に、20周年に合わせて『キボウノチカラ～オトナプリキュア'23～』や舞台版『Dancing☆Starプリキュア』など、これまでにない試みがいくつも用意されています。それらに対しての意気込みを聞かせてください。

鷲尾　今回のような節目のタイミングでなければできなかったことではあるのですが、どういう結果になるかはやってみないとわからない、とも思っています。というか、『プリキュア』はいつもそうやってきたシリーズなんですよ。徒手空拳で女の子が戦うところから始まって、『ふたりは』と言っているのに5人に増えたり（笑）、いろいろなことが起きる。とにかくいろいろなことに挑んできたシリーズですし、そうであれば、今年はいいチャンスなんじゃないか、と。やっぱり守りに入った途端に終わるものだと思うので、つねに挑戦者という気持ちで、これから先もチャレンジできればいいなと思います。……まあ、いつもだいたいやりすぎてしまうのですが（笑）。

Profile

わしおたかし　出版社の営業担当や秋田朝日放送の記者を経て、東映アニメーションに入社。プロデューサーとして『キン肉マンII世』などを手がけたのち、『プリキュア』シリーズの立ち上げに参加。『Yes！プリキュア5GoGo！』まではプロデューサーとして、それ以降は企画として参加している。

たかはしまき　東映アニメーション・デジタル部に所属し、『ハピネスチャージプリキュア！』でシリーズに初めて参加。その後もCGスタッフとして『プリキュア』シリーズの他、映画『ドラゴンボール超 ブロリー』制作に関わる。『ひろがるスカイ！プリキュア』が初プロデュース作。

プリキュア20周年アニバーサリーブック

PRECURE

20th ANNIVERSARY

CHAPTER 2

第2章 おもちゃで振り返るプリキュア20年史

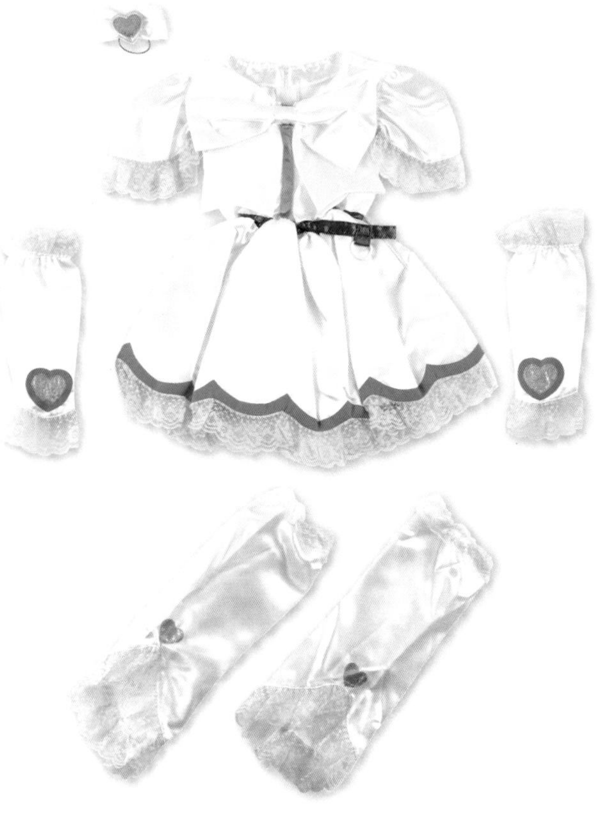

キュアホワイト

キュアブラック

おもちゃで振り返るプリキュア20年史

ふたりはプリキュア

2004年2月1日 - 2005年1月30日

記念すべきシリーズ第1作。それまで女の子向けとしては珍しかった「黒」を主人公コンビのひとり、キュアブラック／美墨なぎさのイメージカラーに据えるなど、チャレンジングな試みがなされている。また、妖精・ポルンが変身するプリティコミューンはパソコン型、メップルとミップルが変身するカードコミューンが携帯電話型をしているなど、子供たちにとって憧れのアイテムをラインナップに取り込んでいるのも大きな特徴。

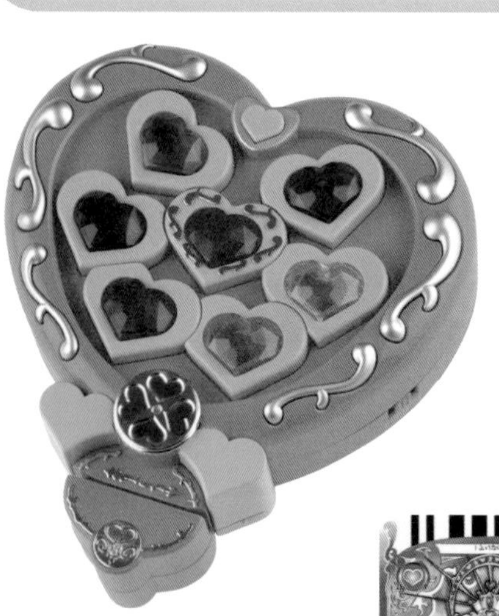

プリズムホーピッシュ

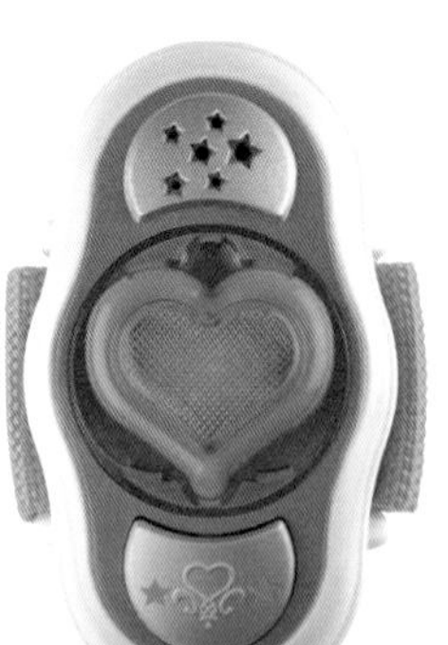

レインボーブレス

プリキュアカード

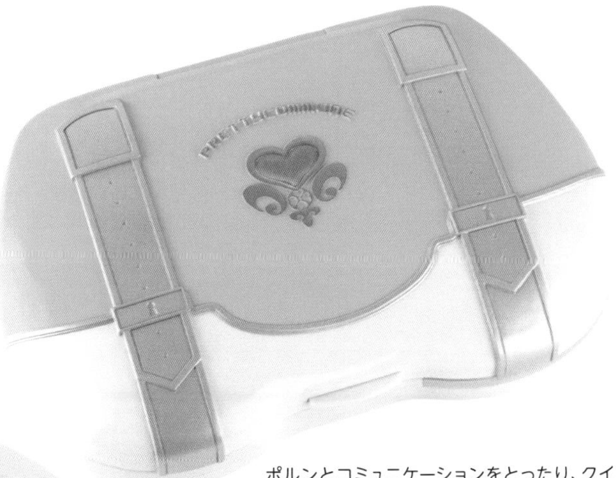

ポルンとコミュニケーションをとったり、クイズ・早押しなどのゲームを遊ぶことができるパソコン型の玩具。

プリティコミューン

カードコミューン

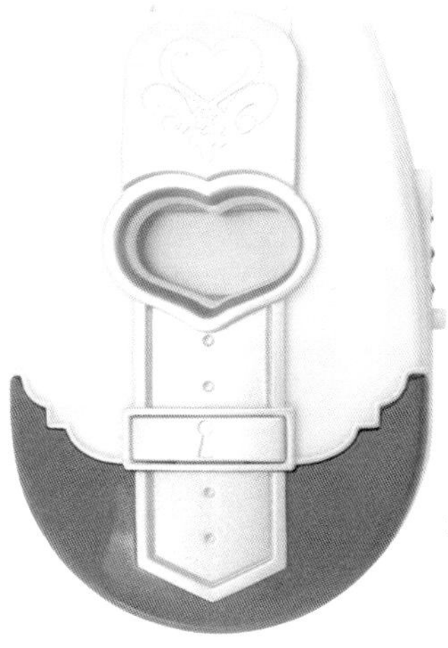

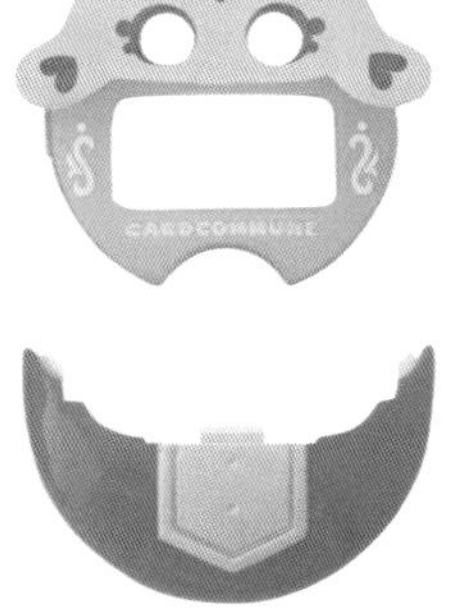

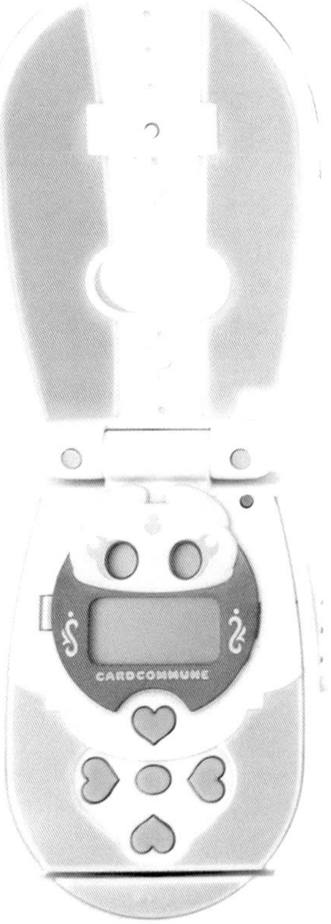

着せ替えパーツで、キュアブラックとキュアホワイトの仕様を切り替えられる。本体下部のカードリーダーで、プリキュアカードのバーコードを読み込ませて遊ぶ。

等身大メップル

等身大ミップル

シャイニールミナス

キュアホワイト

キュアブラック

おもちゃで振り返るプリキュア20年史

ふたりはプリキュア Max Heart

2005年2月6日 - 2006年1月29日

新たにシャイニールミナス／九条ひかりがレギュラーに加わった続編。ひかりには、女の子向けの玩具の定番といえるピンクがイメージカラーとして選ばれている。また、ハーティエルバトンとハーティエルブローチェはシャイニールミナス専用の武器。変身アイテムとなるハートフルコミューンは前作のモチーフ（携帯電話）を踏まえたデザインで、プリキュアハート（ハート型カード）を使って、お世話遊びを楽しむことができる。

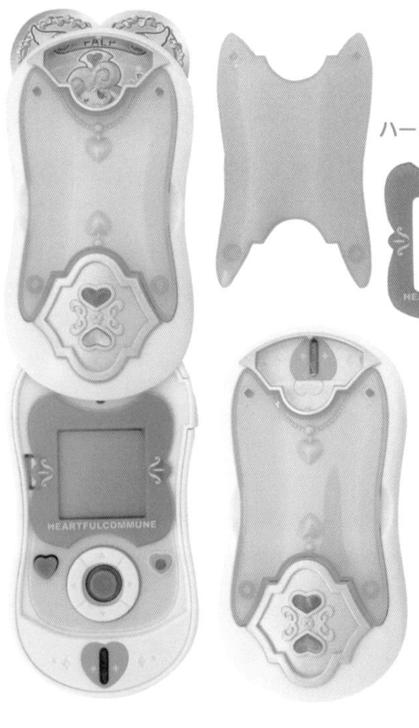

ハートフルコミューン

タッチコミューン
キャリー

ハートフルコミューン
キャリー

タッチコミューン

プリキュアハート

おしゃべりうるうるルルン

等身大ぬいぐるみ
希望の姫君ミップル

ハーティエルバトン

等身大ぬいぐるみ
選ばれし勇者メップル

ハーティエルブローチェ

等身大ぬいぐるみ
未来へ導く光の王子ポルン

ミラクルコミューン

プリキュアスパークルブレス

キュアイーグレット

キュアブルーム

おもちゃで振り返るプリキュア20年史

ふたりはプリキュア Splash☆Star

2006年2月5日 - 2007年1月28日

メインキャラクターや世界観を一新した3作目。シリーズの途中で変身アイテム(クリスタルコミューン)が追加され、それに伴って新コスチューム(キュアブライト&キュアウィンディ)も登場。キャラリート(なりきりアイテム)もそれぞれ発売された。メインの変身アイテムであるクリスタルコミューンのモチーフとなっているのは、携帯型のMP3プレーヤー。電化製品っぽくなりすぎないよう、香水瓶風のデザインが施されている。

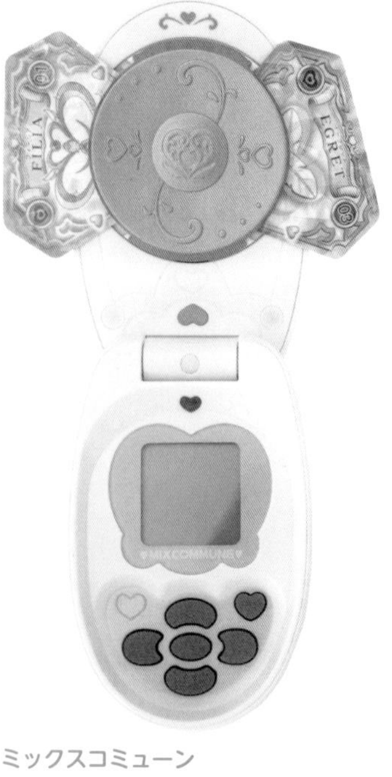

ミックスコミューン

プリキュアダイヤ

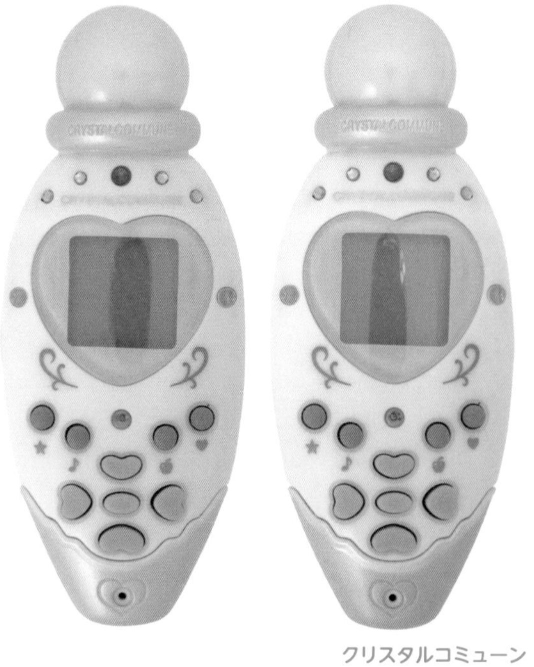

クリスタルコミューン

キュアウィンディ

キュアブライト

スプラッシュ
コミューン

おしゃべりなかよし
月の精ムープ・風の精フープ

等身大ぬいぐるみ
鳥の精チョッピ

等身大ぬいぐるみ
花の精フラッピ

フェアリーキャラフェ

プリキュア
スパイラルリングセット

キュアレモネード

キュアルージュ

キュアドリーム

おもちゃで振り返るプリキュア20年史

04

Yes！プリキュア5

2007年2月4日 - 2008年1月27日

これまでの「ふたり」というルールを外し、個性豊かなキャラクター5人を主人公に据えたシリーズの転換作。髪の色に象徴されているように、5人それぞれにイメージカラーが用意され、アイテムもその色に合わせて制作された。変身アイテムのピンキーキャッチュはその名前の通り、パルミエ王国にいる妖精・ピンキーを捕まえるためのもの。捕まえたピンキーはドリームコレットで保管でき、3種類のミニゲームを楽しむことができる。

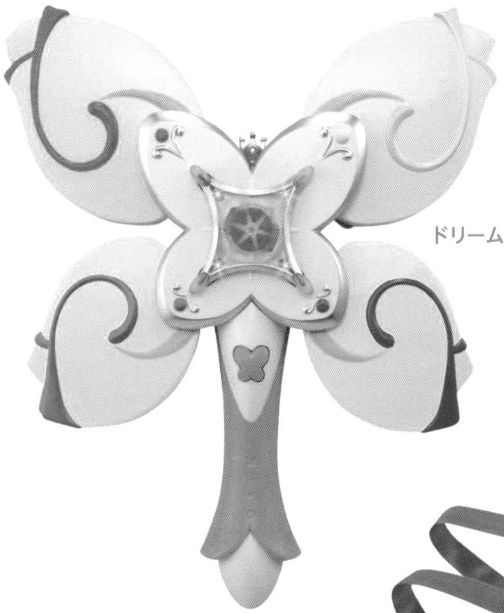

ドリームトーチ

ドリームコレット

プリキュアシンフォニーセット

ピンキーキャッチュ

もふもふぬいぐるみ
ココ

キュアアクア

キュアミント

もふもふぬいぐるみ
ナッツ

もふもふぬいぐるみ
ミルク

ミルクルタッチ

おしゃべりいっぱい！
おみみフリフリミルク

(左から順に)鏡の国のミラクル大冒険！もふもふぬいぐるみミルク・もふもふぬいぐるみナッツ・もふもふぬいぐるみココ

キュアミント

キュアレモネード

キュアドリーム

おもちゃで振り返るプリキュア20年史

Yes！プリキュア5GoGo!

2008年2月3日 - 2009年1月25日

前作の好評を受けて制作された続編。玩具のラインナップとしては、ミルキィミラーやミルキィパレット、4つのマウスカバーが付属したミルキィノートなど、新メンバーとして登場したミルキィローズ／ミルク関連のアイテムが充実しているのが目を引く。技アイテムとして登場するキュアフルーレは、放送当時（2008年）、開催が目前に迫っていた北京オリンピックでフェンシングが盛り上がっていたことから着想を得たアイテム。

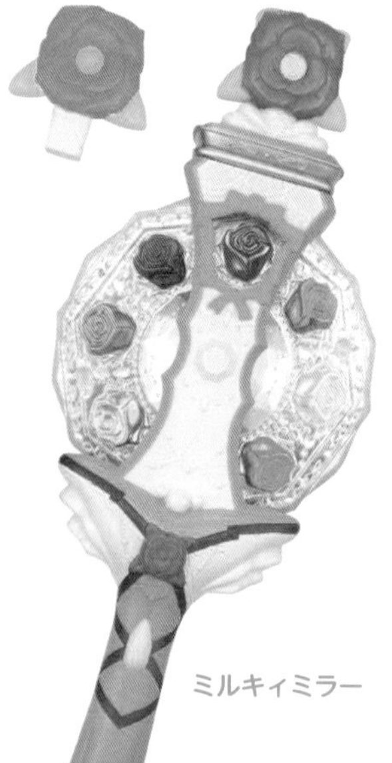

ミルキィミラー

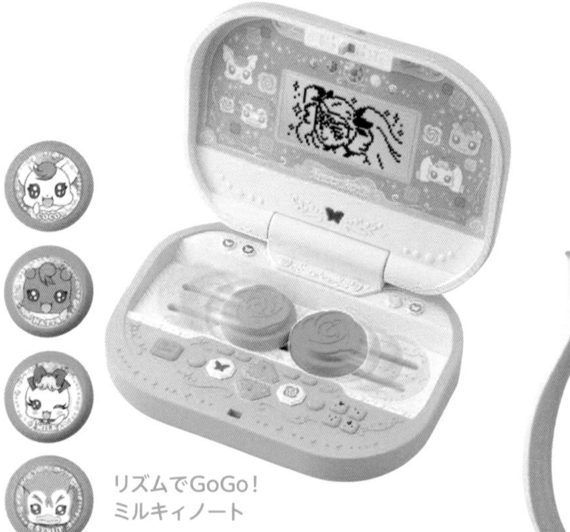

リズムでGoGo!
ミルキィノート

キュアフルーレ

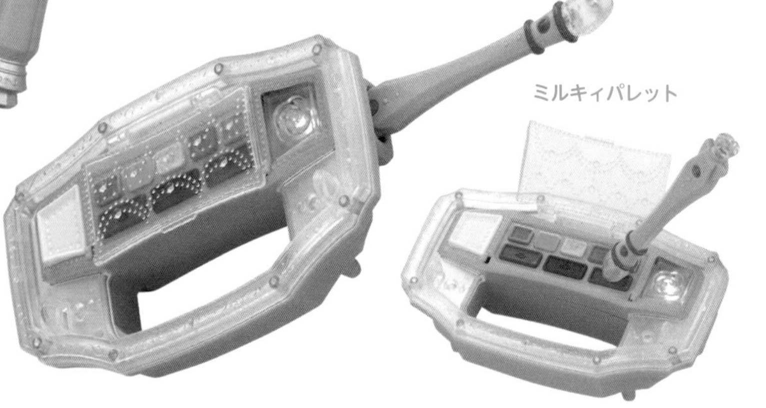

ミルキィパレット

ローズパクト

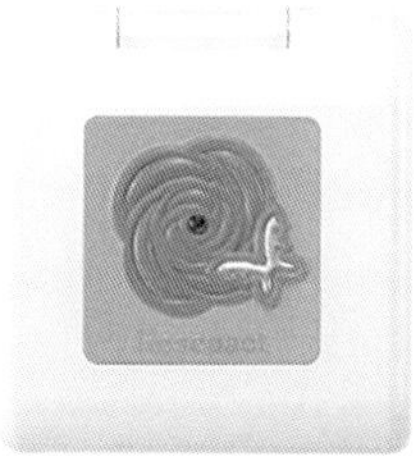

ミルキィローズ

キュアアクア

キュアローズカード

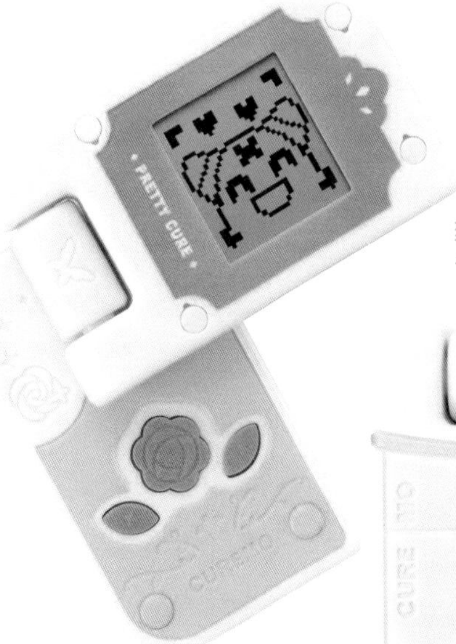

変身ケータイ！
キュアモ

携帯電話型の変身アイテム。画面部分を回転させ、精霊パルミンに姿を変えた王様を見つけるショットモードなどがある。ローズパクトとも連動可能。

ふわモコぬいぐるみ（左から順に／ココ・ナッツ）

ふわモコぬいぐるみ（左から順に／ミルク・シロップ）

のっけてシロップ

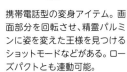

キュアパイン

キュアベリー

キュアピーチ

おもちゃで振り返るプリキュア20年史

フレッシュプリキュア！

2009年2月1日 - 2010年1月31日

ダンスやファッションといった要素を盛り込んだ第6作。スウィーツ王国からやって来た女の子の赤ちゃん・シフォンの存在が大きなポイントになっており、玩具のラインナップとしても、実際にお世話をすることで話せる言葉が増えていくメカぬいぐるみ「シフォン お世話になります♪」が登場した。また、先端部分が付け替え可能なフレッシュキュアスティックも人気商品に。開発にあたっては、本物のフルートを参考にしたという。

幸せのクローバーボックス♪

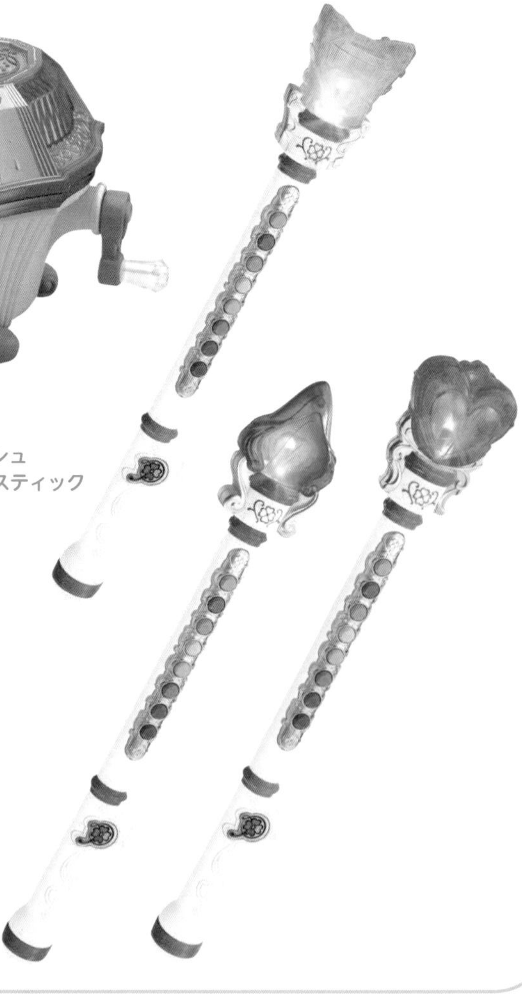

フレッシュ
キュアスティック

パッションハープ

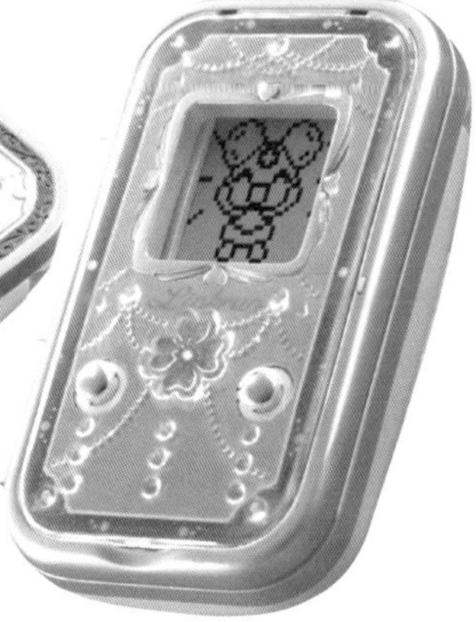

変身ケータイ手帳
リンクルン

キュアパッション

ピックルン

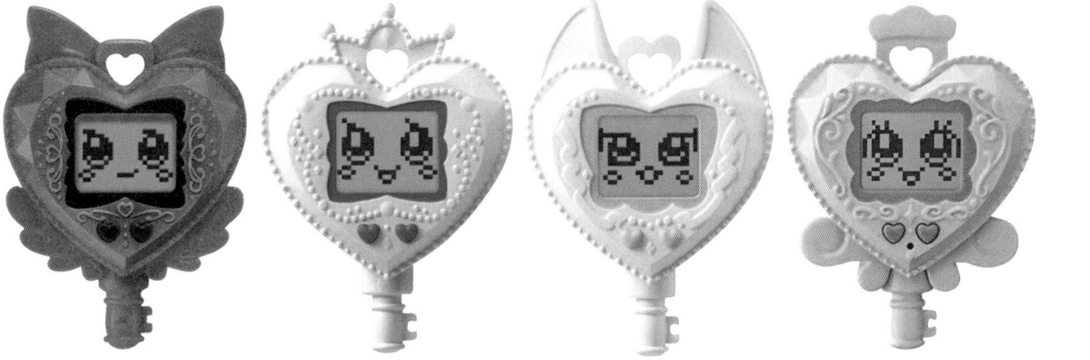

さわって！
ふわふわシフォン

シフォン お世話になります♪

さわって！
ふわふわタルト

シフォンおめかししちゃいます♪シリーズ
（上から順に／ふわふわクマちゃん・やわらかベビーウェア・おでかけワンピース）

キュアサンシャイン

キュアマリン

キュアブロッサム

おもちゃで振り返るプリキュア20年史

ハートキャッチプリキュア！

2010年2月7日 - 2011年1月30日

放送当時、男の子向けで流行っていた連動アイテム（メダルなどと組み合わせることで、遊びの幅が広がる玩具）が初めて採用されたシリーズ7作目。おはじきがベースになっている「こころの種」は、デザインもチャーミング。また、「ココロつなげてシプレ＆コフレ」は、前年の「シフォン お世話になります♪」に続くお世話ぬいぐるみだが、しっぽを動かすことでお尻からこころの種が出るというギミックが加わり、好評を呼んだ。

ココロポット

プリキュアの種

変身香水
シャイニーパフューム

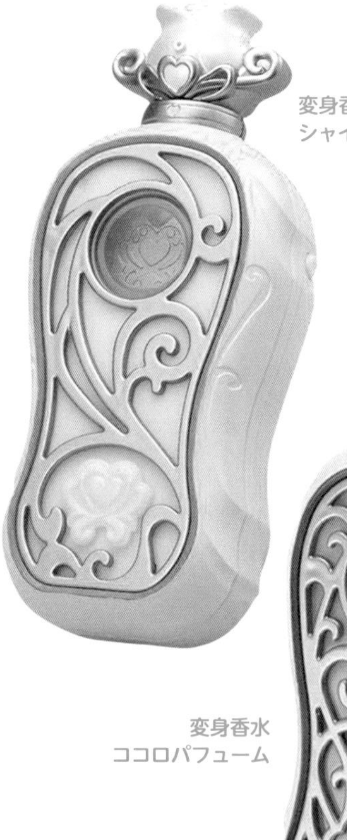

変身香水
ココロパフューム

こころの種

シャイニータンバリン

ハートキャッチミラージュ

キュアムーンライト

フラワータクト

ココロつなげてシプレ＆コフレ

ふわふわコッペさま

いっしょにおめかし
キュートなリボンロンパース

ガーリーふりふり
ワンピース

タッチでトークおしゃべりポプリ

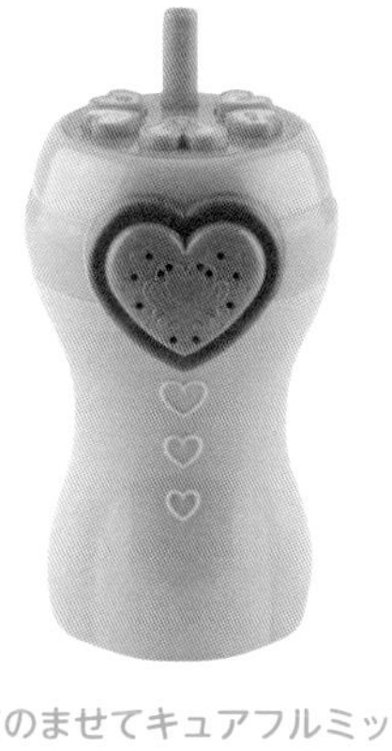

ふってのませてキュアフルミックス

キュアビート

キュアリズム

キュアメロディ

おもちゃで振り返るプリキュア20年史

スイートプリキュア♪
2011年2月6日 - 2012年1月29日

08

シリーズ8作目は『ふたりはプリキュア Splash☆Star』以来、久しぶりに主人公プリキュアのペア感を意識した作品。コスチュームやアクセサリーも、キュアメロディとキュアリズムが対になるように企画・デザインされている。また、キュアビートはシリーズ途中から登場するプリキュアとしては珍しく青がイメージカラー。キュアビートの登場に合わせて発売されたラブギターロッドも青色のボディで、こちらも大きな反響を呼んだ。

ヒーリングチェスト

変身ブローチ キュアモジューレ
&フェアリートーン

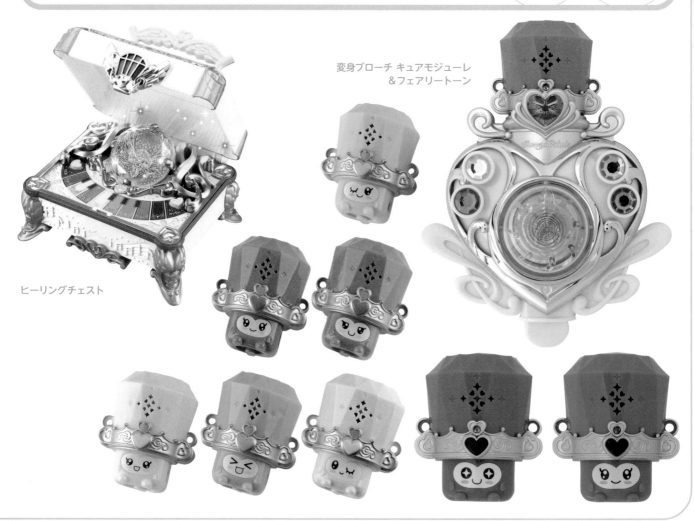

奇跡のメロディ
ミラクルベルティエ

キュアミューズ

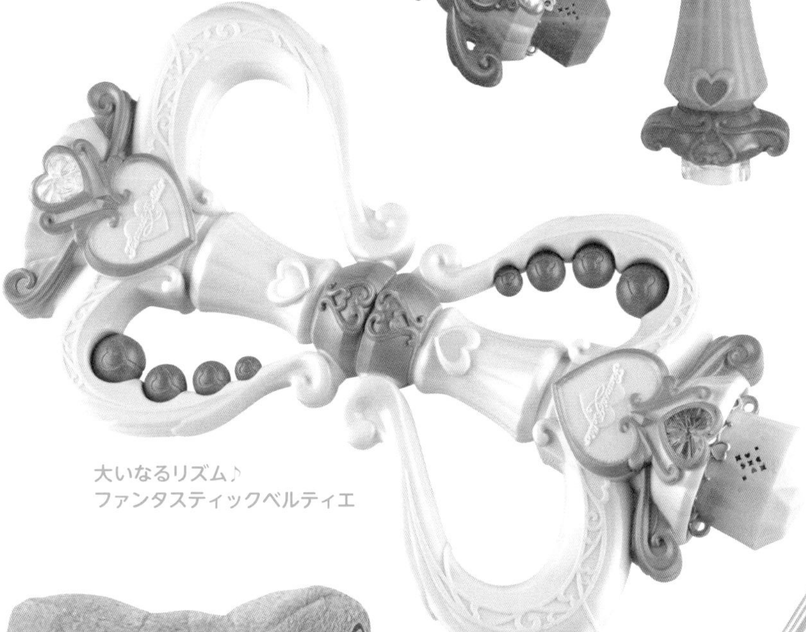

大いなるリズム♪
ファンタスティックベルティエ

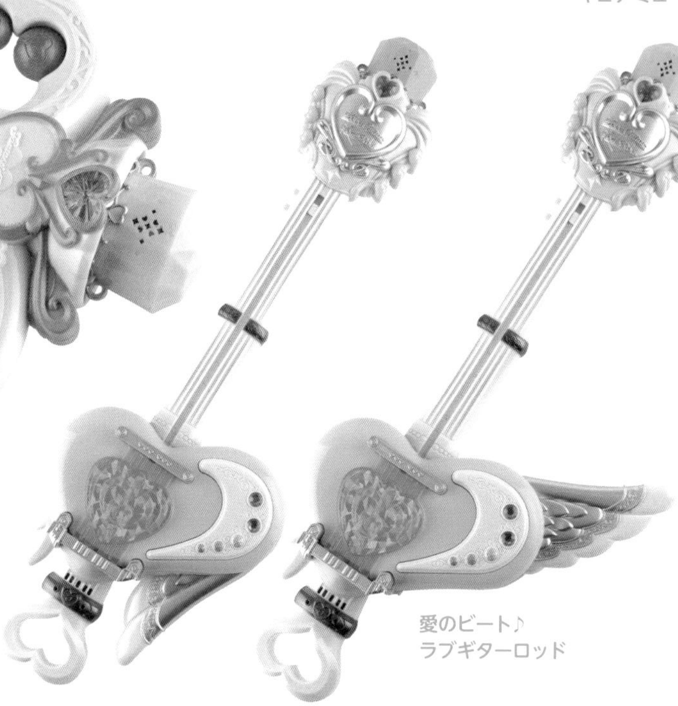

愛のビート♪
ラブギターロッド

おしゃれでにゃんにゃん♪
ふんわりパジャマ

おしゃれでにゃんにゃん♪
チェックワンピース

大好きにゃんにゃん♪
ハミィのゆりかごキャリー

うたって♪にゃんにゃん
ハミィ

キュアピース

キュアサニー

キュアハッピー

おもちゃで振り返るプリキュア20年史

スマイルプリキュア！

2012年2月5日 - 2013年1月27日

『Yes！プリキュア5GoGo！』以来、久しぶりに5人体制となった第9作。玩具のラインナップとしては、なんといっても変身アイテムの「スマイルパクト」が存在感を放つ。女の子向けのアイテムとしては定番モチーフのひとつといえるコンパクトだが、『プリキュア』シリーズで採用されたのはこれが初めて。パフに光が宿り、その光っているパフで頬をはたくという変身シーンのアクションも好評を呼んで、人気商品となった。

カラフル変身！
スマイルパクト

キュアデコル

スマイルパクトなどの玩具にセットして遊ぶ。キュアデコルによって、流れる音楽や光り方が変化する。

キャンディプリンセスドレスで
おしゃれセット

キャンディおようふくで
おしゃれセット

キャンディクルクル
ブラシで
おしゃれセット

おみみクルクルおしゃれキャンディ！

プリンセスフォーム（※）

キュアビューティ

キュアマーチ

ミラクル翼パフ
&キュアデコルセット

PRECUREサウンド！
ウルトラキュアデコル

プリンセスキャンドル

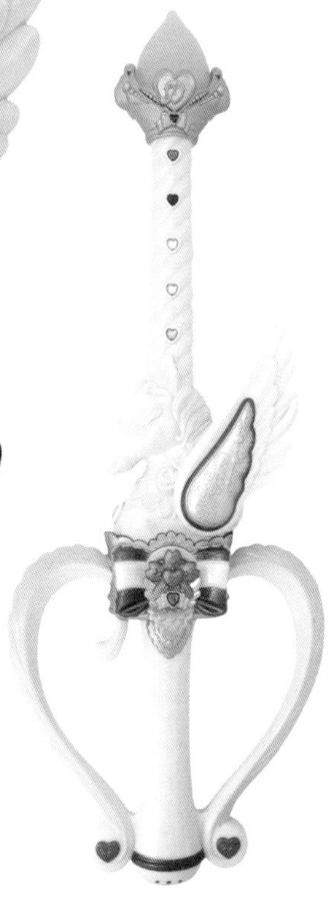

プリンセスティアラ

レインボー
キュアデコルセット

ロイヤルクロック

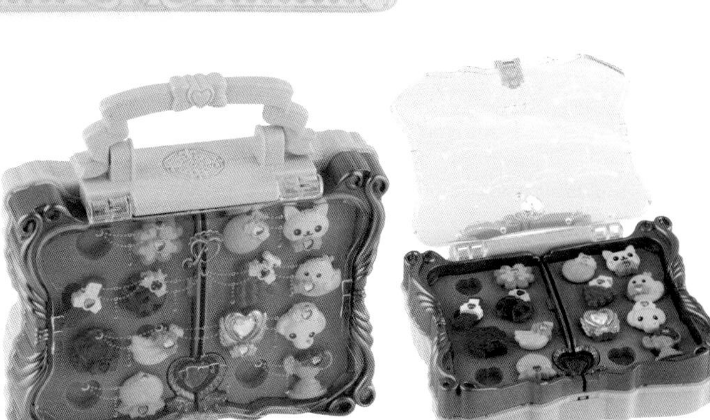

伝説のトランク！
デコルデコール

※なりきりキャラリートキッズの上から着用することで、それぞれのプリンセスフォームになりきれる（写真はキュアハッピー）。

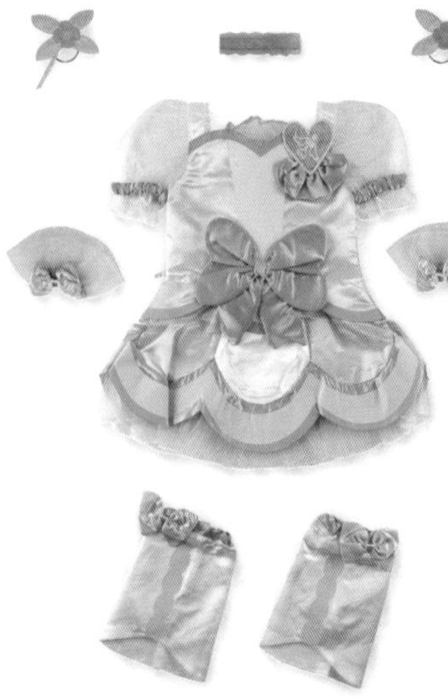

キュアロゼッタ

キュアダイヤモンド

キュアハート

おもちゃで振り返るプリキュア20年史

ドキドキ！プリキュア

2013年2月3日 - 2014年1月26日

トランプをモチーフにしたシリーズ10作目。変身アイテムの「ラブリーコミューン」は、プリキュアごとに対応した妖精たち（シャルル・ラケル・ランス・ダビィ）のフェイスカバーが付け替えられるという『ふたりはプリキュア』のカードコミューンを連想させる仕掛けが用意されている。また、シリーズ途中から登場するプリキュア、キュアエースの人気が高く、彼女の変身アイテム・ラブアイズパレットは大きな評判を呼んだ。

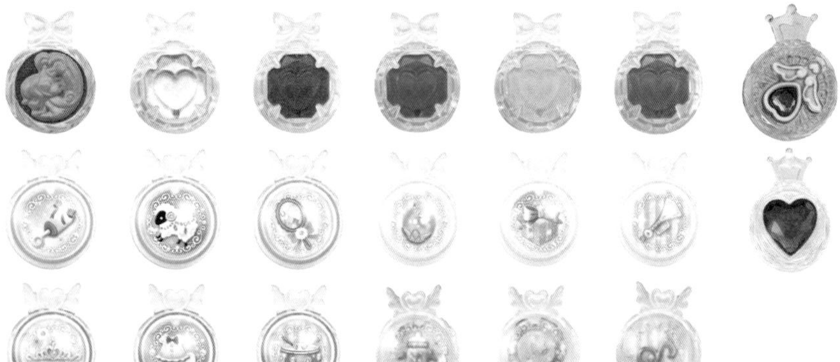

キュアラビーズ

ラブリーコミューンやラブアイズパレットと連携。キュアラビーズによって、流れる音やセリフが変わる。

ドキドキ変身！
ラブリーコミューン

ラブアイズパレット

マジカルラブリーハープ

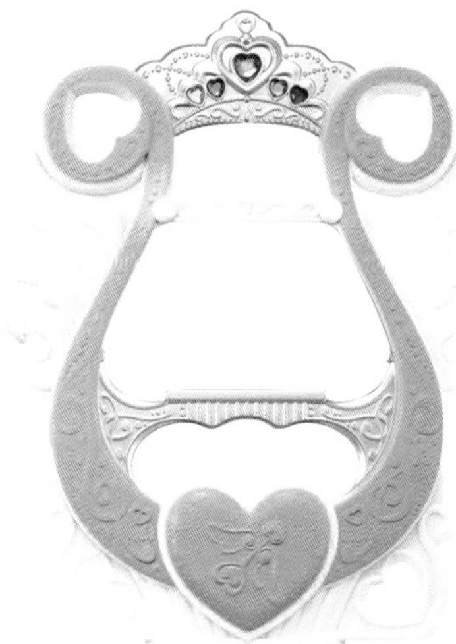

キュアエース

キュアソード

マジカルラブリーパッド

ラブキッスルージュ

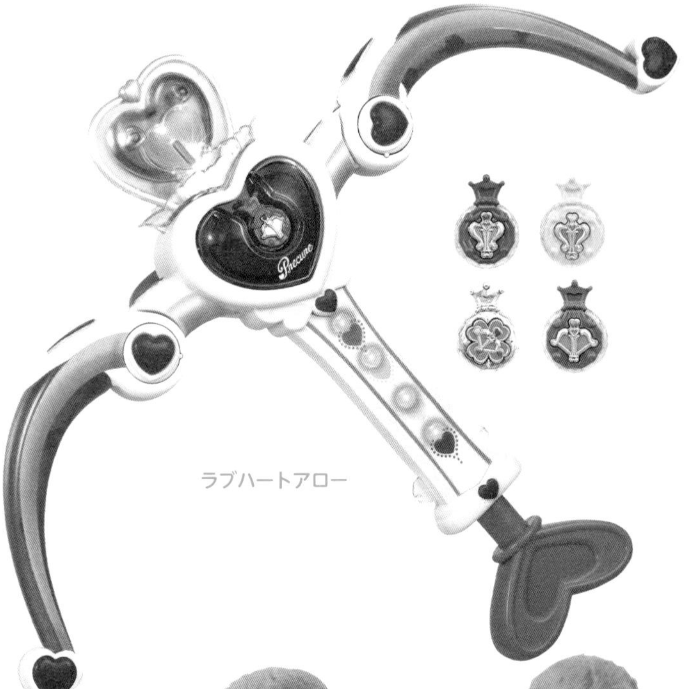

ラブハートアロー

シャルル

ラケル

ダビィ

ランス

ドキドキ！プリキュア
おしゃべりシリーズ

おせわして
きゅぴ！ちゅぱちゅぱ
アイちゃん

キュアハニー

キュアプリンセス

キュアラブリー

おもちゃで振り返るプリキュア20年史

ハピネスチャージプリキュア！

2014年2月2日 - 2015年1月25日

世界各国のプリキュアが登場するなど、ユニークな世界観を持つ第11作。オシャレ、お着替えをモチーフにした作品だけに、変身アイテムの「プリチェンミラー」は、プリカードと連動してプリキュアたちをフォームチェンジさせたり、変装させられるというもの(連動アイテムにカードを採用したのは『Yes！プリキュア5GoGo！』以来)。歴代のプリキュアたちが印刷されたプリカードセットなども販売され、注目を集めた。

ラブプリブレス

ハピネス変身！
プリチェンミラー

シャイニングメイクドレッサー

プリカード

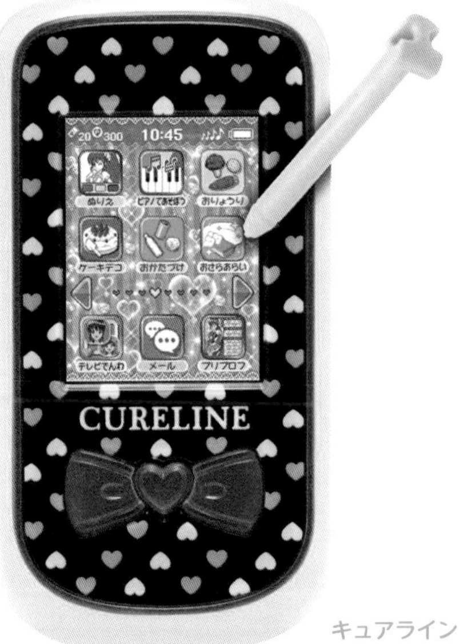

キュアライン

イノセントフォーム

キュアフォーチュン

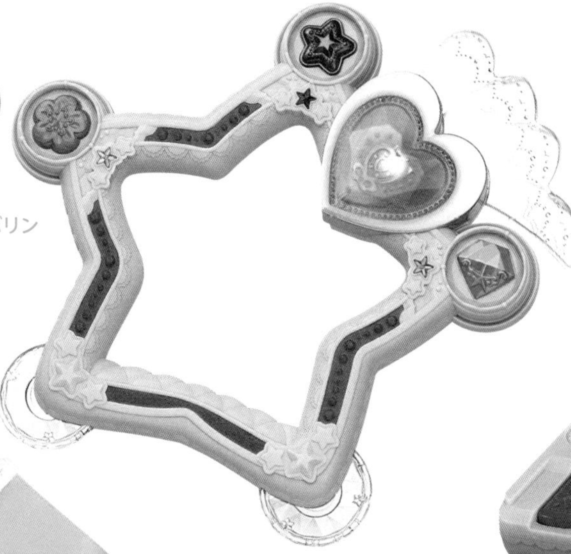

フォーチュンタンバリン

フォーチュンピアノ

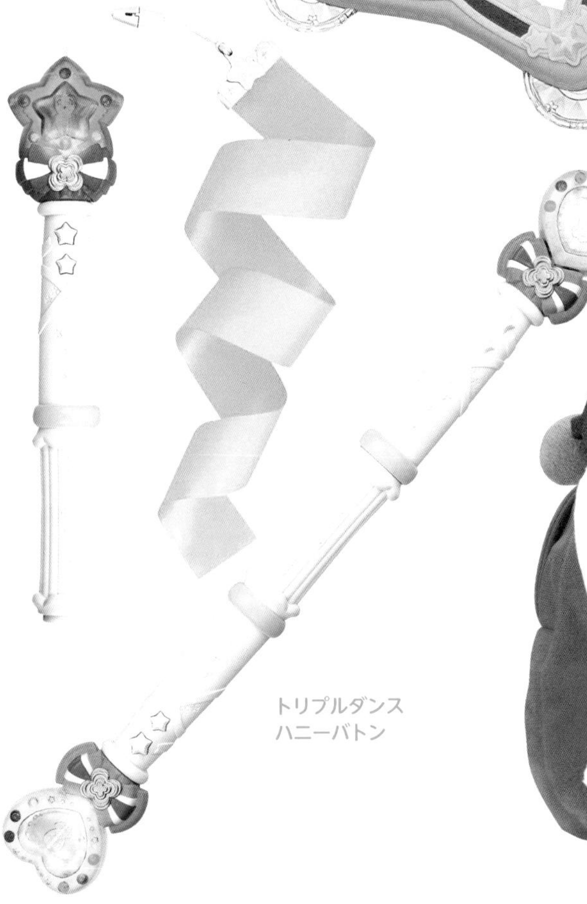

トリプルダンス
ハニーバトン

おしゃべりぐらさん

プリカードであそぼう！なかよしリボン

キュアマーメイド
（モードエレガント）

キュアマーメイド
（モードプリティ）

キュアフローラ
（モードエレガント）

キュアフローラ
（モードプリティ）

キュアスカーレット
（モードエレガント）

キュアスカーレット
（モードプリティ）

キュアトゥインクル
（モードエレガント）

キュアトゥインクル
（モードプリティ）

おもちゃで振り返るプリキュア20年史

Go！プリンセスプリキュア

2015年2月1日 - 2016年1月31日

「プリンセス」をモチーフにしたシリーズ12作目。ディズニーのヒットアニメ『アナと雪の女王』が少し前に公開されたこともあり（日本公開は2014年3月）、プリンセスに注目が集まった時期でもある。玩具のラインナップとしては、プリチュームが大きなポイント。キャラクターそれぞれにミニスカートとロングスカートが用意された2way仕様。また、モードエレガント ロイヤルをイメージしたプレミアムドレスも発売された。

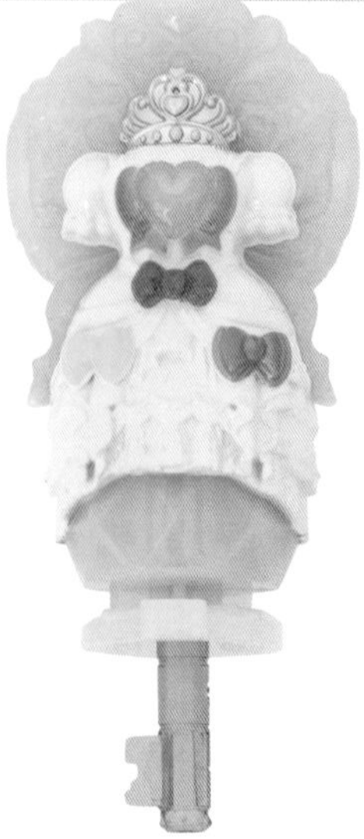

ロイヤル
ドレスアップキー

ドレスアップキー

プリンセスパフューム

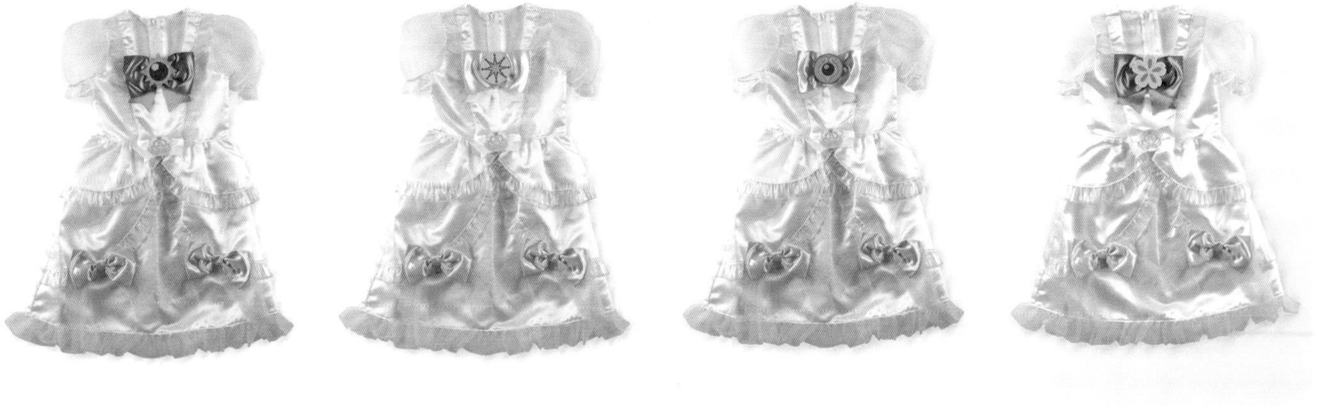

プレミアムドレス

プリンセスプリキュア
レッスンパッド

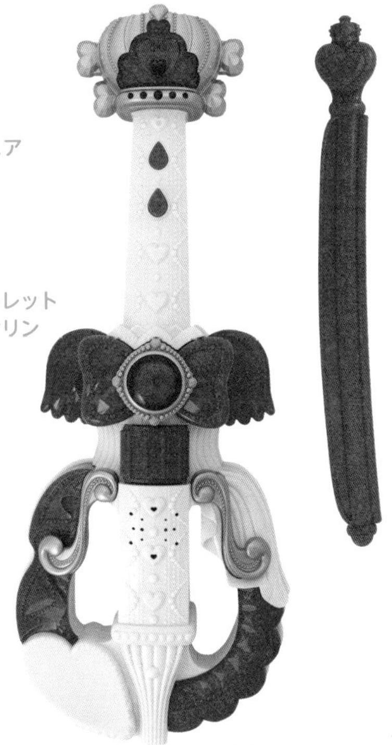

スカーレット
バイオリン

ミュージック
プリンセスパレス

クリスタル
プリンセスロッド

ロイヤルフェアリー
チェンジ！
パフメイドセット

肩のり
おしゃべりアロマ

おしゃれヘアアレンジパフ

キュアフェリーチェ

キュアマジカル
（ダイヤスタイル）

キュアミラクル
（ダイヤスタイル）

おもちゃで振り返るプリキュア20年史

魔法つかいプリキュア！

2016年2月7日 - 2017年1月29日

シリーズ13作目は、タイトルにある通り「魔法」をモチーフにした一作。「リンクルスマホン」は、集めたリンクルストーンでリンクルスマホンの中にいるはーちゃんをお世話するという液晶アイテム。また、4つのスタイルに変身するプリキュアに合わせてそれぞれのプリチュームが展開されたり、エンディングダンスに「魔法のほうき」がフィーチャーされるなど、数多くの意欲的な試みがなされた作品でもある。

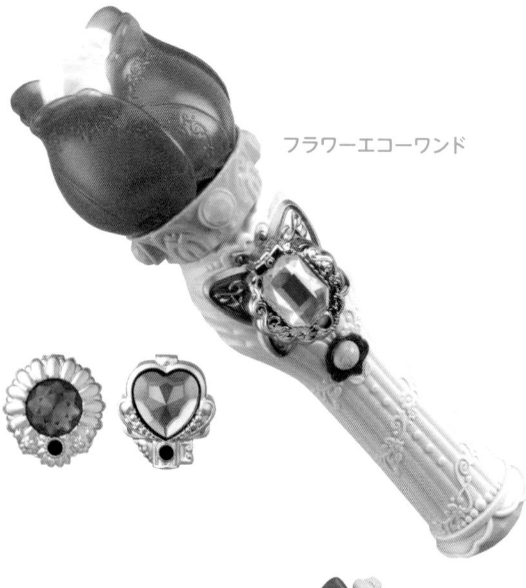

フラワーエコーワンド

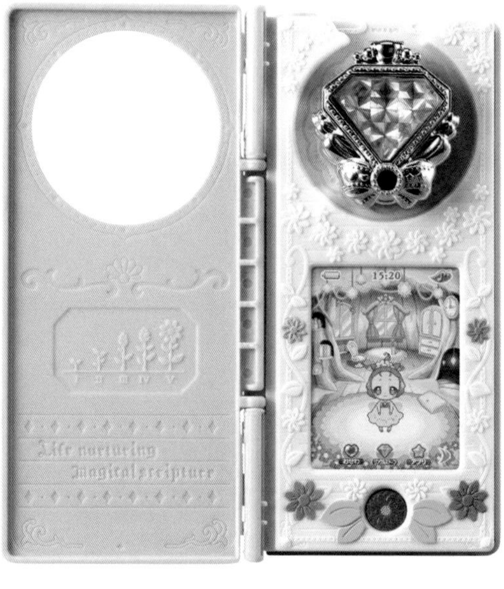

リンクルスマホン

メロディながれる♪
魔法のほうき
キュアフェリーチェ

魔法のほうき

リンクルストーン

リンクルステッキDX

キュアフレンズぬいぐるみ
はーちゃん

キュアミラクル
（トパーズスタイル）

キュアミラクル
（サファイアスタイル）

キュアミラクル
（ルビースタイル）

ふわふわモフルン
ぬいぐるみ

キュアマジカル
（トパーズスタイル）

キュアマジカル
（サファイアスタイル）

キュアマジカル
（ルビースタイル）

モフルン
魔法学校制服セット

おしゃべり変身
モフルン専用
キュアモフルン
ドレスセット

マホカ～MAHOCA～

おしゃべり変身
モフルン

魔法の水晶

魔法のレインボーキャリッジ
＆プレシャスブレス

キュアジェラート

キュアカスタード

キュアホイップ

キラキラ☆プリキュアアラモード

2017年2月5日－2018年1月28日

「スイーツ」と「動物」というふたつのモチーフで展開したシリーズ14作目。アニマルスイーツと連動し、おみせやさん遊びが楽しめる液晶アイテム「いらっしゃいませ！ キラパティショップへ☆」の他、女の子向け玩具の定番アイテムであるコンパクトが「スイーツパクト」として『スマイルプリキュア！』以来の登場。「キラキラルクリーマー」や「キャンディロッド」など、お菓子モチーフのアイテムもラインナップされた。

まぜまぜ変身！
スイーツパクト

くるくるチャージ☆
キャンディロッド

アニマルスイーツ

キュアパルフェ

キュアショコラ

キュアマカロン

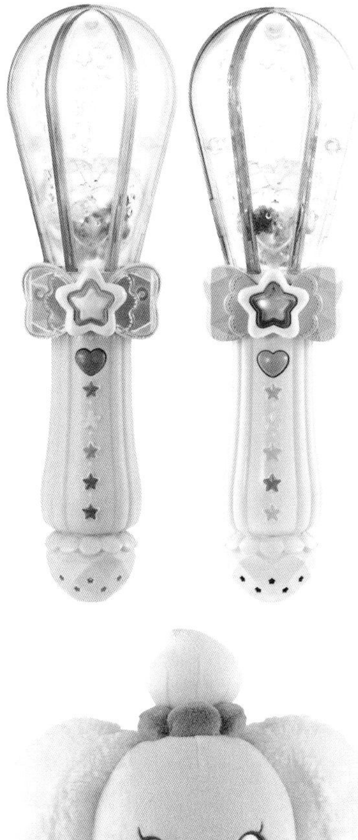

いっしょにうたおう♪
サウンドあわだてき
(左から順に／通常・キュア
パルフェ ver.)

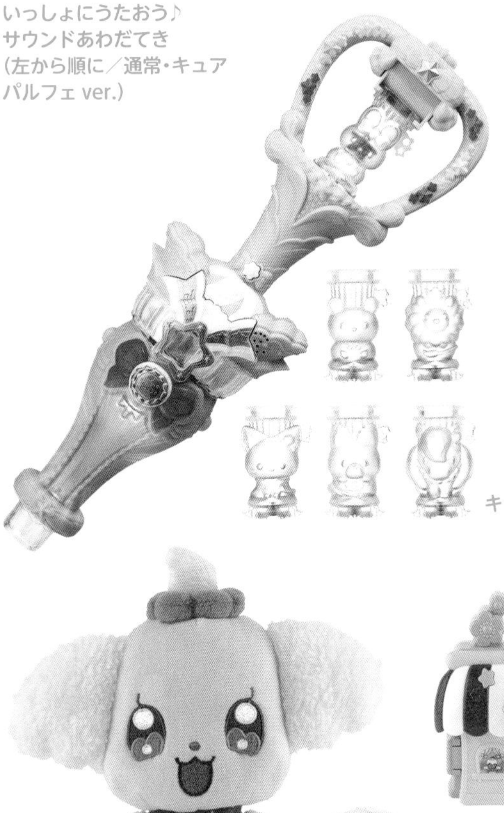

キラキラルクリーマー

パルフェ
レインボーリボン

いらっしゃいませ！
キラパティショップへ☆

ふわふわペコリン
ぬいぐるみ

いただきますペコリン

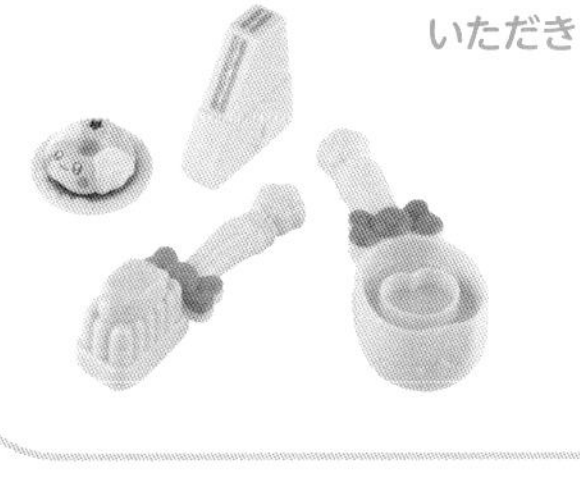

ふわふわキラリン
ぬいぐるみ

キュアエトワール

キュアアンジュ

キュアエール

おもちゃで振り返るプリキュア20年史

HUGっと！プリキュア

2018年2月4日 - 2019年1月27日

空から降ってきた赤ちゃん・はぐたんを中心に「子育て」をテーマに据えた第15作。それだけに、はぐたん関連のアイテムが充実。お世話ぬいぐるみの「お世話たっぷり おしゃべりはぐたん」の他、だっこひもやオムツなど、お世話に使えるアイテムが数多く用意されている。また、15周年を記念して『HUGっと！プリキュア』のキャラクターに加えて、キュアブラックとキュアホワイトの音声も収録された「ミライブレス」が発売された。

おしごといろいろ！
プリキュアミライパッド

変身タッチフォン♡プリハートDX

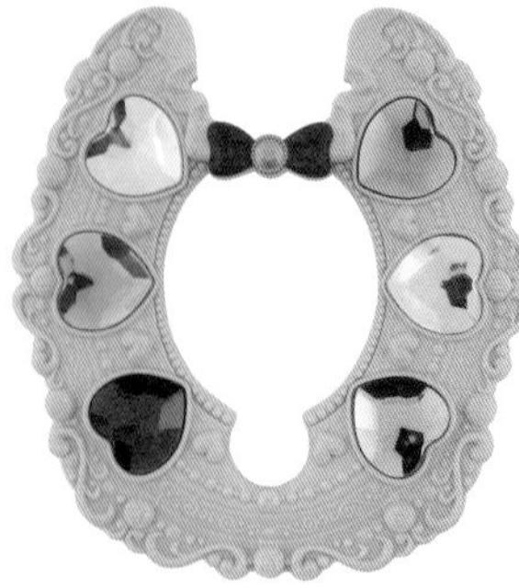

メモリアルキュアクロック

メロディソード

ミライクリスタル

変身プリチューム
プリキュア
メモリアルベール

ツインラブギター

キュアアムール

キュアマシェリ

お世話たっぷり
おしゃべりはぐたん

はぐたんおでかけ
くまさんケープ

いっしょにおどろう♪
メロディタンバリン
（上から順に／通常・キュアマシェリ＆キュアアムールver.）

はぐたんチアフルスタイルドレスセット

はぐたんもぐもぐ
ごはんセット

はぐたんかんびょうセット

ふわふわハリー
ぬいぐるみ
マスコット

おでかけはぐたん

プリキュア
ミライブレス

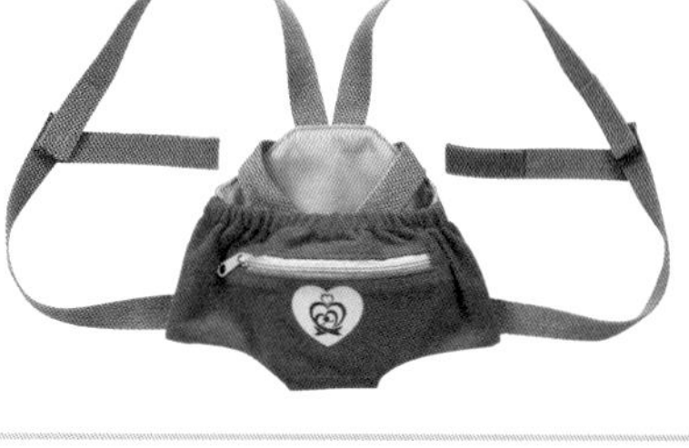

うきうきはぐたんの
だっこひも

キュアソレイユ

キュアミルキー

キュアスター

スター☆トゥインクルプリキュア

2019年2月3日－2020年1月26日

シリーズ16作目は「宇宙」と「星座」がモチーフ。変身シーンに歌とダンスを取り入れるといった試みも行われ、販促イベントにおいてもダンスレッスンが行われた。また、本作ではプリキュアたちのお供をする妖精・フワが、シリーズ途中でパワーアップするのもポイントのひとつ。パワーアップ形態は子供たちにも人気のユニコーンがモチーフになっており、この形状をしたおしゃべりぬいぐるみ（DXおしゃべりフワ）も発売された。

プリキュア
トゥインクルティアラ

トゥインクル
ステッキ

プリンセススターカラーペン

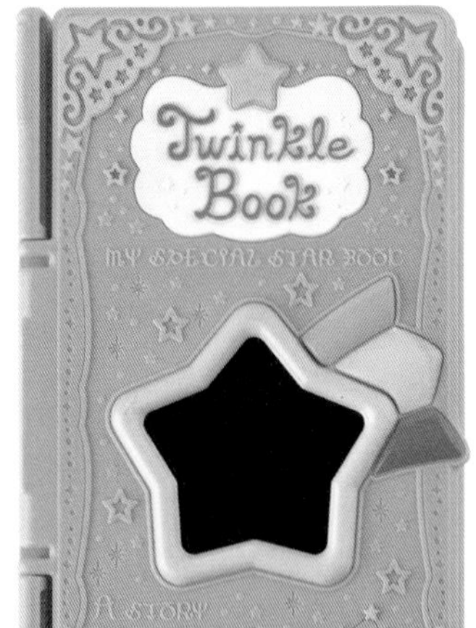

おせわしてフワ☆
トゥインクルブック

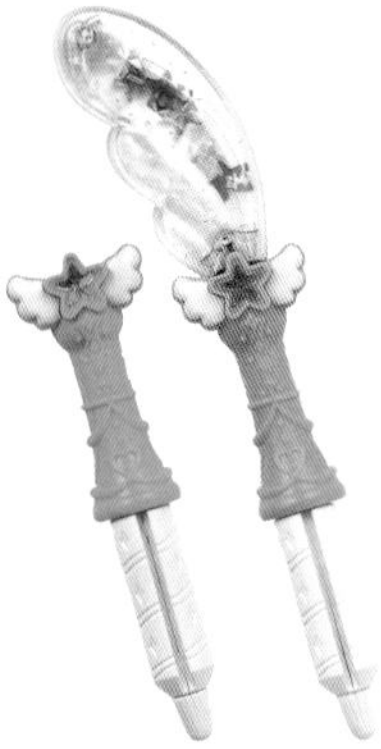

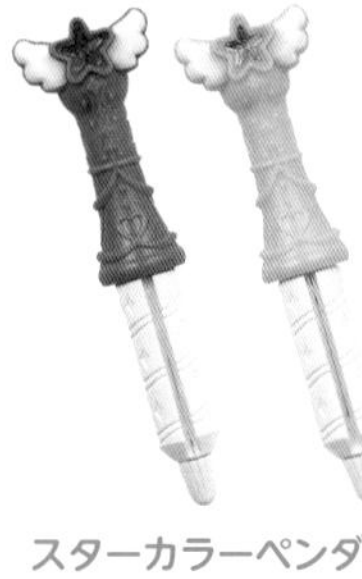

スターカラーペンダント＆
変身スターカラーペン

もちもち
フワ
マスコット

もちもち
プルンス
マスコット

キュアコスモ

キュアセレーネ

おしゃべりフワ

ふんわりぬいぐるみ
フワ

おでかけフワ

もちもちフワマスコット2

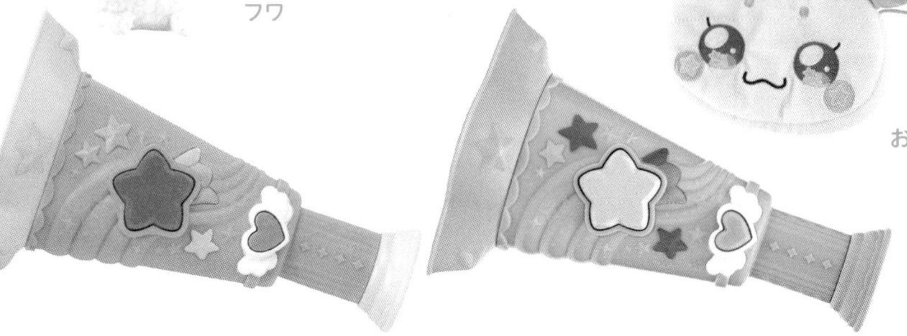

たのしくおどろう！リズムスコープ（左から順に／通常・キュアコスモver.）

プリキュア
レインボーパフューム

パワーアップ変身！
DXおしゃべりフワ

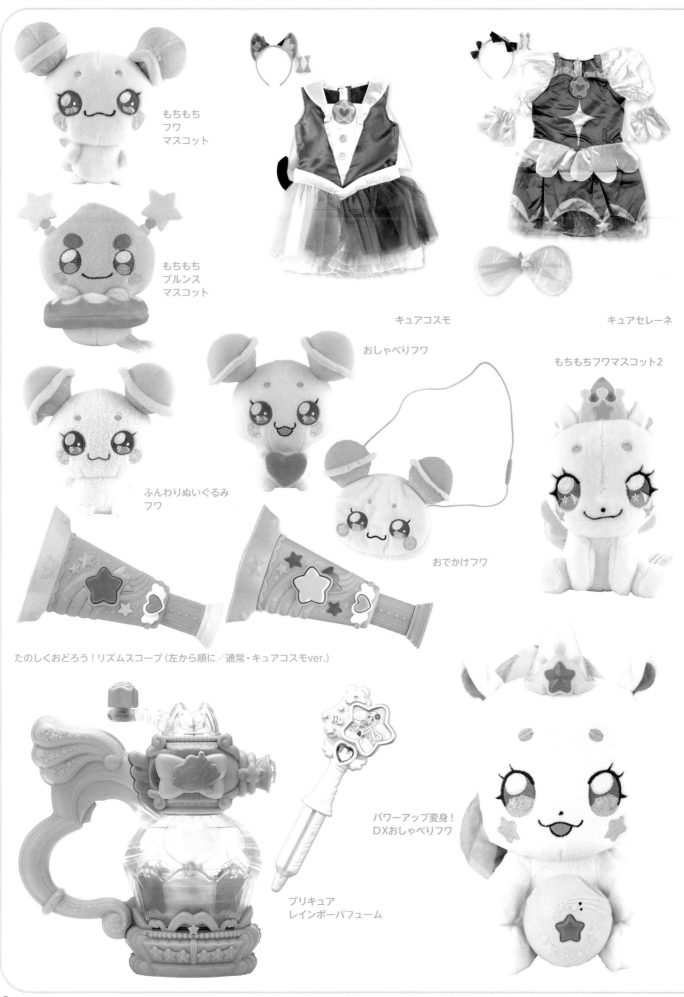

キュアスパークル　キュアフォンテーヌ　キュアグレース

おもちゃで振り返るプリキュア20年史

ヒーリングっど♥プリキュア

2020年2月2日 - 2021年2月21日

「地球のお医者さん」をテーマに展開した第17作。変身アイテムの「キュアタッチ 変身ヒーリングステッキDX」はラビリン、ペギタン、ニャトランのフェイスが付け替えられる他、肉球部分にシリコン素材を用いてプニプニした触感が楽しめる。また、モチーフが「お手当て」「癒し」であることを踏まえ、ヒーリングガーデンの王女・ラテのお世話ぬいぐるみ「ちょうしんきでピッ おしゃべりラテ」では、お手当て遊びが取り入れられた。

エレメントボトル

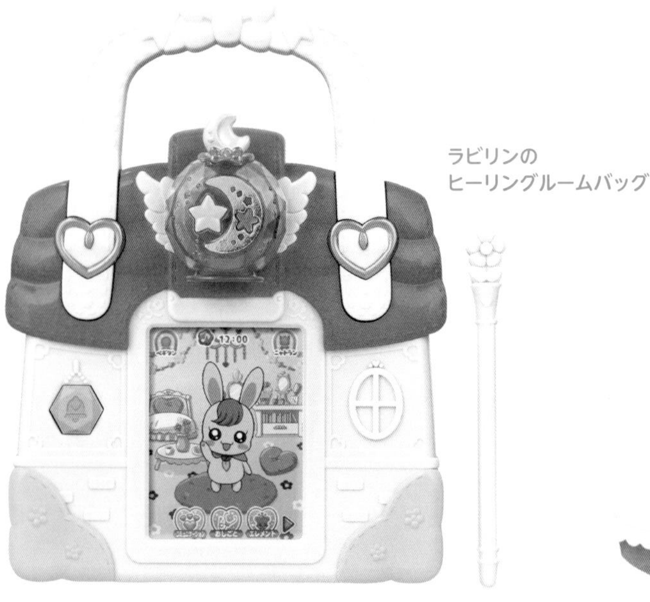

ラビリンの
ヒーリングルームバッグ

キュアタッチ
変身ヒーリングステッキDX

いっしょにおどろう♪
フラワーメロディベル
(左から順に／通常・キュアアースver.)

キュアアース

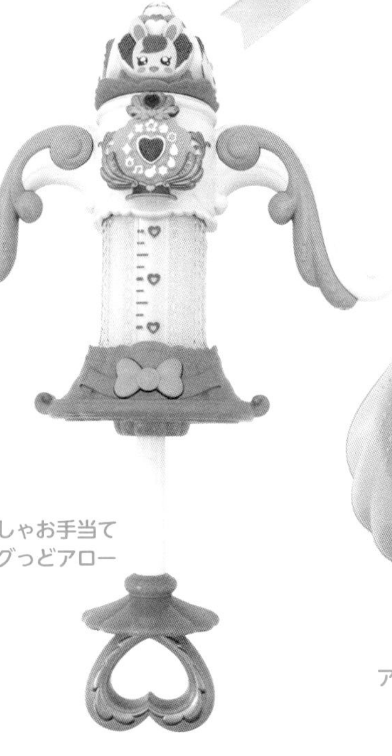

おちゅうしゃお手当て
ヒーリングっどアロー

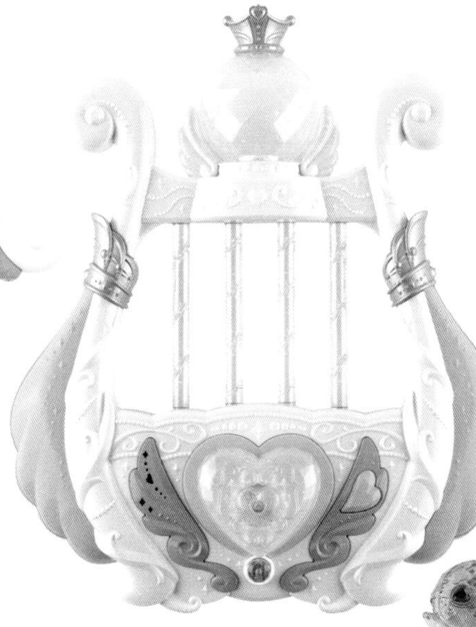

アースウィンディハープ

ミラクルヒーリングボトル

ラテのおしょくじセット

ちょうしんきでピッ おしゃべりラテ

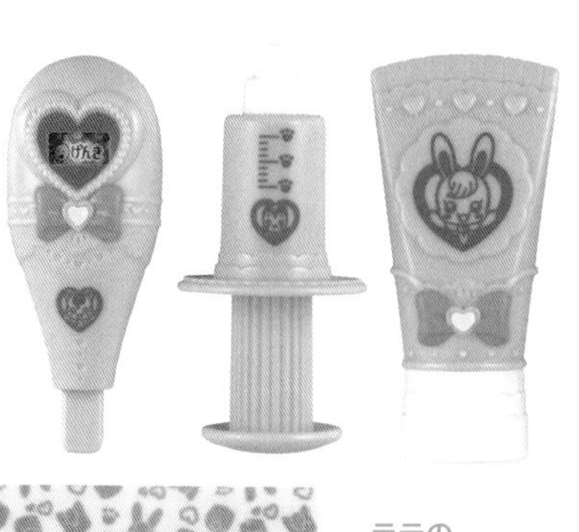

ラテの
おてあてセット

キュアパパイア

キュアコーラル

キュアサマー

おもちゃで振り返るプリキュア20年史

トロピカル～ジュ！プリキュア

2021年2月28日 - 2022年1月30日

玩具のデザインもトロピカルな18作目。アイテムの随所にクリア素材が用いられ、変身アイテムのコンパクト「トロピカルパクト」は、蓋を閉じた状態でも中からの光が透き通って見える。また「オーシャンプリズムミラー」はエンディング曲と連動して、映像の中のミラーと同じ光り方をするという仕掛けが用意されている。本作から始まった新たなカテゴリーとなるキッズコスメ「Pretty Holic」シリーズも、注目ポイントのひとつ。

メイクアップ変身！
トロピカルパクト

パワーアップ変身！
トロピカルハート
ドレッサー

ハートクルリング

くるくる変身！マーメイドアクアパクト

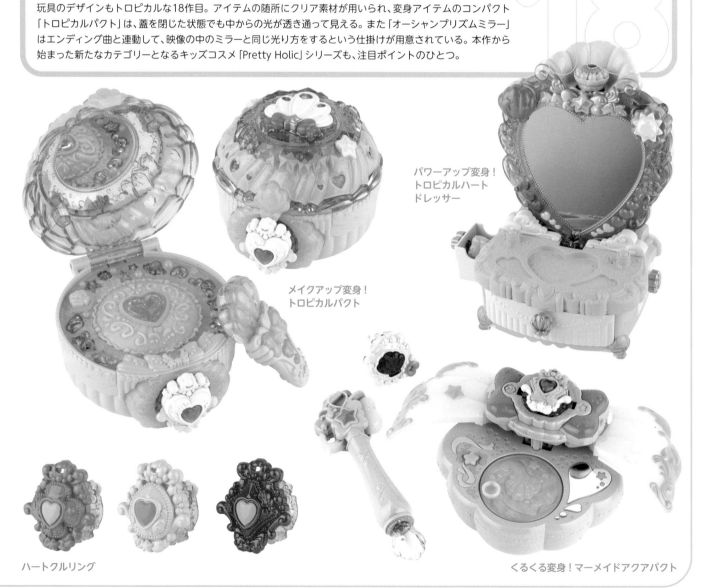

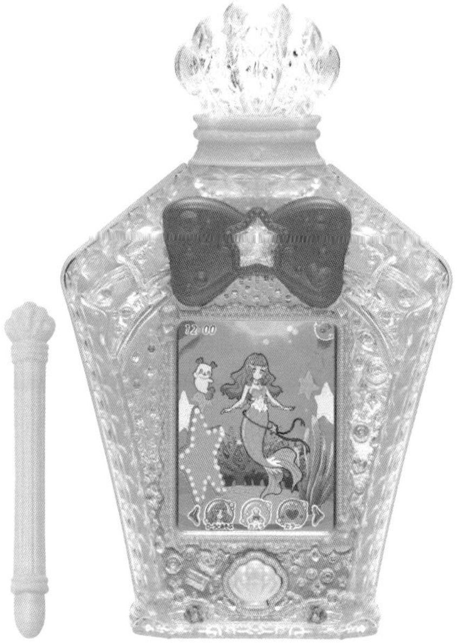

マーメイド
アクアポット

キュアラメール

キュアフラミンゴ

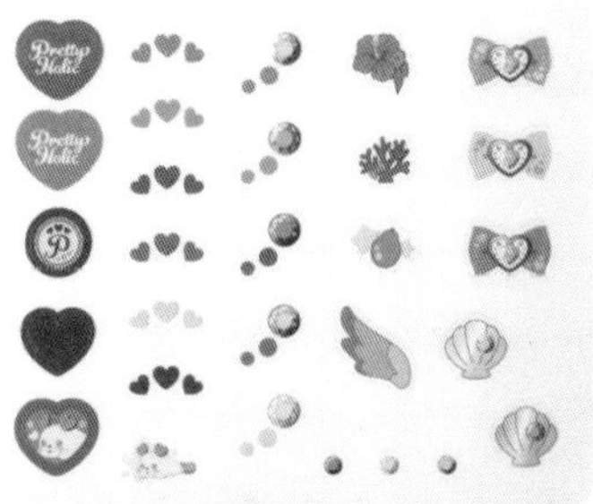

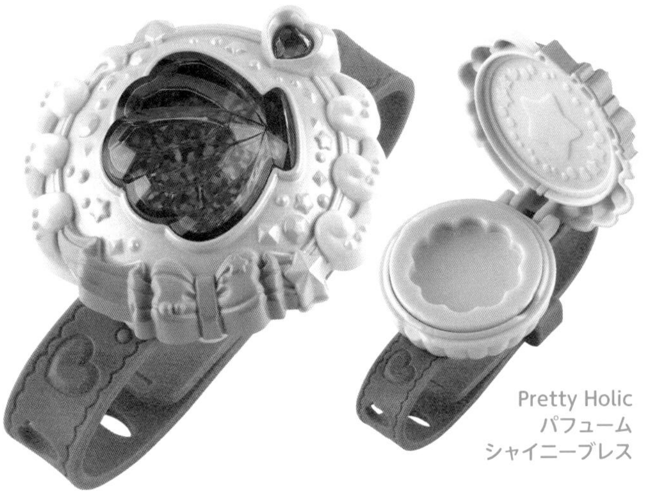

Pretty Holic
パフューム
シャイニーブレス

Pretty Holic
プリティアップ
ネイル

Pretty Holic
プリティアッププリップ

ハートルージュ
ロッド

ギュッとハグして
おしゃべりくるるん

カラフルに光る！
オーシャンプリズムミラー

キュアヤムヤム

キュアアスパイシー

キュアプレシャス

おもちゃで振り返るプリキュア20年史

デリシャスパーティ♡プリキュア

2022年2月6日 - 2023年1月29日

「ごはん」をテーマにした19作目。まるでおむすびを握るような遊びが楽しめる「にぎにぎ変身！おしゃべりコメコメ」や絞り器のような「クリーミーフルーレ」など、料理関連のモチーフを取り入れたラインナップが特徴。「つくっておせわして♡ハートキュアウォッチ」は、専用の二次元コードをスキャンするなど、いくつかの方法で中のデータを更新することで、遊びが増えるようになっている。

パーティアップカバー＆
お子さまランチセット

ハートフルーツペンダント
カバーセット

つくっておせわして♡
ハートキュアウォッチ

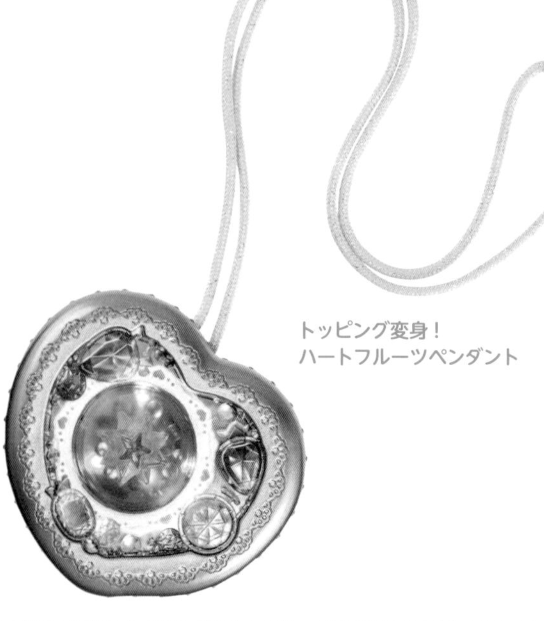

トッピング変身！
ハートフルーツペンダント

つみつみクッキング♡レシピッピ

ハートジューシーミキサー

Delicious Cooking
3WAYエプロンドレス

キュアフィナーレ

みんなでかんぱい♪
パーティグラス

クリーミー
フルーレ

パーティキャンドルタクト

Pretty Holic Sweets
スイートクリスタル

Pretty Holic Sweets
グロスキャンディ

Pretty Holic Sweets
クリスタルシュガーボトル

きょうはおでかけ♡
パーティドレス

たのしくおりょうり♡
クッキングエプロン

ミラクル変身！
おしゃべりメンメン

サンドde変身！
おしゃべりパムパム

にぎにぎ変身！
おしゃべりコメコメ

バンダイ歴代玩具担当者 座談会

浦邊紀子×橋本佳代子×岡田千明×片岡小百合

URABE NORIKO　HASHIMOTO KAYOKO　OKADA CHIAKI　KATAOKA SAYURI

毎年たくさん発売されている『プリキュア』シリーズのアイテムは、子供たちと『プリキュア』の世界を結びつけるという重要な役割も担っている。変身アイテムや、なりきりグッズ、そしてぬいぐるみなどの多種多様なアイテムは、いったいどんな試行錯誤を経て生み出されているのか、歴代の担当者にその事情を聞いた。

最初、キュアブラックの服にはピンクのフリルがなかった

——浦邊さんは、最初の『ふたりはプリキュア』を担当しています。アイテムづくりはどんな風にスタートしたのですか？

浦邊　まず、『ふたりはプリキュア』には課題がふたつありました。ひとつは、女の子向けに「黒」を使った商品を作ること。もうひとつは、3～6歳向けだった実写版『美少女戦士セーラームーン』（以下、セーラームーン）とターゲットが被らないように、7～9歳向けのものを作るということでした。当時、子供服ブランドのナルミヤ・インターナショナルさんのブランドの中に黒色を使ったものがあったこともあり、黒が少し流行り始めていたんです。それを参考にしつつ、コスチュームのデザインを固めていきました。じつはキュアブラックのコスチュームには、最初はピンクのフリルがなかったんです。でも、それだと子供からの引きがすごく弱かったので、ピンクのフリルやリボンは絶対につけようと決めて進めた記憶があります。

——そうだったんですね！　浦邊さんがこだわったのはどこでしょうか？

浦邊　私が一番こだわったのは、商品をできるだけ小さくすることです。「カードコミューン」は手で持って遊ぶアイテムだったので、いつも一緒に過ごしてもらえるよう、大切にしてもらえるように手の中に収まるくらい小さくして、角をあまりつけないようにしました。

——「カードコミューン」といえば、当時、女の子向けのカード商品は珍しかったような記憶があります。

浦邊　この2年ほど前に『仮面ライダー龍騎』が流行っていたのですが、そこで作られていた玩具とカードが連動する仕組みは女の子向けにも通用するだろうと思っていて。それでカード玩具の企画を進めました。

橋本　同じ年に『オシャレ魔女♥ラブ and ベリー』と「カードコミューン」が出たので、「女の子の間でもカードが来てる！」みたいな盛り上がりがありました。

浦邊　『カードキャプターさくら』のカードはすでにありましたが、当時、女の子は男の子のようにはカードをコレクションしないと言われていたんです。ですから、当初は「カードを自販機で売るだなんて」という空気がありましたね。

——他のお三方は、それぞれどんなところにこだわったのでしょうか？

橋本　私はたくさんの作品に関わらせていただいているので、全体的な話になってしまうのですが、たとえば、今年の変身アイテムがコンパクトだとしたら、次の年は違う商材にする、ということを心がけています。男の子向けであれば、変身アイテムが毎年ベルトでも、デザインやモチーフが変わることで満足してもらえる。でも、女の子には現実的なところがあって、たとえデザインが違ったとしても、同じアイテムを2年連続では買ってくれない。それは『プリキュア』のアイテムづくりを長く担当するなかでだんだんとわかってきたので、気をつけていますね。

——なるほど。

橋本　また、『プリキュア』は男の子向けの作品よりもフォーマット化されていないところがあって「主人公が自分の足で立って戦う女の子」というところさえブレていなければ、テーマはかなり自由なんです。そういう自由度の高さは、このシリーズの面白さだと思います。

岡田　浦邊さんがおっしゃった「小ささ」というのは、私も意識していますね。『プリキュア』のアイテムの中でも、ステッキを何度か担当させてもらっているのですが、実際に遊んでほしい年齢の女の子に持ってもらって、重くないかどうかを確認しています。ステッキはトップが重すぎると気持ちよく振れないので、より小さく細くして遊びやすさにつなげる。あと、デザイン面に関して言えば細かい部分に遊び心を入れるようにしていました。たとえば、スピーカーの穴を可愛くデコレーションしてみたり、電池蓋の部分に妖精のデザインを入れてみたり。細かなところにも可愛さを詰め込むのは、各担当がこだわっているところかなと思います。設計の方からは「直線的なデザインがあまりないので、設計が大変だ」とよく言われますね。

片岡　今の「細かなところにもこだわる」という話にもつながるのですが、女の子向けの商品は、お母さんの意見も重要になってきます。細かいところにも気を配って、親御さんに「子供だましじゃない」と思ってもらえるようなデザインにしなければいけない。直近だと『ヒーリングっど♥プリキュア』の「キュアタッチ変身ヒーリングステッキ」の肉球の部分にプニプニしたシリコン素材を使ったのですが、それは女の子は感触を楽しむ玩具が好きかな、と。また最近、シリコン素材を使った玩具が流行っているので、企画を出

す際には流行りの素材を積極的に取り入れようといろいろ考えています。

アニメの初回オンエアにあわせて ひと揃いのアイテムを作る必要がある

――毎年、かなりの数のアイテムが発売されますが、商品のラインナップはどんな風に決めているのですか？

橋本　番組と連動する変身アイテムや技アイテム、シリーズ中盤で登場するプリキュアのアイテムなどは、最初の段階で決めておきます。これらメインのアイテムを決めたあと、「周辺アイテム」と呼ばれる変身なりきりアイテム（プリチューム）や女児ホビー、ぬいぐるみなどの企画に進みます。

岡田　液晶を使ったアイテムは年間を通して他のアイテムと連動するので、早い段階で決めなければいけないというのもあります。

橋本　『ふたりはプリキュア』のときは、どのような流れで最初の商品ラインナップを決めていったのですか？

浦邊　たぶん、他の皆さんと全然違いますよ。『ふたりはプリキュア』の前に『明日のナージャ』、その前には『おジャ魔女どれみ』シリーズを放送していたので、まずどういうシリーズを始めるのか、というところが出発点でしたね。バンダイとしては、パソコン的な大型玩具を売りたいという考えがあって。でも、決まっていたのはそれだけです。ストーリーの大枠が決まり、アイデアをどんどん出していきました。かなりギリギリのスケジュールでしたね。

――そうだったんですね。企画を進めていくうえで苦労することは何でしょうか？

岡田　コンパクトやステッキに限って考えてみても、そのシリーズならではの遊びの面白さやデザインを作らなければいけない。歴史があるシリーズなので、そこは毎回頭を悩ませます。たとえば『スター☆トゥインクルプリキュア』のときは、東映アニメーションさんから「星座をやりたい」という話を先にいただきました。とはいえ、星座はプリキュア世代のお子さんにはまだなじみの薄いモチーフですし、数多く存在するものなので、そのまま玩具に落とし込もうとすると複雑になってしまう。最終的には12星座をフィーチャーするという座組みに決まりましたが、玩具のご提案にあたって何度も試行錯誤しました。お子さんが番組を通して自分の誕生日の星座を言えるようになった姿を見たときは、感激しましたね。

――なるほど。

岡田　あと、番組が始まったときに、変身アイテムからプリチュームまで一斉に揃えておかなければならないというのも大変なところです。すべてを間に合うように決めなければいけないのは醍醐味でもあり、プレッシャーでもありますね。

橋本　あとは毎回、サイズで苦労します。浦邊が話していたように、アイテムを小さくするというのはずっと大事にしているところなのですが、モックアップを作ってみると「これじゃお子さんの手に収まらない」となることも多くて。その場合、設計の方と密に話し合いながら進めていくので、その調整には一番時間がかかりますね。

岡田　『魔法つかいプリキュア！』の「リンクルステッキ」を担当させていただいた際に、魔法つかいの杖は細いほうがいいと思っていたので、設計の方からは「そんなに細くできないよ」と言われながらもミリ単位で細かく調整しました。

片岡　液晶アイテムは、どうしても画面が小さくなってしまうんです。その場合も見た目で小さく感じないように、デザインで工夫したり。第一印象で「液晶画面が小さい！」とネガティブな印象にならないように試行錯誤しています。

岡田　『HUGっと！プリキュア』の「ミライパッド」がそうですね。

アニメとも密接にリンクしている 最近のなりきりアイテム

――変身なりきりアイテム（プリチューム）についてもお伺いします。具体的には、どのように制作しているのでしょうか？

橋本　『Yes！プリキュア5』でプリチューム（当時の名称は「キャラリート」）を担当したのですが、そのときはプリキュアがふたりから5人に増えるという大きな変化がありました。基本的なデザインは揃えつつ、色で変化をつけるという方向性は決まっていて、バンダイからはチアリーダーのユニフォームのイメージで提案しましたね。続く『フレッシュプリキュア！』のときはハロウィンのコスプレが流行り始めた頃だったので、ティンカーベルやパイレーツなど、いくつもデザイン案を作って子供調査もたくさん行いました。最終的には、ボレロがついたボヘミアン風のものとパイレーツ風のものを提案して、後者が採用されています。このあたりから、子供服のトレンドや時代の流れを汲み取ったデザインを提案するようになりましたね。

――流行を取り入れることが、ポイントのひとつになっているんですね。

橋本　流行はもちろん、お子さんが好みそうな服をいくつか購入して「これならプリチュームに入れ込める」というデザインや素材をピックアップして提案することもあります。少し前までは、大人の間で流行っていたものが1〜2年後に子供向けで流行るというパターンが多かったので、子供雑誌だけでなく女性誌やティーン誌などもチェックしていました。

片岡　流行を追いかけるのはもちろんなのですが、キャラクターごとの個性も大切にしています。たとえば『デリシャスパーティ♡プリキュア』では、キュアプレシャスがふんわりしたミニスカート、キュアスパイシーは斜めにスリットが入ったロングスカート、キュアヤムヤムはタイトめのIラインのスカート……というように、スカートのシルエットがそれぞれ異なるようにしました。

岡田　『Go！プリンセスプリキュア』は「プリンセス」がテーマだったので、プリチュームにも力を入れようと考えて、玩具売り場で体験会や撮影会を開催しました。キャラクターとドレスとの親和性がとても高く、変身したあとに「ごきげんよう」とセリフを言う流れがお子さんや親御さんにも響いて、盛り上がった思い出がありますね。

片岡　『トロピカル〜ジュ！プリキュア』でもプリチュームに遊びを入れようという話

になり、腰のところのオーガンジー生地の飾りが取り外しできて、それを指に通すことができる仕掛けを入れたいと、弊社から東映アニメーションさんにご相談しましたね。そうしたら、本編中の合体技にも反映していただきました。

―― 本編とも密接にリンクしているんですね。

岡田　他にも『スター☆トゥインクルプリキュア』の変身シーンは、変身コスチューム案だけではなく、変身シーンも含めてご相談していました。「プリンセススターカラーペン」で描いたラインが、そのまま変身コスチュームになるという演出になっていて、キュアミルキーのスカートにあるぐるぐるラインやキュアセレーネのスカートにあるもこもこラインなど、変身中に描いているものを、そのままプリチュームのデザインにも反映しています。

これまでになかった 新しいカテゴリーづくりに挑戦したい

―― これまで手掛けた中で、個人的に手ごたえを感じたものを教えてください。

片岡　『デリシャスパーティ♡プリキュア』の変身アイテム（「にぎにぎ変身！おしゃべりコメコメ」など3種類）です。フードの部分を裏返すと食べ物モードになって、それぞれおにぎりとサンドイッチ、ラーメンになるという商品だったのですが、食べ物に紐づけつつ、可愛らしくまとめることができました。

岡田　『魔法つかいプリキュア！』の「魔法のほうき」というアイテムを担当したのですが、これは60センチほどあって、実際に子供がまたぐことのできるアイテムです。『プリキュア』のエンディングダンスは当時も人気だったので、そこで「魔法のほうき」を使った振り付けを提案させていただいて。すごく人気のあるアイテムになりましたし、エンディングダンスと玩具という新しい連動方法が作れたかなと思っています。

橋本　私はこれまであまり手応えを感じたことがなくて……。むしろ、やっている最中は必死で、あとから売上を見て「すごかったんだな」と思うことが多いですね。『魔法つかいプリキュア！』のモフルンも、キャラクターデザインが上がってきた段階で「これは絶対いける！」と思いつつも、人気を実感したのはあらためて振り返ったときでした。

浦邊　私は、タイトルが「プリキュア」に決まったのがよかったなと思います。当時は『なかよし』の裏表紙にマニキュアやペディキュアの広告がよく入っていたんですよ。それを見て「キュアってどういう意味なんだろう？　癒すとか、そういう意味なのかな」と思っていて。そこにプリティの「プリ」をつけて「プリキュア」というタイトルを提案したんです。でも、会議で多数決を取ると、いつも3位とか（笑）。ただ、そのあと商標が取れるかを確認する段階で、他のタイトル案の商標が取れないことがわかったんです。その結果、「プリキュア」に決まったのですが、心の中では「よし！」と思っていました（笑）。

橋本　今にして思うと、他のタイトル案の商標が通らなかったのも、運命だった気がしちゃいますね。

―― では最後に、今後、どんな企画をやってみたいか教えてください。

片岡　手応えが大きかった商品として、『トロピカル～ジュ！プリキュア』で主人公がお母さんにもらった大切なリップがプリキュアの力で変化した「プリティアップリップ」があります。キッズコスメの「Pretty Holic」を立ち上げて販売したこのリップは、本編中で「ハートルージュロッド」という技アイテムにチェンジして敵を浄化する演出を入れていただくことができたんです。同じように、これまでの『プリキュア』にはなかった新しいカテゴリーづくりに挑戦していきたいと思っています。

岡田　これまでにステッキをいくつか担当させていただいたのですが、コンパクトはやったことがないんです。私は『セーラームーン』世代で、ステッキと同じく、コンパクトも女の子に絶対人気があるモチーフだと思っていて。いつかぜひ、担当してみたいと思っています。

橋本　『プリキュア』は今年で20周年ですが、そろそろ親子を狙える作品になっているかなと思っています。私も『セーラームーン』世代なのですが、自分の子供にいつか『セーラームーン』を見せて「あのシーンがいいよね」「あのキャラがいいよね」と話をしたい。もしチャンスがあれば、そんな親子のコミュニケーションに役立つものを作ってみたいと思っています。

浦邊　『プリキュア』からは離れてしまうのですが……。私は動物ものが好きで『シルバニアファミリー』を尊敬しているんです。なので、動物がいっぱい出てくるシリーズをやってみたいですね。

Profile

浦邊紀子／バンダイ在籍時に『ふたりはプリキュア』の企画立ち上げに携わり、『ふたりはプリキュア Max Heart』までメインで担当。現在は、株式会社メガハウスのトイ事業部・企画第１チームに所属。

橋本佳代子／株式会社バンダイのメディア部所属。『ふたりはプリキュア Splash☆Star』から企画に携わり、その後、『魔法つかいプリキュア！』『キラキラ☆プリキュアアラモード』では企画チームの代表を務める。

岡田千明／株式会社バンダイのトイディビジョン・グローバルトイ企画部に所属。『魔法つかいプリキュア！』から企画に携わり、『キラキラ☆プリキュアアラモード』から『スター☆トゥインクルプリキュア』まではチーム代表を担当。

片岡小百合／株式会社バンダイのトイディビジョン・ブランドトイ企画部に所属。『HUGっと！プリキュア』から企画に携わり、『スター☆トゥインクルプリキュア』から『トロピカル～ジュ！プリキュア』まで、チームの代表を担当。

プリキュア20周年アニバーサリーブック

PRECURE

20th ANNIVERSARY

CHAPTER 3

第3章

プリキュアキャストが選ぶ
メモリアルエピソード

ANNIVERSARY

キュアブラック／美墨なぎさ

［cv 本名陽子］

Profile

ほんなようこ　1月7日生まれ。埼玉県出身。リマックス所属。主な出演作に『耳をすませば』（月島雫役）、『機動戦士ガンダム00』（スメラギ・李・ノリエガ役）、『サクラ大戦ニューヨーク・紐育』（吉野杏里役）、『とある魔術の禁書目録Ⅱ』（ワシリーサ役）など。

（本名陽子さんが選ぶメモリアルエピソード）

●『ふたりはプリキュア』第1話「私たちが変身!? ありえない！」

変身シーン／2004年2月1日。プリキュアがこの世に登場したシーンですね。初めて「デュアル・オーロラ・ウェイブ！」と発したあと、なぎさが「って、あたしってば何いっちゃってんの？！」というところが、何ともいえず好きです（笑）。『プリキュア』の歴史は、ここから始まりました！

●『ふたりはプリキュア』第8話「プリキュア解散！ ぶっちゃけ早すぎ!?」

初めてほのかとケンカをするシーン／正反対の性格のふたりが、初めて本音をぶつけ合います。要した期間は約2カ月。番組が1年で終わる予定だったことを考えると、贅沢ともいえる時間の使い方かもしれませんが、妙にリアリティあふれる人間関係の築き方になっています。この話からお互いを「なぎさ」「ほのか」と呼び合う、忘れ得ぬシーンです（「あなたなんてプリキュアってだけで友達でも何でもないんだから！」のセリフは、いつ聞いても笑みがこぼれてしまいます。それだけで、すごいつながりなのに！って（笑））。

●『ふたりはプリキュア Max Heart』第47話「扉を開けて！ ここから始まる物語」

けやきの木の下で崩れゆく世界を見ながら、変身しているにもかかわらず日常のことを思い出し、立ち上がっていくふたりのシーン／ジャアクキングの強さに圧倒されたものの、けやきの木の下で交わすふとした言葉から、三度立ち上がるまでのくだりは、どんな絶望的な状況下でも、負けない気持ちがすべてを開いていくんだと、いまだに自分を後押ししてくれる大切なシーンです。収録日は不思議にもゆかなさんの誕生日。さまざまな偶然が必然となって力をくれた回です。

キュアホワイト／雪城ほのか

［cv ゆかな］

Profile

ゆかな　1月6日生まれ。千葉県出身。シグマ・セブン所属。主な出演作に『フルメタル・パニック！』（テレサ・テスタロッサ役）、『コードギアス反逆のルルーシュ』（C.C.役）、『ワンピース』（しらほし役）、『BLEACH』（虎徹勇音）役、『アマガミSS』七咲逢役など。

（ゆかなさんが選ぶメモリアルエピソード）

●『ふたりはプリキュア』第1話「私たちが変身!? ありえない！」

すべてはここからはじまりました。キャラクターたちもキャストも、ここから出会って、ここから出発しました。こんなにも長い旅をともに歩めるなんて、まだ夢ですらなかった頃。なぎさとほのかだけじゃない、私たち「全員」の出発のとき。こんな幸せで特別な瞬間を、残しておきたくて選びました。

●『ふたりはプリキュア』第8話「プリキュア解散！ ぶっちゃけ早すぎ!?」

ふたりが初めて名前で呼び合うシーン／この第8話や第42話（「二人はひとつ！ なぎさとほのか最強の絆」）は、とくに思い出深いお話です。鷲尾さん、西尾さん、本名さんとは今でも年に何度か会うのですが（他にも当時のメンバーが遠方から駆けつけてくださったりもします！）、いまだに話題に出ることも多いです。離れ離れで心が折れそうななぎさが、しりとりをしていてほのかを思い出す大事な場面を引用して、「ほ、ほ、ほ……ホワイト！」と言って笑い合ったりもします（正解はほのかです）。なぎさとほのかの始まりです。

シャイニールミナス／九条ひかり

［CV 田中理恵］

Profile

たなかりえ　1月3日生まれ。北海道出身。オフィスアネモネ所属。主な出演作に『機動戦士ガンダムSEED』（ラクス・クライン役）、『転生したらスライムだった件』（トレイニー役）、『原神』（リサ役）など。

（田中理恵さんが選ぶメモリアルエピソード）

●『ふたりはプリキュア Max Heart』第5話「颯爽登場！ その名はシャイニールミナス！」

ポルンがコンパクトのような姿に変化。「ふたりで力を合わせてプリキュラを助けるポポ」というポルンの言葉に、ひかりは戸惑いつつも、言われるがままポルンに手をかざすと、勝手に口を突いて出るセリフ。「ルミナス！ シャイニングストリーム!!」／このシーンはポルンの覚醒と、ひかりがシャイニールミナスに覚醒する大切なシーンだったので、何度も何度もセリフの練習をした記憶があります。当日、アフレコマイク前で大緊張しながら挑みました。

●『ふたりはプリキュア Max Heart』第25話「ひかりの夏の日 さなえの思い出」

なぎさとほのかに助けられてばかりで自分は無力だと不安に思っているひかりを、ほのかの祖母であるさなえがボートに乗りながら、優しく諭すシーン／自分の存在意義は何なのだろう……？　自分は何のためにシャイニールミナスとしてここに存在しているのか？　そんな「不安」でいっぱいだったひかり。「不安」が完全に払拭されたわけではないけれど、自分が何もできない、何をすればいいのかわからない、自分がそもそも何者なのか、などという悩みを吹き飛ばすくらいの「それでも自分は生きなければならない」という強い意志が生まれかけたのは、この回の大きな見どころだったと思います。今の自分はひとりではない。少なくとも「仲間」がいて、自分ひとりでは解決できなくとも、誰かに支えてもらうことで自分自身も変わることができる。そんな思いがひかりにも芽生え始めた回だったと感じます。

キュアブルーム／日向 咲

［CV 樹元オリエ］

Profile

きもとおりえ　1月26日生まれ。東京都出身。有限会社悟空所属。主な出演作に『ひとひら』（麻井麦役）『Dr.STONE』（孔雀役）、VRイベント『じゃぱんくえすた』公式キャラクター（くえすたちゃん）など。

（樹元オリエさんが選ぶメモリアルエピソード）

●『ふたりはプリキュア Splash☆Star』第15話「ソフトボールは親子の絆」

お母さんと夜中に話して手をあわせるところ／お母さんの優しさがあふれていて、本当に心温まる話です。『Splash☆Star』では家族がたくさん描かれていますが、このお母さんの包み込むような愛情はジーンときます。第15話は、ウザイナーが小さくなって咲のグローブにとりつく、という展開にも驚きました。ウザイナーは大きく変身するもの、と思っていたので。あと、初めて「絶不調なり……ガクッ」と言ったのも印象深かったです。

●『ふたりはプリキュア Splash☆Star』第35話「いざ決勝！ ファイトだ凪中ソフト部！」

試合後にベンチで咲と舞が話しているところ／決勝に負けちゃって落ち込んでいる咲を舞が励ますのですが、すぐ隣に座るんじゃなく、ちょっと離れて座って、励まし方もすごく舞らしくて優しい。そんな舞に、咲があふれる涙と想いをぶつけるところが泣けます。チームメイトには弱いところを見せず、舞にだけっていうところが、このふたりは本当に信頼しあっているんだなって思います。

●『ふたりはプリキュア Splash☆Star』第36話「何作る？ 舞の悩みと文化祭」

かぼちゃのお面をかぶった咲が舞を励ますところ／文化祭のイメージモニュメントを作るのに悩んでいる舞。それを励ます咲のアプローチが、前話の舞とまったく違って面白い。舞と咲の性格が対照的なところがすごくいいです。カボチャのお面をかぶって話しかけるところは、私はカボチャの魔人的なイメージだったけど、見てみたらちょっと違った（笑）。たしか収録のときに、榎本さんに「そうきた!?」って驚かれた記憶が。

キュアイーグレット／美翔 舞

〔CV 榎本温子〕

（榎本温子さんが選ぶメモリアルエピソード）

●『ふたりはプリキュア Splash☆Star』第12話「チョッピはチョピっとホームシック?」

ホームシックになっているチョッピが夕焼けを見て感動しているシーンで、舞が「さ、日が暮れる前に帰ろう」という場面／『Splash☆Star』の舞台である海原市の美しい自然を感じられて、さらに咲、舞、フラッピ、チョッピの4人がそろって、温かい気持ちの場面なので印象的です。「フラッピ、チョッピ、ずっと一緒よ」。シリーズが終わっても、私がずっと思っている気持ちです。

●『ふたりはプリキュア Splash☆Star』第14話「謎の転校生！ 満と薫がやってきた」

ドロドロンが「ふたりはプリキュア?」というシーン。あと、最後のほうでドロドロンをグルグル回して投げるのですが、(少しボリュームが抑えられていますが)途中からドロドロンが笑っているところ／『Splash☆Star』にはたくさんの魅力的な敵が登場しますが、倒すのが大変だったのは、断トツでドロドロンです。ドロドロン役の岩田光央さんの自由な引き出しに翻弄され、笑ってしまってアフレコが大変だった！ 本当に大変だった(笑)。岩田さんに口パクがない役を与えたの、誰ですかー(笑)。必死でふたりで倒しました！

●『ふたりはプリキュア Splash☆Star』第24話「ムープとフープ登場！って誰?」

満と薫が人々の記憶から消えていると知り、教室でふたりで泣くシーン／前半のクライマックスともいえる第23話(「ついに対決！ 脅威のアクダイカーン」)の戦いのあと、ふたりがいなくなってしまったことを強く実感しました。教室で机がないというショックが、とにかく大きかったです。自然に涙が出てきてしまう、自分の声優人生の中でも印象的なアフレコでした。

Profile

えのもとあつこ　11月1日生まれ。東京都出身。フリー。主な出演作に『彼氏彼女の事情』(宮沢雪野役)、『カードファイト!!ヴァンガード』(先導エミ役)、『令和のデ・ジ・キャラット』(リンナ・キャラット役)など。

キュアドリーム／夢原のぞみ

〔CV 三瓶由布子〕

（三瓶由布子さんが選ぶメモリアルエピソード）

●『Yes！プリキュア5』第24話「新たなる5人の力！」

囚われた夢の中で手をつなぐシーン／それぞれが自分の恐怖に囚われ、衝撃の仮面プリキュアになる第23話(「大ピンチ！ 悪夢の招待状」)。そこから初めて5人で手をつなぎ、仲直りするシーンにジーンときました。取り戻した強い心はくじけない！ その後のミルクが素直になるシーンもグッときます。

●『Yes！プリキュア5 GoGo！』第21話「友情たっぷりみんなでお弁当！」

お弁当を作るシーン／よくこの流れから食べられるお弁当ができました。無事、お弁当になれた食材たちに拍手。みんなの生活感や、あふれ出る個性にボケの嵐。りんちゃんとくるみにお疲れ様と言いたいです。

●『Yes！プリキュア5 GoGo！』第47話「気持ちをひとつに！ 青いバラの奇跡!!」

ブンビーさん、ありがとう！ 敵であるはずのブンビーがプリキュアを助ける手伝いをしてくれたことにお礼をするシーン／戦ってきたけれど、一番プリキュアを見てきた大人のひとりでもあるブンビーさんのなんだか吹っ切れたような顔が印象的です。照れたブンビーさんも可愛い。

Profile

さんぺいゆうこ　2月28日生まれ。東京都出身。アクセルワン所属。主な出演作に『おしりたんてい』(おしりたんてい役)、『キャプテン翼』(大空翼役)、『BORUTO-ボルト-NARUTO NEXT GENERATIONS』(うずまきボルト役)など。

キュアルージュ／夏木りん

［CV 竹内順子］

（竹内順子さんが選ぶメモリアルエピソード）

●『Yes！プリキュア5』第2話「情熱全開キュアルージュ！」

変身シーン／男の子の役では何度か経験がありましたが、女の子の変身、必殺技は初めての経験。まず、変身シーンのキラキラ感。女の子が女戦士に変わるさまのカッコよさ、敢然と立ち向かい、必殺技を繰り出す映像にウキウキしたのをおぼえています。その映像と仲良くタッグを組めるよう、祈りながら精一杯、りんちゃんの心意気をセリフに込めた初めての回。緊張しました。

●『Yes！プリキュア5』第49話「夢と希望のプリキュア5！」

デスパライアの前で変身を解くドリーム／最大の敵、デスパライアの前で変身を解くなんて。お腹が空いた野生のライオンの前で、BBQをやるようなもんですよ。どんな勇気があればできるのか？　さすがのぞみ！と思うシーンです。鎧を脱ぎ捨て、裸で向かい合う勇気、その先にある希望のために。打算なく真心しか感じられないのぞみの行動に拍手です。

●『Yes！プリキュア5 GoGo！』第27話「りんちゃん VS 大江戸妖怪！」

みんなが浴衣姿のシーン／プリキュアの魅力のひとつに、衣装の可愛さもあると思います。女の子だもん。お洒落な彼女たちを見ると、私がホクホクしちゃいます。プリキュアの服も可愛いけど、浴衣姿のみんなの可愛いことといったら！　みんなの成人式の振袖も見てみたいなあ。夢だなあ。綺麗だろうなあ。

Profile

たけうちじゅんこ　4月5日生まれ。埼玉県出身。尾木プロ THE NEXT所属。主な出演作に『NARUTO -ナルト-』(うずまきナルト役)、『デジモンアドベンチャー』(ゴマモン役)、『おねがいマイメロディ』(クロミ役)など。

Yes! プリキュア5

Yes! プリキュア5 GoGo!

キュアレモネード／春日野うらら

［CV 伊瀬茉莉也］

（伊瀬茉莉也さんが選ぶメモリアルエピソード）

●『Yes！プリキュア5』第12話「うららのステージを守れ！」

お気に入りとはちょっと違うのですが、私自身に起きた出来事(※)で、今でもプロデューサーの鷲尾さんやミキサーの川崎さんにお会いすると、忘れられない思い出としてこの回のアフレコの話をしてくださいます(笑)。(※)うららの初めてのお当番回で、あまりの緊張からか当日、熱が出てしまい、現場に行ったところ、あらためて私だけ別日に抜き録りすることになったのですが、当時10代だった私は降板になったと勘違いし、スタジオを泣きながら飛び出してしまいました。

●『Yes！プリキュア5』第20話「プリキュア5 歌手デビュー!?」

劇中でうららが歌った「とびっきり！ 勇気の扉」は実際にシングルCDとして発売されたのですが、当時、キャラソン歌唱にまだ不慣れなのと、とてもキーが高い楽曲だったので、半ベソかきながらレコーディングしたのをおぼえています(笑)。今でも曲が流れると恥ずかしさから耳をふさぎたくなります!!

●『Yes！プリキュア5 GoGo！』第18話「みんなに届け！ うららの歌声」

なんといってもシロップ!!　可愛い!!　カッコイイ!!　屋上でのふたりのやりとりに悶絶します。ふたりの感情の動きや表情を、雲の流れによる光の当たり方や風でなびく髪の動きで表現しているところも、演出の大塚隆史さんのセンスが光っています!!!!

Profile

いせまりや　9月25日生まれ。神奈川県出身。アクロスエンタテインメント所属。主な出演作に『HUNTER×HUNTER』(キルア＝ゾルディック役)、『メイドインアビス』(レグ役)、『チェンソーマン』(姫野役)など。

Yes! プリキュア5

Yes! プリキュア5 GoGo!

キュアミント／秋元こまち

［CV 永野 愛］

Profile

ながのあい　8月13日生まれ。埼玉県出身。ブックスロープ所属。主な出演作に『キューティーハニーF』(如月ハニー役)、『おジャ魔女どれみ』(玉木麗香役)、『金色のガッシュベル!!』(ビッグボイン役)など。

（永野 愛さんが選ぶメモリアルエピソード）

●『Yes！プリキュア5』第41話「伝わる気持ち こまちとうらら」

学校の大講堂で、こまちとうららが語り合うシーン／こまちは小説のセリフ、うららはオーディションのセリフをどう表現するかで悩み、大講堂でふたりで語り合う中、こまちの書いた小説を女優のうららが演じるという新しい夢が生まれた素敵な場面です。こまちとうららのふたり芝居も必見です。

●『Yes！プリキュア5』第43話「こまちの決意とナッツの未来」

ハデーニャの攻撃を手だけでかわし、退けるシーン／ナッツへの思いにもつながる小説のラストシーンを書く勇気がないこまちが、みんなの励ましに気づくことで乗り越え、ハデーニャとの対決で今までに見たことのない力強い姿を見せてくれます。ミント＝こまちが一歩成長した瞬間です。

●『Yes！プリキュア5 GoGo！』第20話「こまちとまどか 二人の夢」

まどかの大学に忘れ物を届けた帰り道、こまちがかれんに悩みを話すシーン／こまちが姉のまどかや家族に対する思いを語るこの場面では、こまちが小説家を目指すきっかけや幼い日の姉妹の姿が見られます。そして、こまちを心配して話を聞くかれんの距離感にもグッときます。この話のラストでは、こまちの名前の由来も(笑)。

キュアアクア／水無月かれん

［CV 前田 愛］

Profile

まえだあい　4月19日生まれ。兵庫県出身。青二プロダクション所属。主な出演作に『美少女戦士セーラームーンCrystal』(冥王せつな／セーラープルート役)、『デジモンアドベンチャー』(太刀川ミミ役)、『ぬらりひょんの孫』(花開院ゆら役)など。

（前田 愛さんが選ぶメモリアルエピソード）

●『Yes！プリキュア5』第5話「プリキュアの資格」、第6話「プリキュア5 全員集合！」

かれんがキュアアクアに変身できなかった回(第5話)とキュアアクアに変身できた回(第6話)／とにかく変身できないことが衝撃的でしたし、かれんが抱えている気持ちがとても細かく描かれていて、演じていて心が苦しかったです。のぞみが気持ちをまっすぐぶつけてくれて、信じてくれて、たとえ変身できなくてもみんなを守りたい……。私自身も素直にそう思えて、変身できたときは泣きそうになりました。

●『Yes！プリキュア5』第34話「ミルクを守れ！ 白馬の騎士かれん」

病気のミルクを看病するシーン。愛馬チャーリーとともにハデーニャさんとバトルするシーン／ミルクの看病を通して、じいやが今まで自分にしてくれていたことに気づけたり、将来の夢が見つかったりして、かれんの成長につながった回だと思います。ハデーニャさんとの騎馬戦も、この回限りでアクアリボンが剣状になったり、アクアトルネードがマルチアングルで見られたりと大塚隆史さんの演出が光る回です。

●『Yes！プリキュア5 GoGo！』第39話「モンブラン国王を救え！」

衰弱したモンブラン国王の看病を通して、自分の気持ちをこまちに吐露するシーン／もともと親友ではありましたが、のぞみたちに出逢わなかったら、プリキュアにならなかったら、かれんはここまでこまちに自分の抱えている気持ちを話せていたのかなと思ったシーンです。距離感や関係性(そして心の成長が)、のぞみを中心に確実に変わってきたんだなと感じられて、胸が熱くなった回です。

ミルキィローズ／美々野くるみ

［CV 仙台エリ］

Profile

せんだいえり　10月30日生まれ。東京都出身。グリーンノート所属。主な出演作に『ガールズ＆パンツァー』（カエサル役）、『中二病でも恋がしたい！』（小鳥遊十花役）、『レディ ジュエルペット』（みずき役）など。

（仙台エリさんが選ぶメモリアルエピソード）

●『Yes！プリキュア5』第1話「希望のプリキュア誕生！」

今でも忘れない『5』の第1話。放送5分前にはテレビの前に待機して、今か今かとオンエアを待ちました。30分間トキメキにあふれているんですよ！　世界観も変身シーンも、OPもEDも全部可愛い！　「私も出たいー！　プリキュアになりたいよー！」と、当時、超興奮したのをおぼえています（笑）。

●『Yes！プリキュア5』第21話「お世話役見習いミルク登場！」

ミルクの初登場回です。ココ様とナッツ様を追いかけて来たミルク。頑張り屋さんだけど、ついつい意地を張ってしまう。生意気だけど、そんなところが可愛い、パルミエ王国のお世話役見習いです。のぞみのお弁当を食べちゃうシーンは必見！

●『Yes！プリキュア5 GoGo！』第10話「出た！ 青いバラの力！」

ミルキィローズの初登場回。正義の味方はいつも高いところから登場するのです。ミルクの考える「カッコよくて強い正義の味方はこうありたい」が詰まった一話です。プリキュアのピンチに青いバラの花びらが舞うシーンは、何度見てもグッときます。

キュアピーチ／桃園ラブ

［CV 沖 佳苗］

Profile

おきかなえ　7月20日生まれ。高知県出身。アクセルワン所属。主な出演作に『甲鉄城のカバネリ』（鰍役）、『GO!GO!アトム』（アトニャン役）、『RD 潜脳調査室』（蒼井ミナモ役）など。

（沖 佳苗さんが選ぶメモリアルエピソード）

●『フレッシュプリキュア！』第15話「せつなとラブ 相手を思いやる心！」

「良かった、せつなが許してくれて」の満面の笑み／とってもラブらしいエピソードだと思いました！　人の悪いところよりも良い面を見つけて好きになる子なんだろうな、って。直感的に相手のことを思って行動するラブが、素敵でまぶしいと感じました。自分よりも相手ってわけじゃなく、正に「みんなで幸せゲットだよ！」なんだよね！

●『フレッシュプリキュア！』第23話「イースの最期！ キュアパッション誕生!!」

肉弾戦のあと、大の字で語り合うシーン／『フレッシュ』の代名詞といっても過言ではない話だと思います！　拳に込めた思いが、文字通りぶつかり合ってプリキュアとかラビリンスとか関係なく、お互いを認めあった瞬間。私たちは初めからイ　スがプリキュアになると知っていたので、このときを待ち望んでいました（笑）。

●『フレッシュプリキュア！』第45話「4人はプリキュア！ クリスマスイブの別れ!!」

ラビリンス行きをお母さんたちに止められるシーン／私自身が歳を重ねて『フレッシュ』を俯瞰で見られるようになり、このシーンは印象の違うものになりました。当時は、突っ走るラブたちの気持ちに共感していた。でも今は、お母さんたちが必死に止めるのも理解できるようになった。梅澤淳稔プロデューサーが折に触れて「親子で楽しめる作品を」とおっしゃっていましたが、それが凝縮されているシーンだと思いました。

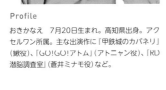

キュアベリー／蒼乃美希

［CV 喜多村英梨］

（喜多村英梨さんが選ぶメモリアルエピソード）

●『フレッシュプリキュア！』第2話「つみたてフレッシュ！ キュアベリー誕生!!」

中学生でありながらもモデルになる夢を目標に、自分に対しての努力や追求を怠らない、真面目で人一倍自分に厳しく、しっかりしている「完璧」な彼女のステキな面が見える話／やはり自分のお当番回でもあり、第1話とは違った緊張感がありました。あたし完璧！な個性を持つ美希ちゃんをしっかり演じたい気持ちと、『フレプリ』のキャラクターを喜多村が演じるということの緊張感、同じ年代の沖さんをはじめ、いろいろな役者さんたちの足を引っ張ってはならないという必死さに、汗ダラダラでアフレコに挑んだ記憶があります。「完璧に、なれたらいいよね」はお気に入りのセリフです。

●『フレッシュプリキュア！』第22話「せつなとラブ あなたがイースなの!?」

あとがないイース（せつな）が、キュアピーチが真摯に向き合ってくれることに困惑しながらも、「私は……私はラビリンス総統メビウス様がしもべ……！」とボロボロになりながら抗い、葛藤の渦に巻き込まれていく。その姿に、胸が締め付けられるお話／これは正直、大人の意見として大好きな話です！　小松由佳さんの病み闇演技に終始、鳥肌が立ちっぱなしで震えていました！　ラブの温かい言葉、ピーチの情熱的なセリフ、ドラマティックで、いち『フレプリ』視聴者としても息を飲むシーンが多かったです！　作画と演者の芝居のぶつかり合いって感じで、燃えました!!

●『フレッシュプリキュア！』第33話「美希とせつなのこわいもの！」

せつなと美希ちゃんペアのお話。笑いあり、感動あり、そしてラブとせつなのペアでは見せない、せつなの優しさが見える貴重なお話／喜多村的には、美希ちゃんというキャラクターをだいぶ自分の中に落とし込んだときのお当番回で、完璧！な美希ちゃんを（いい意味で）ぶち壊していくタコ回（笑）。演じていて楽しかったです。それに友情の見え方や形、大切なことにしっかりとスポットライトを当ててくださる『フレプリ』スタッフチームの皆さんにも感謝を込めて。ありがとうございます。

Profile

きたむらえり　8月16日生まれ。東京都出身。フリー。主な出演作に『僕のヒーローアカデミア』（芦戸三奈役）、『魔法少女まどか☆マギカ』（美樹さやか役）、『ガールズ＆パンツァー』（ダージリン役他）など。

キュアパイン／山吹祈里

［CV 中川亜紀子］

（中川亜紀子さんが選ぶメモリアルエピソード）

●『フレッシュプリキュア！』第3話「とれたてフレッシュ！ キュアパイン誕生!!」

ダンスに自信のないブッキーが、カオルちゃんと話すシーン／祈里がカオルちゃんと1対1で話すシーンはとても珍しいです。ダンスに自信のない祈里を、本当に自分のことのように感じました。とつとつと話すカオルちゃんの空気感が好きです。自分を信じて、と後押しされて、このあと初めてキュアパインに変身します！

●『フレッシュプリキュア！』第24話「せつなの苦悩 私は仲間になれない！」

キュアパッションになったせつなが自分が本当に仲間になれるのか悩んでいて、それを温かく見守って受け入れる桃園家の人々／ひとつ前の回でキュアパッションになったせつなが悩んでいる、とても静かな印象の回です。ひとり思いにふけるせつなや、桃園家とのレストランのシーン。とくにお母さんとせつながさりげなくふたりになって会話するところとか……。丁寧に、丁寧に描かれていて、大好きな回です。

●『フレッシュプリキュア！』第26話「4つのハート！ 私も踊りたい!!」

ダンス合宿に来た4人。せつなと祈里が部屋でふたりで話している場面／ダンスに消極的なせつなに「自分も最初はラブちゃんの誘いを断ったんだ」と話すシーンは、夕方の光がとても印象的で……（思えば夕方の光が印象的な回が多いです！）。ふたりで踊りながら、少しずつ距離が縮まっていくのを感じました。この回から新エンディングで4人のダンスになったので、それもまた感動!?

Profile

なかがわあきこ　12月1日生まれ。北海道出身。コトリボイス所属。主な出演作に『金田一少年の事件簿』（七瀬美雪役）、『フォーチュンクエストL』（パステル・G・キング役）、『ONE PIECE』（ミス・ゴールデンウィーク役）など。

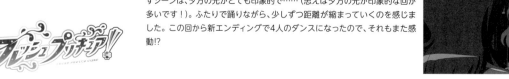

キュアパッション／東せつな

［CV 小松由佳］

Profile

こまつゆか　3月8日生まれ。東京都出身。青二プロダクション所属。主な出演作に『アバター』（ネイティリ役）、『プラダを着た悪魔』（アンドレア・サックス役）、『ZIP！』（ナレーション）など。

（小松由佳さんが選ぶメモリアルエピソード）

●『フレッシュプリキュア！』第22話「せつなとラブ あなたがイースなの!?」

戦闘中、イースのもとへピーチが天使のように飛び降りてきて……／「あなたの心が泣き叫んでる」とイースを抱きしめ、その腕の中でイースが失神するのですが、個人的には、ここでイースの頑なな心が解放され、極限まで張りつめた思いとともに一度死んだと思っています。ラブの限りない優しさとせつなの緊張感に泣けます。

●『フレッシュプリキュア！』第24話「せつなの苦悩 私は仲間になれない！」

苦悩するせつなが、ラブの家族と一緒に外食した帰りの場面／元気に鼻歌を歌うラブを真似して、小さな声で「みんなでお家で夕ご飯～♪」と口ずさむせつな。幸せになることをやっと少し受け入れたと感じられる名シーンで、涙があふれます。とにかくあゆみお母さんが絡む話は神回ばかりです!!　あゆみお母さん大好き！

●『フレッシュプリキュア！』第29話「謎だらけの男！ カオルちゃんの正体!?」

せつなが、逃げ出した幼いジェフリー王子に言ったセリフ／「必要とされない人間なんていない。あなたが勝手にそう思ってるだけ。あなたは自分が悪いことをしたと認める勇気を持っている。だったら、それ以上に良いことをする勇気もきっと持てるはずよ」。せつなだからこその説得力と、真剣に語る内容がおっしゃる通り。

キュアブロッサム／花咲つぼみ

［CV 水樹奈々］

Profile

みずきなな　1月21日生まれ。愛媛県出身。Star Crew所属。主な出演作に『ONE PIECE』（小紫／光月日和役）、『BORUTO -ボルト- NARUTO NEXT GENERATIONS』（うずまきヒナタ役）、『戦姫絶唱シンフォギア』（風鳴翼役）など。

（水樹奈々さんが選ぶメモリアルエピソード）

●『ハートキャッチプリキュア！』第1話「私、変わります！ 変わってみせます!!」

変身シーン／やはり初めての変身シーンはぜひ見ていただきたいです！　歴代ピンクの中では珍しく、敬語で引っ込み思案なつぼみが自分を変えるために大きな一歩を踏み出す、すべての始まりのシーンなので、とても思い入れがあります。

●『ハートキャッチプリキュア！』第36話「みんなが主役！ わたしたちのステージです!!」

文化祭で、えりかの作ったドレスを着てランウェイを歩くシーン／熱いバトルだけでなく、日常シーンも楽しいエピソードが満載で♪　とくに印象に残っているのが、この文化祭！　監督の遊び心と愛を感じられて最高でした！

●『ハートキャッチプリキュア！』第49話「みんなの心をひとつに！ 私は最強のプリキュア!!」

最終バトルのクライマックス／『ハートキャッチ』には数々の名言がありますが、ナンバー1はやはりここで解き放った「喰らえ、この愛！」だと思います。史上最弱のプリキュアだと言われたつぼみが成長し、仲間とともに全力でぶつかるこのシーンは忘れられません！

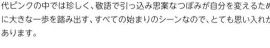

キュアマリン／来海えりか

［CV 水沢史絵］

Profile

みずさわふみえ　1月9日生まれ。栃木県出身。青二プロダクション所属。主な出演作に『パッコロリン』（リン役）、『ワールドトリガー』（武富桜子役）、『ロミオ×ジュリエット』（ジュリエット役）など。

（水沢史絵さんが選ぶメモリアルエピソード）

●『ハートキャッチプリキュア！』第1話「私、変わります！ 変わってみせます!!」

転校生のつぼみに出会うシーン／第1話のアフレコでは、まだえりかのキャラクターがつかめていなくて、現場で何回もリテイクを繰り返したので印象深いです。明るくて、まっすぐで、ちょっとずうずうしくて友達想いのえりかの人柄がわかる、大好きなシーンです。

●『ハートキャッチプリキュア！』第36話「みんなが主役！ わたしたちのステージです!!」

学園祭のファッションショー／ファッション部の大イベント、文化祭のファッションショー！　アクシデントを乗り越えて、みんなの力を借りてショーを完成させるシーンは感動でした。つぼみもいつきもゆりさんも、みんな可愛くてキラキラしていて、えりかもちゃんと部長として頑張っていて（笑）、涙。

●『ハートキャッチプリキュア！』第39話「えりかピンチ！ マリンタクトが奪われました!!」

コフレが家出するシーン／えりかがプリキュアの力で部屋を片付けようとしたり、マリンタクトを美顔ローラーにしたり、とにかくだらしなくて。そんなえりかに愛想をつかすコフレも、とにかく面白くて可愛い回でした（笑）。ケンカをするけど、結局、ふたりの絆は揺るがないところも愛おしかったです。

キュアサンシャイン／明堂院いつき

［CV 桑島法子］

Profile

くわしまほうこ　12月12日生まれ。岩手県出身。青二プロダクション所属。主な出演作に『宇宙戦艦ヤマト2199』（森雪役）、『ケロロ軍曹』（日向冬樹役）、『犬夜叉』（珊瑚役）など。

（桑島法子さんが選ぶメモリアルエピソード）

●『ハートキャッチプリキュア！』第23話「キュアサンシャイン誕生ですっ!!」

初めての変身シーン／シリーズ前半の、生徒会長で、身体の弱い兄の分まで少年のように振る舞ういつきというキャラクターを、少しずつ演じて積み上げてからのプリキュア化。見た目もだいぶ変化するし、自分でもどうなるんだろうと思っていました。初めての「オープンマイハート」はとても凛々しい声で言っていますね（笑）。後半にいくにしたがって、変身後はどんどん女の子にしていった感じ。本当に、変化とさじ加減が難しい役でした！　僕っ子大好きです☆

●『ハートキャッチプリキュア！』第30話「ポプリが家出！ いつき、ボロボロです!!」

ずっと探していたポプリを見つけて、抱きしめるシーン／キュアサンシャインの魅力、イコール、ポプリの魅力なのだとあらためて思い知らされた回です。本当にワガママを言うポプリがいちいち可愛くて可愛くて、可愛い（笑）。皆さんそうだと思いますけど、親バカです。いちゅきはしあわせでした!?

●『ハートキャッチプリキュア！』第40話「さよならサソリーナ…砂漠にも咲くこころの花です！」

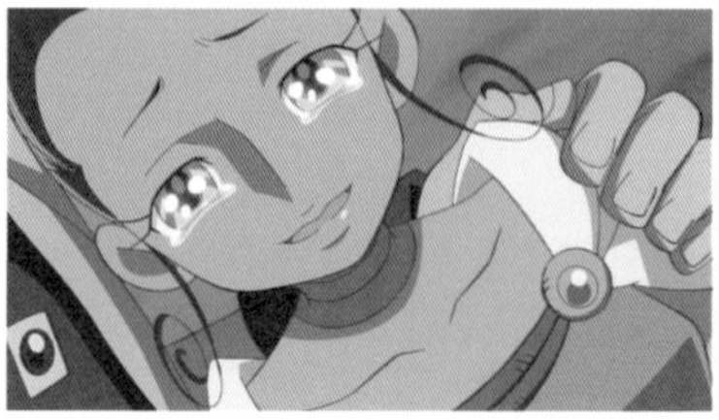

サソリーナがクモジャキーとコブラージャに「ありがとう」と言って、涙を流しながら消えてゆくシーン／砂漠の使徒の三幹部は、どこか憎めない素敵な悪役たちでした。その中でも、サソリーナの最後となるこの回がとても印象に残っています。冒頭で浄化されかかってため息をつくサソリーナがとても可愛い。「砂漠の使徒にも心があるんです」と言うつぼみ。ラストで、悪夢から目覚めるサソリーナに似た女性がいる描写にもグッとくるものがありました。

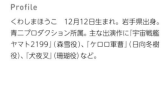

キュアムーンライト／月影ゆり

[CV 久川 綾]

(久川 綾さんが選ぶメモリアルエピソード)

●『ハートキャッチプリキュア！』第33話「キュアムーンライト、ついに復活ですっ!!」

ムーンライトの変身と決めゼリフ／半年間、ずっとスタジオでつぼみ、えりか、いつきの変身や戦闘シーンを見ながらフラストレーションがたまっていたので、万感の思いを込めて変身しました(笑)。かつてコロンが犠牲になった回想シーンも、切なくて忘れられません。

●『ハートキャッチプリキュア！』第34話「すごいパワーです！ キュアムーンライト!!」

ダークプリキュアとの戦闘シーン／最終回でもないのに、台本がすごくぶ厚かった。ダークプリキュアとの戦闘シーンのカット数と戦闘のト書きがものすごく多くて、馬越さんやスタッフの方々のこだわりがひしひしと伝わってきました。大好きな高山みなみさんと思いっきり戦えたのもうれしかったです。とにかくムーンライトは強かった！

●『ハートキャッチプリキュア！』第37話「強くなります！ 試練はプリキュア対プリキュア!!」

影のゆりをうしろから抱きしめるムーンライト／ひと昔前だったらキャラが過去の自分を倒して成長するパターンでしたが、第37話、第38話(「プリキュア、スーパーシルエットに変身ですっ!!」)は過去の自分、弱い自分をも受け入れるという、今の時代らしいお話で、すごく素敵だなと感動しました。

Profile

ひさかわあや　11月12日生まれ。大阪府出身。青二プロダクション所属。主な出演作に『美少女戦士セーラームーン』(水野亜美／セーラーマーキュリー役)、『カードキャプターさくら』(ケルベロス役)、『十二国記』(中嶋陽子役)など。

キュアメロディ／北条 響

[CV 小清水亜美]

(小清水亜美さんが選ぶメモリアルエピソード)

●『スイートプリキュア♪』第1話「ニャプニャプ〜！ スイートプリキュア誕生ニャ♪」

初めての変身／今では考えられないほど、まだまだ奏との心の距離があった頃。好きな気持ちはあれど、素直になれない。そんな気持ちと本音を初めて伝え合い、つたないながらも一緒に、力と気持ちを合わせて変身したあのときは、宝物のひとつです。『スイートプリキュア♪』はケンカすることがとても多いのですが、その分、その都度本音を言い合い、仲直りをするたびに本当の意味で相手を知り、わかり合い、好きになれる。建前や社交辞令がないからこそ、ケンカもするけど、嘘がない。そうやって築いてきたから、響と奏の関係は愛が深いんだと思います。もちろん、エレンとアコも！

●『スイートプリキュア♪』第24話「サンサン！ お砂のハミィで友情の完成ニャ！」

『スイートプリキュア♪』が放送されたのは、大きな地震があった年でした。そのため、内容の変更がありました。その頃、私たちも皆様も、この先どうなってしまうのか、そしてどうするべきなのか、答えを見つけられなかったと思います。そんなとき、盛岡に住んでいる友人の娘ちゃんと、混乱のただ中、メロディとして電話で会話をしました。「怖かったけどネガトーンのせいだよね？ 私はママを守るから、メロディとリズムはみんなを守って。応援してるよ。だから、私も頑張るね」。励ますつもりが励まされ、それと同時に、子供たちの心にプリキュアがどれだけ必要なのかということ、そして小さなお友達のみんながプリキュアなんだと気付かされました。そのとき、自分にできることは寄付などだけではなく、今まで以上に全力でプリキュアを演じて子供たちに届けることだと思いました。メロディがメロディとして絶対負けない、絶対折れない希望になると決意したとき。そんな記憶に残る回です。

●『スイートプリキュア♪』第47話「ピカーン！ みんなで奏でる希望の組曲ニャ！」

ノイズとの戦いの末、選んだ未来／ずっと悪者として立ちはだかり、戦ってきたノイズ。善と悪、悪とは何か。ほんの少しのボタンのかけ違いで大きくズレて歪んでしまったものかもしれない。悪者だと糾弾し、消し去ってしまうこともできました。でも、『スイートプリキュア♪』が選んだのは、起こしたことは戻らないけれど、もう一度やり直せるチャンスをあげる道。相手の立場に立ち、理解し、今度はみんなを幸せにできるように、それを受け入れ見守り、ともに歩む道。もう一度、もっといい未来のために前を向いて歩む。それは本当の意味での強さと成長だと感じました。言葉だととてもデリケートな表現になってしまうので、なにより見ていただくのが一番です。

Profile

こしみずあみ　2月15日生まれ。東京都出身。オフィス リスタート所属。主な出演作に『明日のナージャ』(ナージャ・アップルフィールド役)、『リコリス・リコイル』(中原ミズキ役)、『江戸前エルフ』(エルダ役)など。

キュアリズム／南野 奏

[CV 折笠富美子]

(折笠富美子さんが選ぶメモリアルエピソード)

●『スイートプリキュア♪』第9話「ハニャニャ？奏に足りないものって何ニャ?」

リズムが初めてベルティエを手に入れるシーン／「私は全然強くないけど、だけど私はひとりじゃない。私のすべてを受け止めてくれる仲間と一緒に、みんなの心を守ってみせる！」。震災直後の収録で、私自身も元気づけられ、プリキュアパワーが発動、リズムとシンクロしたシーンでした。

Profile

おりかさふみこ　12月27日生まれ。東京都出身。アトミックモンキー所属。主な出演作に『千年女優』(藤原千代子役)、『BLEACH』(朽木ルキア役)、『鋼の錬金術師 FULLMETAL ALCHEMIST』(リザ・ホークアイ役)など。

●『スイートプリキュア♪』第31話「ワンツー！ プリキュアキャンプでパワーアップニャ！」

プリキュア3人が山登りの修行をするシーン／3人で一緒に、お互いを認め合って、それぞれの役割の中で自分らしく修行を頑張るという、好きな回のワンシーンです。奏が笑顔担当なのも、とても気に入っています。笑顔も、仲間のハーモニーパワーの源ですからね。

●『スイートプリキュア♪』第47話「ピカーン！ みんなで奏でる希望の組曲ニャ！」

ハミィがノイズの中で歌うシーン／悲しみは乗り越えればいい……。ハミィの勇気で光と闇の攻防を決意した4人。強い希望が奇跡を起こす『スイートプリキュア♪』のクライマックス手前。受容して浄化するこの回は、敵としていた者との向き合い方が、とても女性らしい光にあふれていて感動しました。

キュアビート／黒川エレン

[CV 豊口めぐみ]

(豊口めぐみさんが選ぶメモリアルエピソード)

●『スイートプリキュア♪』第1話「ニャプニャプ～！ スイートプリキュア誕生ニャ♪」

言わずもがな、初めての『スイートプリキュア♪』。とにかく思い出がいっぱいです。カッコいいんだけど、顔を崩して鋭いツッコミをするセイレーン。マイナーランドの皆様も、いいマイナーっぷり。第1話からエレンも登場していたので、2役演じているような感じでした。

Profile

とよぐちめぐみ　1月2日生まれ。東京都出身。81プロデュース所属。主な出演作に『転生したらスライムだった件』(大賢者役)、『RWBY 氷雪帝国』(ピュラ・ニコス役)、『マクロスF』(クラン・クラン役)など。

●『スイートプリキュア♪』第22話「ララー♪ 魂の調べ、その名はキュアビートニャ!!」

「どうして怒らないの?」と言われて、「こらニャ！」と怒るハミィが可愛すぎです！　そしてこの回で初めて変身ゼリフを言い、ラブギターロッドも登場。アクションシーンも細かく、スタジオで何度も映像を見させていただいて収録しました。変身キャラクターを演じるのが夢のひとつだったので、とてもうれしいお話でした。

●『スイートプリキュア♪』第23話「ザザ～ン！ 涙は世界で一番ちいさな海ニャ！」

プリキュアになったものの、戸惑いを隠せなかったエレンがやっと自分で「プリキュアになりたい」と言って変身する回です。強気なセイレーン。でも、それは弱さの裏返しで、本当はとても脆い。猫だけどとても人間らしいキャラクターだなと思ったお話でした。このあとから、エレンが面白キャラに変わっていきます。カッコよかったり、可愛かったり、強かったり、弱かったり……。演じていて面白かったです。

キュアミューズ／調辺アコ

［CV 大久保瑠美］

Profile

おおくぼるみ　9月27日生まれ。埼玉県出身。81プロデュース所属。主な出演作に『【推しの子】』（MEMちょ役）、『魔術師オーフェン』シリーズ（クリーオウ・エバーラスティン役）、『ゆるゆり』シリーズ（吉川ちなつ役）など。

（大久保瑠美さんが選ぶメモリアルエピソード）

●『スイートプリキュア♪』第21話「ドックン！ 奇跡のプリキュア誕生ニャ!!」

メフィストに捕らえられたハミィが、最後までセイレーンを友達だと信じて言い切るシーン／ハミィの純粋さと、セイレーンの心が動く初めてのシーン。すれ違っていたふたりが、また向き合えたことにとても感動しました。ハミィは可愛いだけじゃなくて、強い心を持っているんだと知った瞬間でした。

●『スイートプリキュア♪』第36話「キラキラーン！ 心に届け、ミューズの想いニャ！」

キュアミューズがメフィストと戦い、大切なパパを取り戻すシーン／キュアミューズとして、初めての戦闘シーン。ずっと楽しみにしていた反面、とても緊張しました。私もミューズと同じくまわりの方に支えられて戦い抜いた、一生忘れられないシーンです。そしてパパ大好き！

●『スイートプリキュア♪』第47話「ピカーン！ みんなで奏でる希望の組曲ニャ！」

ノイズの悲しみに気づき、4人でノイズを倒すのではなく、救うことを選ぶシーン／ラスボスは倒すものという概念を超えて、最後まで音楽はみんなを笑顔にしてくれる、幸せにできる、それを貫いた大好きなシーンです。台本を読んだとき、私も幸せになれました。

キュアハッピー／星空みゆき

［CV 福圓美里］

Profile

ふくえんみさと　1月10日生まれ。東京都出身。StarCrew所属。主な出演作に『美少女戦士セーラームーンCrystal』（ちびうさ／セーラーちびムーン役）、『僕のヒーローアカデミア』（トガヒミコ役）、『天国大魔境』（ミミヒメ役）など。

（福圓美里さんが選ぶメモリアルエピソード）

●『スマイルプリキュア！』第18話「なおの想い！ バトンがつなぐみんなの絆!!」

運動会のリレーの練習をみんなで頑張るんですが、一番運動が得意ななおちゃんが転んでしまい、結果負けちゃうけど、みんなで頑張った、良かったと大号泣するシーン／収録でもみんな泣いていて、感想もよくいただく回です。今も思い出すと泣いてしまう……。5人のつながりがさらに強まった回だと思います。

●『スマイルプリキュア！』第19話「パパ、ありがとう！ やよいのたからもの」

やよいの亡くなったパパと、名前のルーツのお話。ラストで自分の名前が大好きになった！とお母さんとやよいちゃんが話すシーン／父の日の放送された回で、いつも明るい『スマイルプリキュア！』の中でかなり異色なお話です。この回だけ、背景も若干曇天。優しさにあふれたお話で大好きです。

●『スマイルプリキュア！』第32話「心を一つに！ プリキュアの新たなる力!!」

なまけだまに取り込まれて、嫌なことは考えないで楽なほうがいいよねと、目が虚ろになったみんなをハッピーが目覚めさせようと頑張るシーン／ハッピーのセリフが台本を読んだときから心に刺さって、本当に泣きながら収録しました。みんなの洗脳が解けて帰ってきたとき、本当にうれしかったです。

キュアサニー／日野あかね

[CV 田野アサミ]

Profile

たのあさみ　2月12日生まれ。兵庫県出身。アミューズ所属。主な出演作に『トリコ』(リン役)、『ラブライブ！サンシャイン!!』(鹿角聖良役)、『ゾンビランドサガ』(二階堂サキ役)など。

(田野アサミさんが選ぶメモリアルエピソード)

●『スマイルプリキュア！』第2話「燃えろ！ 熱血キュアサニーやで!!」

あかねが初めてプリキュアに変身する回／やはり忘れられないし、この回の放送日がたまたまなのか奇跡なのか必然なのか、私の誕生日だったんです。なので、私の誕生日とキュアサニーの誕生日が重なったミラクルな日。そんな日にプリキュアになれたことで、アフレコも緊張しながら臨みました！（笑）私の夢がかなった回でもあります。

●『スマイルプリキュア！』第11話「プリキュアがチイサクナ～ル!?」

打ち出の小槌っぽいものがみゆきに激突して、キャンディがおっきくなっちゃったのかと思いきや、私がちっちゃくなっているという回／なおの虫嫌いの演出が面白く、アフレコ中もリアルに笑いをこらえてアフレコしていました!!

●『スマイルプリキュア！』第40話「熱血！ あかねの宝さがし人生!!」

宝物を探すあかねがあらためて自分の一番大切なことや思いに気づく回／私自身、アフレコで涙をこらえながら(半分流しながら)、現場のみんなの愛を感じながら挑んだ話でした。なにより、最後のみんなの笑顔からウルトラハッピーがあふれていて幸せでした。敵のウルフルンとの戦いのシーンもとにかく印象的で、キャストの志村知幸さんと話し合いをしてからアフレコに挑みました！　個人的にウルフルン大好き！（笑）

キュアピース／黄瀬やよい

[CV 金元寿子]

Profile

かねもとひさこ　12月16日生まれ。岡山県出身。ぷろだくしょんバオバブ所属。主な出演作に『美少女戦士セーラームーンCrystal』(セーラーマーキュリー／水野亜美役)、『機動戦士ガンダム 鉄血のオルフェンズ』(アトラ・ミクスタ役)、『REVENGER』(鳰役)など。

(金元寿子さんが選ぶメモリアルエピソード)

●『スマイルプリキュア！』第19話「パパ、ありがとう！ やよいのたからもの」

やよいがお父さんのことを思い出すシーン／自分の名前の由来を聞くところから始まる回ですが、だんだんとお父さんのことを思い出していきます。お父さんとの温かい絆や、お母さんの愛情に感動しました。

●『スマイルプリキュア！』第20話「透明人間？ みゆきとあかねがミエナクナ～ル!?」

最後の、みゆきとあかねがもう一度透明になるシーン／この回は、終始面白くて大好きです。みゆきとあかねが透明人間になってしまいます。みんなで助け合いつつ、授業も受けて、プリキュアになってアカンベェを浄化して、一件落着と思いきや。最後のオチが最高でした！

●『スマイルプリキュア！』第38話「ハッスルなお！ プリキュアがコドモニナ～ル!?」

子供になったプリキュアの変身シーン／プリキュアたちが子供になった回です。みんなでワチャワチャ。真剣になりそうでも子供だからついつい遊んだり。子供のまま変身もしたりして、とっても楽しい収録だったのをおぼえています。

キュアマーチ／緑川なお

［CV 井上麻里奈］

Profile

いのうえまりな　1月20日生まれ。東京都出身。青二プロダクション所属。主な出演作に『進撃の巨人』（アルミン・アルレルト役）、『僕のヒーローアカデミア』（八百万百役）、『逃走中 グレートミッション』（西洞院ルナ役）など。

（井上麻里奈さんが選ぶメモリアルエピソード）

●『スマイルプリキュア！』第18話「なおの想い！ バトンがつなぐみんなの絆!!」

『スマイルプリキュア！』は必ず、笑顔でウルトラハッピーで終わるお話だったのですが、初めて涙で終わる回でした。みんなでひとつの目標に向かって努力をすると、それがどんな結果になっても、そこには絆が生まれます。ここで生まれた絆が、5人にとってはすごく大切なものだったと思います。

●『スマイルプリキュア！』第22話「いちばん大切なものって、なぁに？」

プリキュアは女の子の誰もがなれるもの。みゆきたちだって普通の女の子です。大きな敵に立ち向かうのは本当に怖い。そんな彼女たちが自分自身で真剣に考え、大切な家族であるキャンディのために恐怖に立ち向かう決心をする大切なシーンです。

●『スマイルプリキュア！』第38話「ハッスルなお！ プリキュアがコドモニナ〜ル!?」

とにかく子供バージョンのみんなが可愛すぎて、悶絶ものでした。とくにお気に入りは子供ウルフルン！　おうちで飼って愛でたいです。敵である三幹部たちとの情が生まれた回でもあります。情が生まれたうえで最終決戦に向かっていく、とても意味のあるお話だと思います。

キュアビューティ／青木れいか

［CV 西村ちなみ］

Profile

にしむらちなみ　11月18日生まれ。千葉県出身。81プロデュース所属。主な出演作に『おじゃる丸』（おじゃる丸役、小町ちゃん役）、『ARIA』シリーズ（アリア・ポコテン役）、『ゲゲゲの鬼太郎（第4期）』（ねこ娘役）など。

（西村ちなみさんが選ぶメモリアルエピソード）

●『スマイルプリキュア！』第18話「なおの想い！ バトンがつなぐみんなの絆!!」

ラストの、5人によるリレーのシーン／メンバー全員がマイク前で全力で走りました。走るのが苦手なやよいちゃんが、みんなのバトンをつなぐために一生懸命走る姿にグッときました。アンカーのなおは最後に転んでしまったけど、すぐ起き上がって走り続け、無事にゴールしたあとのセリフは私も涙がこらえきれず、泣きながらしゃべっていました。このメンバーをとても愛おしく感じました。

●『スマイルプリキュア！』第39話「どうなっちゃうの!? みゆきのはちゃめちゃシンデレラ!!」

シンデレラの物語の中で、自由に演じているみゆきたちと三幹部のシーン／プリキュアメンバーだけでなく、敵役のウルフルン、アカオーニ、マジョリーナ……。みんな最高でした。お話がそろそろラストに向かうので、この先はあまりはしゃげなくなるという思いと、キャストがそれぞれ積み重ねきた『スマイルプリキュア！』への思いが演技にあふれ出て、目いっぱい楽しんで演じました。とても幸せな時間でした。

●『スマイルプリキュア！』第43話「れいかの道！ 私、留学します!!」

留学を悩んでいたれいかが本当にやりたいことを見つけて、プリキュアとしてもさらに強く覚醒していくシーン／れいかの心の中に触れられたような、心に強く残る回です。れいかを演じているのだけど、私自身がれいかのような、彼女とひとつになれたような気がしました。ジョーカー役の三ツ矢雄二さんとの一騎打ちも、心に強く残っています。田中裕太さんの演出も素晴らしく、とにかくれいかを演じられたこと、れいかでいられたことが幸せだったお話でした。

Profile

なばためひとみ　8月4日生まれ。神奈川県出身。賢プロダクション所属。主な出演作に『マーベラス・ミセス・メイゼル』(ミリアム・メイゼル役)、『境界のRINNE』(六文役)、『スーパー Jチャンネル』(ナレーター)など。

キュアハート／相田マナ

[CV 生天目仁美]

(生天目仁美さんが選ぶメモリアルエピソード)

●『ドキドキ！プリキュア』第21話「トランプ王国へ！ 王女様を救え！」

レジーナが愛を知り、マナを助けるために自らマグマに落ちようとするところで、マナが蟹挟みをするところ／ものすごく良いシーンなのに、助け方がカッコ悪くて(笑)。でも、だからこそがむしゃらなところが伝わったり、自分がプリキュアだからじゃなくて、生徒会長だから強いと語るところで、彼女の真の強さがわかりました。

●『ドキドキ！プリキュア』第31話「大貝町大ピンチ！ 誕生！ ラブリーパッド」

大貝町がピンチになり、絶望するプリキュアたち。その中でマナが泣くんだけど、自分で頬を叩いて立ち直るシーン／いつも前向きなマナが泣いたのが、とても印象的でした。でも、立ち直り方もマナらしくて、彼女がますます好きになりました。

●『ドキドキ！プリキュア』第40話「とどけたい思い！ まこぴー新曲発表！」

変身しながら歌う、まこぴーのシーン／レジーナを想うまこぴーの歌、そして変身シーンがとても美しくて、見ていて泣きました。

Profile

ことぶきみなこ　9月17日生まれ。兵庫県出身。ミュージックレイン所属。主な出演作に『けいおん！』(琴吹紬役)、『TIGER & BUNNY』(カリーナ・ライル／ブルーローズ役)、『響け！ユーフォニアム』(田中あすか役)など。

キュアダイヤモンド／菱川六花

[CV 寿 美菜子]

(寿 美菜子さんが選ぶメモリアルエピソード)

●『ドキドキ！プリキュア』第3話「最高の相棒登場！ キュアダイヤモンド!!」

初めての変身シーン／自分が子供の頃に見ていたプリキュアになった瞬間。今見ると、まだまだ言い慣れていない部分もありますが、六花自身も最初は少なからず戸惑いや驚きもある中での変身だったことを思うと、ストーリーとリンクしている気がします。

●『ドキドキ！プリキュア』第26話「ホントの気持ちは？ 六花またまた悩む！」

六花とイーラの関係／もちろん、プリキュア全員の変身や仲の良さ、六花とマナとの関係性など、見どころはいろいろあるのですが、敵側の人と平和に同じときを過ごすことってなかなかないので、すごく新鮮なお話でした。イーラは敵側ではありますが、この回では柔らかい表情がたくさん見られます。

●『ドキドキ！プリキュア』第1話～第26話エンディング

吉田仁美さんが歌う「この空の向こう」は名曲だと個人的に思います。ダンスは子供たちには少し難しかったかもしれないけれど、MIKIKOさんの振り付けは、とてもオシャレで好きでした。パステルカラーが印象的な『ドキドキ！プリキュア』には、ぴったりな可愛らしいエンディング。

キュアロゼッタ／四葉ありす

［CV 渕上 舞］

（渕上 舞さんが選ぶメモリアルエピソード）

●『ドキドキ！プリキュア』第4話「お断りしますわ！ 私、プリキュアになりません!!」

「マナちゃんに対する暴言、今すぐ取り消してください！」／中学生の男の子まで、素手でボコボコにしてしまう小学生の女の子……四葉ありす(笑)。オーディションを受けさせていただいた時点では、てっきり「おっとり天然系お嬢様」だと思っていたので、こんな隠れた一面があったことに衝撃を受けました。「クシャポイ」なんていうドキドキする発言もしていましたね。

●『ドキドキ！プリキュア』第25話「華麗な変身！ ニューヒロイン登場!?」

「お嬢様のためならば、このセバスチャン、鬼にも悪魔にもなる覚悟！」／まさかセバスチャンが変身する日がくるなんて！　こんなこと誰が予想できただろうか！（笑）　この回ではセバスチャンに限らず、敵であるマーモも変身していますからね。なんて遊び心にあふれた作品だろうかと。しかし、ただのギャグ回ではなく、ちゃんと愛のあるエンディングに行き着くところが『プリキュア』らしくて好きです♡

●『ドキドキ！プリキュア』第33話「ありすパパ登場！ 四葉家おとまり会！」

「私も……マナちゃんのようになりたい！」／基本的には盾となって、みんなを守ってきたロゼッタが魅せたアクロバティックな戦闘シーンは圧巻でした……！　ロゼッタウォールは武器としても使えるという事実♧　逆さに落ちながらの口上も大好き。「私も闘いたい！」と願望を吐露していた渕上としては(笑)、とってもとってもうれしかったです。

Profile

ふちがみまい　5月28日生まれ。福岡県出身。m&i所属。主な出演作に『ガールズ&パンツァー』(西住みほ役)、『アイドルマスターシンデレラガールズ』(北条加蓮役)、『暗殺教室』(潮田渚役)など。

キュアソード／剣崎真琴

［CV 宮本佳那子］

（宮本佳那子さんが選ぶメモリアルエピソード）

●『ドキドキ！プリキュア』第24話「衝撃！ まこぴーアイドル引退宣言！」

プリキュアとして強くなるために、歌うことをやめようとする真琴。あらためて歌が大好きだと気がつく／大好きなことを続けていくか、やらなきゃいけないことだけに集中するべきか。私も真琴と同じように歌が大好きなので、自分のことのように感じた回でした。台本をいただいてから私自身も今一度、歌について考えたりして……。「私は歌うことが好きだから、だから歌ってきたの」と言い切った真琴に背中を押されました。今でも悩んだときには、このシーンを思い出します。

●『ドキドキ！プリキュア』第35話「いやいやアイちゃん！ 歯みがき大作戦！」

虫歯ができてしまった真琴。歯医者さんへ行くが、初めての出来事に怖くなって逃げ出してしまう／優等生揃いの『ドキプリ』で、一見クールな真琴の人間味あるエピソード。きっと歯医者さんが苦手な人は多いんじゃないかなと思うのですが、怖くて逃げ出して臆病になっている真琴に親近感をおぼえました。最初から完璧なのではなくて、葛藤して、恐怖に震えて、それでも決意して一歩踏み出す。その勇気を持っている真琴が大好きです。

●『ドキドキ！プリキュア』第40話「とどけたい思い！ まこぴー新曲発表！」

みんなでレジーナのために歌を作る。その歌はレジーナの心に届くのか!?／ジコチューの娘・レジーナを一心に信じるマナ。相手を信じ続ける愛にあふれたマナは偉大です。そんなマナたちと友達になれて、真琴は本当によかったなぁと思える回。アフレコ現場も生天目さんを中心にいつも愛にあふれていて、『ドキプリ』チームの一員になれて本当によかったなぁと感じていました。いつでもそばにいてくれるパートナーのダビィと真琴の絆も必見。まこぴーが「こころをこめて」を歌いながら変身する姿は、何回見てもすごく可愛いので、皆さんもぜひ何回も見てください!!

Profile

みやもとかなこ　11月4日生まれ。茨城県出身。アクセルワン所属。主な出演作に『エウレカセブンAO』(アラタ・ナル役)、『まんがーる！』(佐々山はな役)、『はねバド！』(笹下ミキ役)など。

キュアエース／円 亜久里

［CV 釘宮理恵］

（釘宮理恵さんが選ぶメモリアルエピソード）

●『ドキドキ！プリキュア』第22話「ピンチに登場！ 新たな戦士キュアエース！」

初登場／キュアエースの初登場は、番組のラストで「愛の切り札、キュアエース！」というひと言だったのですが、そのひと言を発するのに本当に緊張しましたし、これから戦士として頑張らねば！と、背筋がピンと伸びるような心持ちだったのを、今でも鮮やかにおぼえています。

●『ドキドキ！プリキュア』第42話「みんなで祝おう！ はじめての誕生日！」

お誕生日会／第42話と第43話（「たいせつな人へ！ 亜久里の授業参観！」）のお話がとても好きです。責任感と使命感から、全力で戦士としての愛を語っていた亜久里が、いつの間にかたくさんの温かい愛に囲まれていて感動しました。幸せな気持ちでいっぱいになるお話です。

●『ドキドキ！プリキュア』第49話「あなたに届け！ マイスイートハート！」

最終回／最終回に向けて、現場の空気がどんどん高まっていったのが、とても印象に残っています。私もほぼ毎週、何かしら赤いものを身につけて収録に臨んでいましたし、『プリキュア』という作品の特別感を日々感じていました。

Profile

くぎみやりえ　5月30日生まれ。熊本県出身。アイムエンタープライズ所属。主な出演作に『銀魂』（神楽役）、『キングダム』（河了貂役）、『ワールドトリガー』（小南桐絵役）など。

キュアラブリー／愛乃めぐみ

［CV 中島 愛］

（中島 愛さんが選ぶメモリアルエピソード）

●『ハピネスチャージプリキュア！』第22話「新たな変身!? フォーチュンの大いなる願い！」

キュアフォーチュンとファントムの戦い／「でも、今は守りたい。世界のすべてを。こんな私に大切なものをくれた友達を！」というフォーチュンの言葉、戦う姿に胸を打たれました。みんなの気持ちが通じ合った初めての瞬間だったと思います。

●『ハピネスチャージプリキュア！』第43話「ぶつけあう想い！ ラブリーとミラージュ！」

クイーンミラージュとキュアラブリーの戦い、クイーンミラージュの言葉／愛ゆえに生まれてしまった悲しみ、苦しみを語るミラージュの言葉と想い。愛がもたらすものとは一体何なのか……。考えさせられます。とても印象的な回でした。

●『ハピネスチャージプリキュア！』第44話「新たなる脅威!? 赤いサイアーク!!」

めぐみの涙／めぐみの心の動き、初恋の切なさや痛みが描かれたシーンが、個人的にとても心に残っています。第43話で語られた「愛ゆえの悲しみ」を知った彼女の涙を、抱きしめたくなりました。

Profile

なかじまめぐみ　6月5日生まれ、茨城県出身。スティラック所属（業務提携）。主な出演作に『マクロスF』（ランカ・リー役）、『聖闘士星矢 セインティア翔』（いるか座の美衣役）、『SHAMAN KING』（コロロ役）など。

キュアプリンセス／白雪ひめ

[CV 潘 めぐみ]

(潘 めぐみさんが選ぶメモリアルエピソード)

●『ハピネスチャージプリキュア！』第1話「愛が大好き！ キュアラブリー誕生！」

今でも鮮明に思い出す、初めてのアフレコ。めぐみとひめの出会いから、それぞれのキャラクターの顔見せもあり、関係性も描かれていて。『ハピネスチャージプリキュア！』は、ここから始まったんだ、と。作品の雰囲気と伝えたいことが、ギュギュッと詰まった第1話になっています。なんと言っても、このお話のラストで主人公・めぐみが初めてプリキュアに変身。名乗りを上げたところで次週に続くという、この引き……！

●『ハピネスチャージプリキュア！』第22話「新たな変身!? フォーチュンの大いなる願い！」

第1話でいがみ合っていた、フォーチュンとプリンセスのわだかまりが解けるきっかけとなったエピソード。今まで自分のことばかりだったひめが、いおなのために、自分が大切にしていたものをすべて……。ひめとして成長できた回でもあり、ここでようやく『ハピネスチャージプリキュア！』が4人そろったので、このお話を選びました。

●『ハピネスチャージプリキュア！』第40話「そこにある幸せ！ プリキュアの休日！」

クライマックス、最終話ともに悩んだのですが、戦いの佳境でこうして日常に帰り、何げない日々がかけがえのないものだとあらためてわかる回だったので、このエピソードにしました。これまでのこと、これからのことを語らい合ったりして。そこに幻影帝国の三幹部が現れて戦うことになるのですが……。個人的に三幹部が愛おしくて、大好きなので。

Profile

はんめぐみ　6月3日生まれ。東京都出身。アトミックモンキー所属。主な出演作に『HUNTER×HUNTER』（ゴン＝フリークス役）、『機動戦士ガンダム THE ORIGIN』（アルテイシア／セイラ役）、『リトルウィッチアカデミア』（アツコ・カガリ役）など。

ハピネスチャージプリキュア！
HAPPINESSCHARGE PRECURE!

キュアハニー／大森ゆうこ

[CV 北川里奈]

(北川里奈さんが選ぶメモリアルエピソード)

●『ハピネスチャージプリキュア！』第10話「歌うプリキュア！ キュアハニー登場!!」

終盤、ゆうこの「そうです、私がキュアハニーなのです」のシーン／自分がキュアハニーだと名乗るシーンが、ここまでインパクトと茶目っ気にあふれたものになるとは思っていませんでした。ゆうこなりの照れ隠しだったとあとでわかるのですが、ゆうこのノリのよさは、すでにここから始まっていたのだと思います。

●『ハピネスチャージプリキュア！』第24話「いおなコーチのプリキュアパワーアップ大作戦！」

いおな発案のプリキュアパワーアップ合宿で、それぞれの技を磨くべく、これまたいおな考案のスペシャルメニューをこなしている4人と、それを見守る誠司たちのシーン／『ハピネスチャージプリキュア！』として4人そろって、みんなの距離がどんどん近づいていくお話だと思います。一途でマイペースな4人の姿を見守って、ときに助けてくれる誠司たち、という構図が『ハピネスチャージプリキュア！』では多く、そんな空気がとても好きで選びました。

●『ハピネスチャージプリキュア！』第44話「新たなる脅威!? 赤いサイアーク!!」

劇場版の挿入歌がかかるあたり／ラブリーの「届かない思いも全部受け入れて、みんなと一緒に幸せを探していきたい！」というセリフに心打たれました。ディープミラーの問いかけに対するラブリーの答え、その後ろで流れる劇場版の挿入歌。台本をいただいたとき、収録、そしてオンエアと、何度見ても胸が熱くなるシーンです。

Profile

きたがわりな　7月6日生まれ。神奈川県出身。研音所属。主な出演作に『ファイナルファンタジーXV』（ルナフレーナ・ノックス・フルーレ役）、『少年アシベGO！GO！ゴマちゃん』（サカタの兄ちゃん役）、『シティーハンター』（海小坊主役）など。

ハピネスチャージプリキュア！
HAPPINESSCHARGE PRECURE!

キュアフォーチュン／氷川いおな

［CV 戸松 遥］

（戸松 遥さんが選ぶメモリアルエピソード）

●『ハピネスチャージプリキュア！』第1話「愛が大好き！ キュアラブリー誕生！」

初めてプリキュアとして技を出すシーン／『ハピネスチャージプリキュア！』の中では、すでにプリキュアになった状態からスタートする役柄で、最初に「プリキュア」というワードを発し、技を出したので、すごく緊張したおぼえがあります。でも、この「プリキュア」というワードを言えることがずっと夢だったので、自分はプリキュアの現場に立てているんだ！とあらためて感じて、とてもうれしかったです。

●『ハピネスチャージプリキュア！』第23話「超キンチョー！ いおなとひめ、はじめてのおつかい！」

ひめとおつかいに行くシーン／3人とはまだ打ち解けていないときに、親睦を深めるために一番対立していたひめとおつかいに行くシーンは新鮮でした。そのときの、いおなの値段の計算が細かくて面白かったです。現場ではおばちゃんと言われていました（笑）。

●『ハピネスチャージプリキュア！』第38話「響け4人の歌声！ イノセントプリフィケーション！」

フォーチュンとテンダーの心がついに通じ合うシーン／心を操られていたフォーチュンのお姉ちゃんであるキュアテンダーがフォーチュンと戦いながらも、ついに目を覚ましてくれたときは本当にうれしかったですし、やっぱり愛には敵わないんだなぁとあらためて思いました。私自身も姉がいるので、より共感できるシーンでした。

Profile

とまつはるか　2月4日生まれ。愛知県出身。ミュージックレイン所属。主な出演作に『ソードアート・オンライン』（アスナ／結城明日奈役）、『妖怪ウォッチ』（ケータ／ケースケ役）、『あの日見た花の名前を僕達はまだ知らない。』（安城鳴子役）など。

ハピネスチャージプリキュア!
HAPPINESSCHARGE PRECURE!

キュアフローラ／春野はるか

［CV 嶋村 侑］

（嶋村 侑さんが選ぶメモリアルエピソード）

●『Go！プリンセスプリキュア』第18話「絵本のヒミツ！ プリンセスってなぁに？」

トワイライトがプリキュア3人を「絶望の音色を奏でなさい」と、ていていっと倒して(?)いくシーン／トワイライトがカッコいい！　フローラはちゃんと立ち向かいますが、私個人は「はい、すみませんでした」と言いたくなるくらい……。こっちのトワちゃんも好きです！

●『Go！プリンセスプリキュア』第37話「はるかが主役!? ハチャメチャロマンな演劇会！」

クラスのみんなで「ロミオとジュリエット」の公演を乗り切るシーン／「ふたりで練習した背景の水面のキラキラ」「カナタの王子様対応」か・ら・の！　「あくまでクラスのみんなで乗り越える選択」をする。このお話全体がとても好きです。

●『Go！プリンセスプリキュア』第50話「はるかなる夢へ！ Go！プリンセスプリキュア！」

クローズとの別れのシーン／素晴らしい脚本だなとしみじみ思いました。いくつになっても、どんな大きさでもいい、夢をもって生きていきたくなる。そんな作品に出会えて、本当に良かったなと思うシーンのひとつです。

Profile

しまむらゆう　4月18日生まれ。東京都出身。賢プロダクション所属。主な出演作に『進撃の巨人』（アニ・レオンハート役）、『ガンダム Gのレコンギスタ』（アイーダ・スルガン役）、『デジモンゴーストゲーム』（ジェリーモン役）など。

Go! プリンセスプリキュア
PRINCESS PRECURE

Profile

あさのますみ　8月25日生まれ。秋田県出身。フリー。主な出演作に『ベイマックス』（ゴーゴー役）、『一騎当千』（孫策伯符役）、『クローズアップ現代+』（ナレーション）など。

キュアマーメイド／海藤みなみ

［CV 浅野真澄］

（浅野真澄さんが選ぶメモリアルエピソード）

●『Go！プリンセスプリキュア』第9話「幕よあがれ！ 憧れのノーブルパーティ！」

実はおばけが苦手なみなみが、ゼツボーグの作ったおばけに怯えてしまう場面。怖くて動けなくなったマーメイドを、フローラがまるでナイトのように助けてくれて、無事にゼツボーグを倒すことができた、初期の頃のお話です／それまでのみなみはいつも毅然としていて、素敵だけどどこか近寄りがたい印象の女の子でした。でも、このエピソードを通じて、ときには誰かに頼ることの大切さを知り、少しずつ「彼女らしさ」が出せるようになっていきます。そのきっかけになった場面なので、大切に演じようと思った記憶があります。

●『Go！プリンセスプリキュア』第25話「はるかのおうちへ！ はじめてのおとまり会！」

プリキュアのみんなで、はるかのお家にお泊り会に行くお話。その中でも私は、みなみがスーツケースを3つも用意して、しかもそのうちのひとつの中身が大量のメロンだった、という場面が好きです。張りきるみなみが可愛いのです／しっかりしているようで実はちょっぴり世間知らずな一面もある、みなみの可愛い感じが演じていてとても楽しかったし、普段の戦いからちょっと離れて、普通の女の子として夏を楽しむプリキュアたちの姿は見ていて微笑ましかったです。それにしてもあの大量のメロン、どうやって食べたんだろう？（笑）

●『Go！プリンセスプリキュア』第50話「はるかなる夢へ！ Go！プリンセスプリキュア！」

長かった戦いがすべて終わり、はるかがカナタとお別れする場面。ずっと望んでいた最高のハッピーエンドなんだけど、同時にものすごく切ない気持ちもあって、それでも笑顔で前に進んでいこうとする、そんな場面です／アフレコ中、私はセリフがなかったので椅子に座ってこの場面を見ていたのですが、1年間プリキュアとして戦ってきたいろいろなシーンが次々と心に浮かんで、目頭が熱くなりました。はるかのことがとても愛しくなったし、また頼もしくも思えて、あらためて1年間一緒にすごせてよかった、こんな素敵な作品に関わることができてよかったと感じたのでした。

Profile

やまむらひびく　2月10日生まれ。福岡県出身。俳協所属。主な出演作に『うちの師匠はしっぽがない』（大黒亭文狐役）、『パリピ孔明』（久遠七海役）、『勇者が死んだ！』（ユナ・ユニス役）など。

キュアトゥインクル／天ノ川きらら

［CV 山村 響］

（山村 響さんが選ぶメモリアルエピソード）

●『Go！プリンセスプリキュア』第5話「3人でGO！ 私たちプリンセスプリキュア！」

最後の夕日のシーン／自分の夢をかなえることが最優先だったきららが、はるかたちとの出会いが自分の夢と同じくらい大事なものだと初めて感じたシーンで、グッときます。「あたしの100%を200%にすればいいだけだよ」というセリフに、私も助けられています。

●『Go！プリンセスプリキュア』第24話「笑顔がカタイ？ ルームメイトはプリンセス！」

きららとトワが学園の近くの湖で話すシーン／それぞれ違う理由で笑うことを忘れていたふたりが、すれ違ったり衝突したりして、最終的にお互いが自然体で笑うことを思い出せたところに心を打たれます。右も左もわからず、プリンセスの振る舞いをしてしまうトワ様がとても可愛くて、それに振り回されてしまうきららも可愛くて、ほっこりできるお話です。

●『Go！プリンセスプリキュア』第50話「はるかなる夢へ！ Go！プリンセスプリキュア！」

クローズとフローラの最終決戦のシーン／クローズとフローラは、一見、正義と悪という関係なのに、最終的にはお互いの存在理由を認め合ったことが、純粋にすごいと思いました。夢も絶望も、その両方が私を育ててくれたと気づいたフローラの表情は、真のプリンセスそのものでした。「夢がある限り、絶望は消えない」「絶望がある限り、夢だって輝き続ける」。このふたつの言葉が深すぎる……！

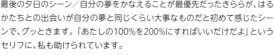

キュアスカーレット／紅城トワ

［CV 沢城みゆき］

Profile

さわしろみゆき　6月2日生まれ。東京都出身。青二プロダクション所属。主なアニメ出演作品に『ルパン三世』（峰不二子役）、『ゲゲゲの鬼太郎（第6期）』（ゲゲゲの鬼太郎役）、『うたの☆プリンスさまっ♪』（七海春歌役）など。

（沢城みゆきさんが選ぶメモリアルエピソード）

●『Go！プリンセスプリキュア』第22話「希望の炎！ その名はキュアスカーレット！」

トワイライトからキュアスカーレットになるのですが、そのビッグイベントを越えて、あのお母様の大迫力のドアップがトラウマ過ぎて（苦笑）、印象的な回になりました。

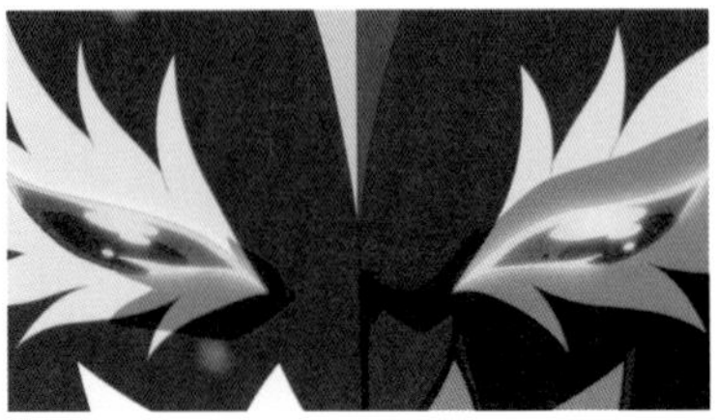

●『Go！プリンセスプリキュア』第40話「トワの決意！ 空にかがやく希望の虹！」

トワとカナタ、それぞれが弾いていた曲が、実はひとつの曲であったことがわかる回。陰と陽、まるで正反対の印象さえあった2曲だったので、絡み合うように奏でられたときに、驚きと感慨があったのをおぼえています。

●『Go！プリンセスプリキュア』第50話「はるかなる夢へ！ Go！プリンセスプリキュア！」

やはり、最後のフローラ対クローズの対決が一番心に残っています。4人で戦ってきたので、スカーレットとしてはフローラをひとりで行かせることに不甲斐なさと寂しさのようなものを感じましたが、そうだよなと。「夢」との関係って、最後はみんな1対1。このラストしかあり得ない、大好きなエンディングです。

キュアミラクル／朝日奈みらい

［CV 高橋李依］

Profile

たかはしりえ　2月27日生まれ。埼玉県出身。81プロデュース所属。主な出演作に『【推しの子】』（アイ役）、『るろうに剣心 -明治剣客浪漫譚-』（神谷薫役）、『Re:ゼロから始める異世界生活』シリーズ（エミリア役）など。

（高橋李依さんが選ぶメモリアルエピソード）

●『魔法つかいプリキュア！』第9話「さよなら魔法界!? みらいとリコの最終テスト！」

春休みが終わり、魔法界から帰るみらい。リコとの別れのシーン／別れる日にもかかわらず、前向きで明るいみらい。そんなみらいが早く帰りたく見えてしまうリコ。その思いがぶつかったとき、みらいという女の子はこんなにも強く優しく振る舞える、たくましい子だと知ることができました。いつもとはどこか違う戦闘シーン。帰りのカタツムリニアの中で食べる冷凍みかん。すべて最終話のつもりで演じた大切な回です。

●『魔法つかいプリキュア！』第36話「みらいとモフルン、ときどきチクルン！って誰!?」

モフルンが、みらいと一緒に育ってきた話をしてくれるシーン／まだ話せないぬいぐるみの頃から、モフルンはずっとモフルン。しゃべって何かを伝えられる喜びと、小さい頃から変わらないふたりの信頼関係が感じられる回です。映画（『映画魔法つかいプリキュア！ 奇跡の変身！ キュアモフルン！』）の前日譚としても楽しんでほしいです！

●『魔法つかいプリキュア！』第49話「さよなら…魔法つかい！ 奇跡の魔法よ、もう一度！」

世界をひとつにしてしまう混沌から救い、魔法界とナシマホウ界が離れることになったシーン／第49話がおすすめエピソード第1位であることは間違いないのですが、第49話を単体でおすすめしたいのではなく、今までの本編、映画、ドラマCD……。過ごしてきた1年の思い出があって、より輝くお話かなと思っています。『まほプリ』チームのみんな、そして、受け取ってくださった皆様がそばにいてくれたから演じられました。ありがとうございました！

キュアマジカル／十六夜リコ
［CV 堀江由衣］

（堀江由衣さんが選ぶメモリアルエピソード）

●『魔法つかいプリキュア！』第14話「みんな花マル！ テスト大作戦！」

みらいとリコが一緒に勉強しているシーン／数学が苦手なみらいと一緒に勉強しているのですが、静かで穏やかなシーンでとても好きでした♪　そのあと、気分転換に一緒に月を見に行くシーンもとても好きで、リコがみらいの気持ちに寄り添っているのを感じられました。

●『魔法つかいプリキュア！』第25話「夏だ！ 海だ！ 大はしゃぎ！ かき氷が食べた〜いっ！」

みんなで海に行くシーン／とにかく可愛らしい回で、水着や夏服、普段とは違う髪型と、みんなのいろいろな姿を見ることができて楽しかったです♪

●『魔法つかいプリキュア！』第49話「さよなら…魔法つかい！ 奇跡の魔法よ、もう一度！」

第49話で、みらいが「キュアップ♡ラパパ！ みんなに会いたい」と言うシーン／なんとなく日常を取り戻したように見えたみらいですが、本当はものすごく悲しい気持ちと戦っていたことがわかるシーンなので。ひとりでずっとあんな思いをしていたのかと思ったら、すごく切なくなりました。

Profile

ほりえゆい　9月20日生まれ。東京都出身。ヴィムス所属。主な出演作品に『〈物語〉』シリーズ（羽川翼役）、『SHAMAN KING』（アイアンメイデン・ジャンヌ役）、『DOG DAYS』（ミルヒオーレ・F・ビスコッティ役）など。

キュアフェリーチェ／花海ことは
［CV 早見沙織］

（早見沙織さんが選ぶメモリアルエピソード）

●『魔法つかいプリキュア！』第15話「ハチャメチャ大混乱！ はーちゃん七変化！」

七変化はーちゃん／いつもと違うはーちゃんの姿が本当に可愛いです！　天真爛漫な行動でみらいとリコだけでなく、学校全体をかき回す姿は、見ていて思わず笑ってしまいました。現場でもいろいろな姿のはーちゃんについて、話が弾んだのをおぼえています。

●『魔法つかいプリキュア！』第42話「チクルンにとどけ！ 想いをのせた魔法のプリン！」

シャーキンスと戦ったのち、チクルンが本当のことを話すシーン／チクルンが、モフルンたちとの絆を深めていくやりとりがとても好きです。チクルンは、初めはちょっと素直じゃない、ツンとしたところがあったけれど、この話をきっかけに可愛いところもたくさん見えるようになった気がします。

●『魔法つかいプリキュア！』第49話「さよなら…魔法つかい！ 奇跡の魔法よ、もう一度！」

「キュアップ♡ラパパ！」と唱えるみらい、その後の再会のシーン／何度見ても泣けるシーンだと思います。アフレコ現場で必死で唱え続ける高橋李依ちゃんの姿にも、うるっときました。1年間みんなで積み重ねたからこそ、できたやりとりでした。大団円のあと、幸せな気持ちで迎えた第50話（「キュアップ♡ラパパ！ 未来もいい日になあれ!!」）も好きです！

Profile

はやみさおり　5月29日生まれ。東京都出身。アイムエンタープライズ所属。主な出演作に『SPY×FAMILY』（ヨル・フォージャー役）、『ONE PIECE』（ヤマト役）、『鬼滅の刃』（胡蝶しのぶ役）など。

キュアホイップ／宇佐美いちか

［CV 美山加恋］

（美山加恋さんが選ぶメモリアルエピソード）

●『キラキラ☆プリキュアアラモード』第31話「涙はガマン！ いちか笑顔の理由！」

お母さんに抱きしめてもらうシーン／お母さんが帰ってきてくれてうれしいのに、お母さんに甘えることができない、いちかのすごく繊細な心が描かれていたお話。今までいちかがどう思っていたのか、なんで「元気」と「笑顔」が合言葉なのか。このお話を演じてから、いちかの「元気と笑顔を」というワードをより深く感じることができるようになりました。みんな、変身バンクの決めゼリフひとつひとつにすごく深い意味があって大好きです。このお話は、子供向けの作品ではなかなか描かれることのないテーマだったのかも……と思うので、ちゃんと届けられていたらいいなと思います。

●『キラキラ☆プリキュアアラモード』第46話「ノワール大決戦！ 笑顔の消えたバースデー！」

お母さん、お父さんと夢について話すとき／「スイーツが大好き」でも、「『大好き』っていう気持ちだけで、これから先どうすればいいのか」。まわりを見渡すと少しあせってしまう。こういう気持ちになること、私もありました。だからこそ、お母さんとお父さんの言葉が私自身、心にすごく刺さり、お芝居をしていて私も過去の自分に勇気をあげられた気がします。

Profile

みやまかれん　12月12日生まれ。東京都出身。ホリプロ所属。主な出演作に「アイカツフレンズ！」（蝶乃舞花役）、TVドラマ『僕と彼女と彼女の生きる道』（小柳凛役）、舞台『ハリー・ポッターと呪いの子』（嘆きのマートル、デルフィー役）など。

●『キラキラ☆プリキュアアラモード』第49話「大好きの先へ！ ホイップ・ステップ・ジャーンプ！」

いちご坂のみんなと戦うシーン／『キラキラ☆プリキュアアラモード』の最終回。私たちの今までとこれからがぎゅっと詰まったお話で、みんながすごく大人になったと感じ、誇らしくて涙してしまいます。やっと自分の夢に気づけた、いちかの悩みと決意。そして、いちご坂のみんなからの愛を身体いっぱいに受け取った時間でした。いちかと同じように私も生きてきた1年間。先頭に立って戦わないと、と思っていたけど、いちご坂のみんなに支えてもらってここまできたんだなと、あらためて気づきました。ペコリンの「いちかは大好きをあきらめなくていいペコ」というセリフを聞いたときは、大号泣でした。

キュアカスタード／有栖川ひまり

［CV 福原 遥］

（福原 遥さんが選ぶメモリアルエピソード）

●『キラキラ☆プリキュアアラモード』第2話「小さな天才 キュアカスタード！」

変身シーン／有栖川ひまりを演じていて、いちかと出会い、自分の殻を破れた瞬間にすごく心が動かされました。

●『キラキラ☆プリキュアアラモード』第31話「涙はガマン！ いちか笑顔の理由！」

お母さんの前で必死で笑顔でいる、いちかのシーン／本当はすごくすごく寂しいのに、それを我慢して頑張って笑顔でいるいちかを見て、泣いてしまいました。

Profile

ふくはらはるか　8月28日生まれ。埼玉県出身。研音所属。主な出演作に「フラ・フラダンス」（夏凪日羽役、「アイの歌声を聴かせて」（天野悟美役）の他、NHK連続テレビ小説「舞いあがれ！」（岩倉舞役）など。

●『キラキラ☆プリキュアアラモード』第47話「大好きをとりもどせ！ キュアペコリンできあがり！」

ペコリンが戦っているシーン／ペコリンがプリキュアのために必死で戦っている姿が本当にカッコよくて心を打たれました。

切手を
貼って
ください

郵 便 は が き

〒160-0022

東京都新宿区新宿3-1-13
京王新宿追分ビル5階

株式会社一迅社
Febri編集部

プリキュア20周年
アニバーサリーブック

愛読者アンケート係 行

ご住所 〒　　　　　　　　都 道 府 県		
お名前　ふりがな	性別 男 ・ 女	年齢 歳
電話番号	ご職業	
購入店名	ご希望の賞品番号 P.157より、 ひとつ選択してください。	

応募締切：2024年1月末日(当日消印有効)

※いただいたハガキはこの懸賞の抽選並びに編集企画の参考のみに使用させていただきます。
※発表は賞品の発送をもってかえさせていただきます。

Q1 本書をどこで知りましたか？

番号をお書きください

① 書店で見かけて

② Web 記事

③ X（ツイッター）

④その他（　　　　　　　　　　　　　　）

Q2 良かった記事ともの足りなかった記事をひとつずつ教えてください。また、もの足りなかった記事はその理由を教えてください。

※本書 P.157の記事一覧から番号をお書きください。

良かった記事　　　　もの足りなかった記事

もの足りなかった理由

Q3 今後、読んでみたいプリキュアの記事を教えてください。

Q4 ご意見、ご感想などご自由にお書きください。

ご協力ありがとうございました。

キュアジェラート／立神あおい

〔CV 村中 知〕

（村中 知さんが選ぶメモリアルエピソード）

●『キラキラ☆プリキュアアラモード』第23話「翔べ！ 虹色ペガサス、キュアパルフェ！」

ジュリオが身を挺してシエルを庇い、「キラリン！ なれ、プリキュアに！」と叫ぶシーン／この回は、お互い苦しみながら成長したキラピカ姉弟の良さが味わえて大好き。ジュリオを傷つけていたことに気づいて、苦しむシエルの姿を見るのがとてもつらい。自分のせいで闇落ちしたシエルを助けるジュリオの姿がアツいです。ジュリオの「なれ、プリキュアに！」で涙腺決壊、いや、涙腺爆発です。

●『キラキラ☆プリキュアアラモード』第39話「しょんな～！ プリキュアの敵はいちご坂!?」

まだ目覚めないピカリオに、ガミーがドーナツをお供え(?)するシーン／ジュリオにそそのかされてダークサイドへ落ちたガミーでしたが、彼を責めることなく「ダークサイドに落ちたのはもともと俺の心の中にあった闇のせい。ジュリオの犯した過ちも、きっと心の闇のせいなんだろう」と、理解し許してあげているのが最高に男前だし、深いので見てほしい。

●『キラキラ☆プリキュアアラモード』第42話「歌えWOW！ あおいラストソング！」

あおいのライブシーン／楽曲がとても良くてですね……。バンドだけじゃなく、「キラパティ」メンバーとの今までとこれからを感じることができます。あおいの前向きさでこちらの心も広がるので、新しい一歩を踏み出そうとしている人、前に進むのがちょっと怖いなと思っている人に、ぜひ見てほしいシーンです。

Profile

むらなかとも　12月15日生まれ。茨城県出身。俳協所属。主な出演作に『ワールドトリガー』（空閑遊真役）、『サイコだけど大丈夫』（コ・ムニョン役）、『アイドルマスターシンデレラガールズ』（大和亜季役）など。

キュアマカロン／琴爪ゆかり

〔CV 藤田 咲〕

（藤田 咲さんが選ぶメモリアルエピソード）

●『キラキラ☆プリキュアアラモード』第10話「ゆかりVSあきら！嵐を呼ぶおつかい！」

あきらとゆかりの手つなぎ／ふたりが初めて名前で呼び合った、お互いを認めたシーンで印象的でした。高校生プリキュア同士の絆が芽生え、この回から“ふたりでひとつ”みたいな意識が生まれました。

●『キラキラ☆プリキュアアラモード』第16話「キケンな急接近！ ゆかりとリオ！」

「あれは、ウソ」とジュリオに言い放ったシーン／プリキュアが嘘をつくなんて！と視聴者の皆様にいろいろな衝撃を与えたシーンではなかろうかと。ウチの座長がよく言っていた「爪跡」を残せた伝説のセリフだったと思います！(笑)

●『キラキラ☆プリキュアアラモード』第25話「電撃結婚!? プリンセスゆかり！」

ゆかりにキュアショコラが「泣かせてごめん」と言うセリフ／第25話は思い入れがたくさんあるのですが、どれかひとつを挙げるとしたらここかなと思いました。今まで強く気高かったゆかりが、初めて涙を見せた大切なシーンです。ここから、ゆかりがより可愛く感じられるようになりました！

Profile

ふじたさき　10月19日生まれ。東京都出身。アーツビジョン所属。主な出演作に『進撃の巨人』（ユミル役）、『艦隊これくしょん -艦これ-』（赤城役）、『BIRDIE WING -Golf Girls' Story-』（早乙女イチナ役）など。

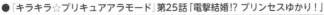

キュアショコラ／剣城あきら

[CV 森 なな子]

(森 なな子さんが選ぶメモリアルエピソード)

●『キラキラ☆プリキュアアラモード』第25話「電撃結婚!? プリンセスゆかり！」

マカロンの隣にはいつもショコラがいます。第25話は外せません。このお話では、ジュリオを傷つけたことで自己嫌悪に陥っていたゆかりが、初めてあきらに心の内を見せてくれます。普段は完璧でつかみどころのないゆかりの繊細で危うい部分と、あきらのまっすぐな愛と優しさが描かれていて、ふたりの絆が深くなったお話でした。

●『キラキラ☆プリキュアアラモード』第27話「アツ〜いライブバトル！ あおいVSミサキ！」

あおいのお話です。岬とのバンド対決で、圧倒的な実力と人気の差にあおいは打ちひしがれ、敵に利用されてしまいます。私が「『プリアラ』ってすごいな」と思ったのはこのお話でした。女児向けアニメだけど、痛くて、できれば見たくない部分もしっかり描かれている。このときの村中知ちゃんの芝居も素晴らしく、本当に苦しそうで、あおいがそこにいるみたいでした。あのときの知ちゃんの背中は忘れられません。最後はあおいの中で答えを見つけ、無事、仲間のもとに帰ってきてくれるのですが、それまでの葛藤する彼女の姿に、とても勇気づけられます。

Profile

もりななこ　2月13日生まれ。福岡県出身。マウスプロモーション所属。主な出演作に『冰剣の魔術師が世界を統べる』（アビー＝ガーネット役）、『ワールドダイスター』（柊望有役）、『ファンタスティック・ビーストと黒い魔法使いの誕生』（リタ・レストレンジ役）など。

●『キラキラ☆プリキュアアラモード』第36話「いちかとあきら！ いちご坂大運動会！」

すごく好きなお話です。運動会でもひっぱりだこなあきらが風邪でダウンしちゃうんですけど、「キラパティ」のみんなが助けてくれるんです。しんどいときに助けてくれる仲間がいるって、とても幸せなことですよね。私にも『プリアラ』声優のみんなや、へこんだときそばにいてくれる仲間がいます。そういう人たちを大事にしたいと、あらためて実感させてくれたお話でした。

キュアパルフェ／キラ星シエル

[CV 水瀬いのり]

(水瀬いのりさんが選ぶメモリアルエピソード)

●『キラキラ☆プリキュアアラモード』第23話「翔べ！ 虹色ペガサス、キュアパルフェ！」

キュアパルフェに変身するシーン／これまでつらい思いをさせてきたピカリオとの大事な思い出が詰まっているのと、初めて変身セリフや「キュアパルフェ！」を名乗れたのもこのシーンなので、とても感慨深いです！

Profile

みなせいのり　12月2日生まれ。東京都出身。アクセルワン所属。主な出演作に『デッドマウント・デスプレイ』（崎宮ミサキ役）、『山田くんとLv999の恋をする』（木之下茜役）、『五等分の花嫁』（中野五月役）など。

●『キラキラ☆プリキュアアラモード』第26話「夏だ！ 海だ！ キラパティ漂流記！」

ビブリーと正面から向き合うシエル／敵、味方、そんなことを取っ払って、あなたに食べてもらいたい！という気持ちでかき氷を渡すシエルと、それに戸惑うビブリーの温度差が、あとの展開に生きてくるので好きです。

●『キラキラ☆プリキュアアラモード』第49話「大好きの先へ！ ホイップ・ステップ・ジャーンプ！」

ぜんぶ！／最終話はメインキャストで一緒に見ました！　なので、思い出も6人分！　初めての『プリキュア』がこの6人で良かった！　皆様もこれまでの思い出とともに、何度でも見返してほしいです！

キュアエール／野乃はな

〔CV 引坂理絵〕

Profile

ひきさかりえ　9月11日生まれ。鹿児島県出身。ステイラック所属。主な出演作に『不滅のあなたへ』(マーチ役)、『ワッチャプリマジ！』(チムム役)、『キャッチ！ティニピン』(ハチュピン役)など。

(引坂理絵さんが選ぶメモリアルエピソード)

●『HUGっと！プリキュア』第1話「フレフレみんな！ 元気のプリキュア、キュアエール誕生！」

初めてのプリキュアのアフレコ回、この話数は外せないですね。はなちゃんとしての物語が始まると思うと、緊張が止まらなかったですし、不安と戦って、そして皆さんに支えられてスタートした第1話。技のシーンがうまくできず、皆さんの協力を得ながら、一丸となって発した「ハートフォーユー」は忘れません。みんなで収録ができたからこその空間でした。今だとなかなか体験できないような貴重な時間だったと思います。

●『HUGっと！プリキュア』第47話「最終決戦！ みんなの明日を取り戻す！」

第48話まで続く戦いの最中、クライアス社から解き放たれた皆さんの「大人の」前向きに立ち向かう姿や言葉は、心に刺さるものでした。そしてジョージ・クライによって、はなちゃんが心を揺さぶられたとき、プリキュアをはじめとするみんなの思いや声が力強く感じられました。収録自体も初回から1年の月日が経って、ここまで積み重ねてきたみんなからのエールのようで、心が熱くなる回でした。

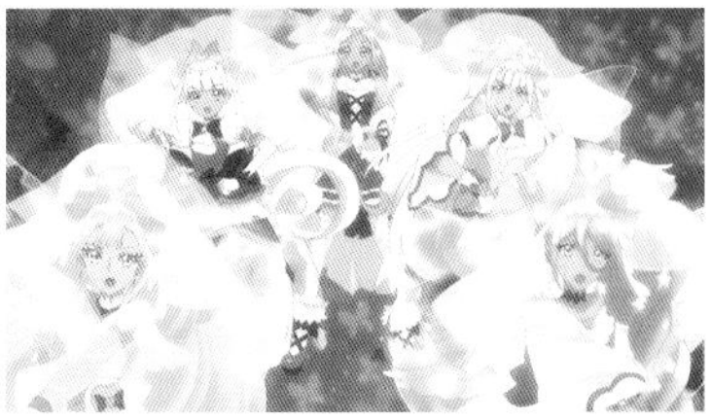

●『HUGっと！プリキュア』第49話「輝く未来を抱きしめて」

最終決戦が終わり、はぐたんたちが未来に帰る回。収録のテストの際、別れのシーンに入れる予定の音楽を流しながら、はぐたんと一緒に収録したのが今でも忘れられないです。寂しい気持ちがよりいっそう高まり、声が詰まりそうになりながら、気持ちがジェットコースターのようでした。後半では、未来のはなちゃんたちの姿もあり、最後の最後まで全力を出しきるような回でした。

キュアアンジュ／薬師寺さあや

〔CV 本泉莉奈〕

Profile

ほんいずみりな　2月4日生まれ。福島県出身。81プロデュース所属。主な出演作に『プロジェクトセカイ カラフルステージ! feat.初音ミク』(日野森雫役)、『賢者の孫』(シシリー＝フォン＝クロード役)、『プランダラ』(陽菜役)など。

(本泉莉奈さんが選ぶメモリアルエピソード)

●『HUGっと！プリキュア』第14話「はぎゅ～！ 赤ちゃんスマイルめいっぱい！」

さあやの負けず嫌いな性格が見えるシーン／あの「少し黙っててくださる？」は、台本を読んだときに思わず笑ってしまうほど衝撃的でした。この話数までにも、さあやのギャップの様子はいろいろ描かれていましたが(ドリルにテンションが上がったり、ホラー映画を冷静に分析するところとか。大好きです)、普段は温厚なだけに、ルールーに対してムキになる一面がとくに印象的でした。

●『HUGっと！プリキュア』第44話「夢と決断の旅へ！ さあやの大冒険！」

さあやが今まで迷っていた自分の本当にやりたいことを決心して、蘭世ちゃんに伝えたあと、ふたりが握手するシーン／いつも真正面からぶつかってきてくれて、一生懸命な蘭世ちゃんが大好きです。ライバルだからこそ悔しくも思うし、決心したさあやを応援できる。これからは女優としてぶつかり合えない寂しさもありますが、ふたりの道がずっと輝いていてほしいなと思うシーンでした。

●『HUGっと！プリキュア』第47話「最終決戦！ みんなの明日を取り戻す！」

パップルたちが助太刀しに駆けつけてくれたシーン／もともとは敵だったパップルたちですが、それぞれが新たなスタートを切って変わっていきました。ビシンや猛オシマイダーたちと戦うときのセリフがとくに大人に響く言葉で、ずっと心に残っています。「大人だって、なんでもできる、なんでもなれるんだから！」は一度闇を知ってしまった彼女たちだからこそ、見ていてこんなに胸が熱くなるんだろうなと思います。そんな大人組が最高にカッコいいです。

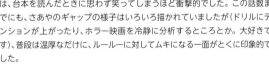

キュアエトワール／輝木ほまれ

［CV 小倉 唯］

Profile

おぐらゆい　8月15日生まれ。群馬県出身。スタイルキューブ所属。主な出演作に『ポケットモンスター』（マリィ役）、『ウマ娘 プリティーダービー』（マンハッタンカフェ役）、『プロジェクトセカイ カラフルステージ！ feat. 初音ミク』（花里みのり役）など。

（小倉 唯さんが選ぶメモリアルエピソード）

●『HUGっと！プリキュア』第5話「宙を舞え！ フレフレ！ キュアエトワール！」

ほまれが絶体絶命に陥るも、トラウマを乗り越えてプリキュアへと変身を遂げるシーン／一度はプリキュアに変身することができず、さらにはスケートでの過去のトラウマを引きずっていた彼女ですが、はなたちと出会うことで自信を取り戻し、もう一度飛びたい……！と気持ちを高らかに表明することができました。弱さも兼ね備えているからこそ強いと言える、ほまれの代名詞的なシーンだと思います。

●『HUGっと！プリキュア』第32話「これって魔法？ ほまれは人魚のプリンセス！」

ビシンが仕掛けた深層空間に飲み込まれ、人魚姫となったほまれが、ハリーへの想いが届かない痛みを受け入れながらも、前に進むことを決めるシーン／ハリーの想い人が別にいることを知った、ほまれの隠しきれない想い、届かない痛みの描かれ方がとても切なかったです。「私の気持ちももう少しだけ内緒にさせて」というセリフもとても印象的でした。現実から目を背けることも、泡になって消えることもせず、その痛みを受け入れて前に進もうとする姿がまぶしかったです。

●『HUGっと！プリキュア』第43話「輝く星の恋心。ほまれのスタート。」

スケート大会の当日、自分の想いをハリーに告白したものの報われなかったほまれが、大切な仲間たちに励まされ、優勝することができたシーン／ハリーに自分のまっすぐな想いを伝えたことで、新たな気持ちで演技に臨み、優勝することができたほまれ。何事にも前向きで、すごくカッコよかったです。恋にもスケートにも全力を出しきった彼女の活躍と成長に、とても感動しました。

キュアマシェリ／愛崎えみる

［CV 田村奈央］

Profile

たむらなお　10月10日生まれ。埼玉県出身。俳協所属。主な出演作に『ワールドトリガー』（雨取千佳役）、『アイドルマスター ミリオンライブ！』（木下ひなた役）、『ヘボット！』（ネジル・ネジール役）など。

（田村奈央さんが選ぶメモリアルエピソード）

●『HUGっと！プリキュア』第18話「でこぼこコンビ！ 心のメロディ！」

ルールーが心を手に入れるシーン／心が何なのかわからなかったルールーが、えみると触れあっていくことで自分の心を手に入れていくのですが、その過程がとても胸が熱くなる展開でして、台本を読んでいて涙があふれてくるくらいステキでした。初めてふたりで一緒に歌うシーンも、涙なしでは見られないです。

●『HUGっと！プリキュア』第20話「キュアマシェリとキュアアムール！ フレフレ！ 愛のプリキュア！」

えみるとルールーが念願のプリキュアに変身！／えみるもプリキュアになりたいはずなのに、ルールーを想うからこそ、自分の夢をルールーに託そうとする彼女の決意には、えみるを演じているが故にとても心を打たれました。えみるとルールーがふたりで一緒にプリキュアになることができて、本当に本当に良かったです！

●『HUGっと！プリキュア』第48話「なんでもできる！ なんでもなれる！ フレフレわたし！」

みんなで力を合わせてジョージ・クライに立ち向かうシーン／エールの偽りのないまっすぐな言葉。そしてエールを支えるプリキュアたちの熱い思い。そんなプリキュアたちを応援してくれる、たくさんの人たちの「フレッ！フレッ！プリキュアー！」の声援。この回はすべてが胸熱展開で、何度見ても目頭が熱くなります。アスパワワを胸に、輝く未来を抱きしめて生きていきたいなって思える、とても素敵な回です。

キュアアムール／ルールー・アムール

［CV 田村ゆかり］

Profile

たむらゆかり　2月27日生まれ。福岡県出身。アミュレート所属。主な出演作に『魔法少女リリカルなのは』シリーズ（高町なのは役）、『ひぐらしのなく頃に』（古手梨花役）、『ノーゲーム・ノーライフ』（ジブリール役）など。

（田村ゆかりさんが選ぶメモリアルエピソード）

●『HUGっと！プリキュア』第20話「キュアマシェリとキュアアムール！ フレフレ！ 愛のプリキュア！」

やっぱりこの回は外せません。えみるとルールーがお互いを想って、プリキュアになりたいという夢すらお互い譲り合う。そしてふたりでプリキュアになりたいという願いがかなってプリキュアになれた　とても思い出深いです。奈央ちゃんとセリフの呼吸を合わせて変身して……それからはずっと変身のときはふたりで一緒のマイクだったよね。それも私は、なんだかとてもうれしかったんです。

●『HUGっと！プリキュア』第40話「ルールーのパパ!? アムール、それは…」

自分が失敗作だから、不要だからトラウムに捨てられた。そう思っていたルールーが、じつはトラウムにとても愛されていたのだということを知り、お互い歩み寄るシーンは、演じていても涙をこらえるのが大変でした。アンドロイドだけど、感情があって心を持っているルールー。みんなに出会ってその心がどんどん育っていって、他の誰でもないひとりのルールー・アムールになったというのもとても素敵です。

●『HUGっと！プリキュア』第41話「えみるの夢、ソウルがシャウトするのです！」

ルールーが未来に帰ると決意して、本当は離ればなれになりたくないえみるが、本音を隠して無理をして、心が凍って声が出なくなってしまう回はとても切なかったです。それでもルールーは「未来に歌と愛を届けるために」と自分の想いを伝えて、未来に帰るという決意は変えなかったけど、えみるだけじゃなくてみんなも、もちろんルールーも離れたくなくて悲しくて……。個人的には私も未来に帰らず、みんなで過ごす選択肢を願っていました。そして、えみるのお兄ちゃん、カッコよすぎです！

キュアスター／星奈ひかる

［CV 成瀬瑛美］

Profile

なるせえいみ　2月16日生まれ。福島県出身。一二三所属。2021年2月に「でんぱ組.inc」を卒業し、声優や舞台、ソロのアーティストとして活動。福島中央テレビ『おしえてキビタン』、『二畳半レコード』にレギュラー出演中。他の出演作に舞台『キューティーハニー CLIMAX』（堕天使オノケリス役）など。

（成瀬瑛美さんが選ぶメモリアルエピソード）

●『スター☆トゥインクルプリキュア』第26話「ナゾの侵入者!? 恐怖のパジャマパーティー☆」

個々の輝きを尊重している『スタプリ』のみんなの人間関係が、また少し形を変えて表現されていて好きな回です！☆　「ひとりでいるのも楽しいけど、みんなといるのもすごく楽しいんだ～」と発言したシーンのひかるの気持ちには、私もまんまリンクして「わかるわかる」とうなずきまくっていました！☆ ひとりでいることも、お友達といることも、どちらも否定しない素晴らしいエピソードだと思います。わかるよ～☆

●『スター☆トゥインクルプリキュア』第45話「輝くキラキラ星☆ひかるのイマジネーション！」

おじいちゃん＆おばあちゃんと、遼じいとの生き方のコントラストに泣いてしまう回！　人は周囲と比べてしまう生き物だけど、結局「好き」を貫いていさえすれば、みんなキラキラして美しいんですよね。どれも正解だし、ここで悩んで立ち止まって成長したひかるも大正解。『プリキュア』シリーズ全体から見ても、非常に味わい深いシーンが多くて、一生楽しめる回だと思っています。泣いちゃうけど！☆

●『スター☆トゥインクルプリキュア』第49話「宇宙に描こう！ ワタシだけのイマジネーション☆」

記念すべき最終回！　キャラクターたちがそれぞれ自立し、自分の「好き」を貫いた未来が描かれているところが大好きです。みんなカッコいい大人になったな～って！☆　とくに印象深いのは、本当に最後の最後のラストシーン。ホワイトアウトしてエンディングだなんて、まるでなんでも描ける真っ白なキャンバスみたい！☆　それぞれ自由にイマジネーションしていただけたらHAPPYです。

キュアミルキー／羽衣ララ

[CV 小原好美]

(小原好美さんが選ぶメモリアルエピソード)

●『スター☆トゥインクルプリキュア』第30話「ララの想いとAIのキモチ☆」

ララにとってAI(ロケット)もかけがえのない存在。そんなAIとの絆を感じるエピソードで、いろいろなことが自分と重なって思い入れがあります。AIを演じていらっしゃったのが事務所の先輩でもある伊藤美紀さんで、いつもAIとして見守ってくださいました。「第30話はふたりにとってとても大切な話数になるね」と収録前に食事をしたり、収録後はふたりでハグをしたのも忘れられない思い出です。あぁ、泣きそう(笑)。

●『スター☆トゥインクルプリキュア』第40話「バレちゃった!? 2年3組の宇宙人☆」

自分が宇宙人であることを秘密にして学校に通い続けてきたララですが、クラスメイトに自分の正体がバレてしまう！という回で、まわりのみんなと違うことにたくさん悩んでいたことが演じていてわかるからこそ、ララのことを思うと苦しく感じました。でも、サマーン星人であることも、羽衣ララであることも自分であって「私は私らしくいたい」と言っているララに、彼女の成長を感じると同時に、自分もそうでありたいと思った大切なエピソードです。

●『スター☆トゥインクルプリキュア』第48話「想いを重ねて！ 闇を照らす希望の星☆」

もう涙なしでは見られないエピソード、とたくさんの方に言っていただけますが、私たち役者にとってもそんな時間でした。5人で大切に歌ってきた変身ソングを歌うシーンだったり、これまで大切な時間をともにした仲間とのお別れのシーンだったり……。わかっていたけど胸にジーンとくる思いがありました。この収録後に成瀬さんから「『スタプリ』が終わったら毎週会えなくなっちゃうね」と言われたときは泣いちゃいましたね。『スタプリ』は永遠だルン☆

Profile

こはらこのみ　6月28日生まれ。神奈川県出身。大沢事務所所属。主な出演作に『事情を知らない転校生がグイグイくる。』(西村茜役)、『かぐや様は告らせたい〜天才たちの恋愛頭脳戦〜』(藤原千花役)、『まちカドまぞく』(吉田優子／シャミ子役)など。

キュアソレイユ／天宮えれな

[CV 安野希世乃]

(安野希世乃さんが選ぶメモリアルエピソード)

●『スター☆トゥインクルプリキュア』第34話「つながるキモチ☆えれなとサボテン星人！」

サボローが最後に身体じゅうに花を咲かせ、えれなに花を贈るシーン／文化や習性が違う他者とわかり合うことの難しさに悩みながらも、心を通わせようとしてきたえれなへ、サボローが返してくれた親愛の別れの挨拶に、胸を打たれました。

●『スター☆トゥインクルプリキュア』第43話「笑顔への想い☆テンジョウVSえれな！」

テンジョウとの戦闘後、家でママと一緒に料理をしながら、えれなが涙をこぼすシーン／前話からまどかやお母さんに背中を押されて、自分の道と「笑顔」の意味を考えてきたえれなが、ようやく自分の素直な気持ちを口にするのを、とても繊細に丁寧に描いていただけたなと心に刻みました。

●『スター☆トゥインクルプリキュア』第48話「想いを重ねて！ 闇を照らす希望の星☆」

暗闇の中での5人のシーン／スターライトペンダントが輝きを失いかけているなかで、自分たちの心の宇宙の力を信じて、ひかるが歌い始めた歌を5人が歌い継いでいくのがとても印象的でした。シリーズを通して毎週聞いていたこの大切な歌を、みんなで噛み締めるように願いを込めて歌うところが、とても心に残りました。

Profile

やすのきよの　7月9日生まれ。宮城県出身。エイベックス・ピクチャーズ所属。主な出演作に『冴えない彼女の育てかた』(加藤恵役)、『マクロスΔ』(カナメ・バッカニア役)、『僕のヒーローアカデミア』(波動ねじれ役)など。

キュアセレーネ／香久矢まどか

［CV 小松未可子］

（小松未可子さんが選ぶメモリアルエピソード）

●『スター☆トゥインクルプリキュア』第15話「お宝争奪！ 宇宙怪盗参上☆」

オークション会場での駆け引きのシーン／大胆かつ冷静に心理戦を繰り広げる様子は、まどかの真面目で繊細なイメージとのギャップが大きく、新しい魅力が引き出されたシーンでもあり、印象深かったです。「幼い頃よりオークションで戦う父を見てきました」というセリフにあるように、なにより、それがお父様の影響だという……！ お父様、娘をどこまで連れて行っているんですか……！

●『スター☆トゥインクルプリキュア』第24話「ココロ溶かす！ アイスノー星の演奏会☆」

洞窟内での、ユニとの即興演奏会。ユニの歌でノリノリになるみんなを見て、自分に足りなかったのは、楽しむ心だと気づくシーン／まどかの完璧主義が、いい意味でほぐれていくのですが、私もまどかに対しての「お嬢様をキチっと演じよう！」という心構えがほぐれ、遊び心を増やしていくきっかけにもなったシーンです。それがイベントの朗読であんな大人になってしまうとは！（笑）

●『スター☆トゥインクルプリキュア』第26話「ナゾの侵入者!? 恐怖のパジャマパーティー☆」

惑星サマーンに行く道中で行われたパジャマパーティー。そのときに、ひかるが持ってきた映画をみんなで見るシーン／まどかだけが「このセンス、素晴らしいです！」と喜んでいて、ひかると通ずるオカルト好きが垣間見えた瞬間でした。UMAに関しても詳しいまどか……やはりお父様の影響を強く受けていると感じられるこのシーン。お父様、娘はあなたそっくりです。

Profile

こまつみかこ　11月11日生まれ。三重県出身。ヒラタオフィス所属。主な出演作に『ドラゴンクエスト ダイの大冒険』（マァム役）、『半妖の夜叉姫』（せつな役）、『呪術廻戦』（禪院真希役）など。

キュアコスモ／マオ／ブルーキャット／ユニ

［CV 上坂すみれ］

（上坂すみれさんが選ぶメモリアルエピソード）

●『スター☆トゥインクルプリキュア』第15話「お宝争奪！ 宇宙怪盗参上☆」

宇宙怪盗ブルーキャットとアイドル・マオの初登場回です！ 私自身『スタプリ』のアフレコに行ったのはこの回が初めてだったので、とてもドキドキしていました。マオを熱く推すプルンスや、まどかの機転がカッコいいゼニー星のオークションなど、きらびやかで楽しい回です！ マオの歌う「コズミック☆ミステリー☆ガール」がとっても可愛くて、お気に入りの曲です！

●『スター☆トゥインクルプリキュア』第20話「銀河に光る☆キュアコスモ誕生！」

ユニの過去が語られ、キュアスターたちのピンチを救いたいという気持ちがキュアコスモ誕生へとつながる回です。ある意味、孤独な戦いを続けることで自分を保ってきたユニが、ひかるのまっすぐな言葉に心を動かされます。思い出すだけでうるっとしてしまうシーンがいくつもある、大切な回です。あと、フワの「ちんぷんかんぷんフワ」が可愛いです。

●『スター☆トゥインクルプリキュア』第37話「UMAで優勝！ ハロウィン仮装コンテスト☆」

みんなで町のハロウィン仮装コンテストに出場する、大好きなお祭り回です！ わからないものは自分で知ろうとするララが素敵ですね。そして、ユニが本来の姿でリラックスしながらコンテストを楽しんでいるのが微笑ましいです。ひかるのUMA愛が炸裂し、ミホッシースターズが爆誕し、カッパードさんが優勝する、どのシーンを見ても元気が出る回だと思います。

Profile

うえさかすみれ　12月19日生まれ。神奈川県出身。ボイスキット所属。主な出演作に『うる星やつら（2022）』（ラム役）、『イジらないで、長瀞さん』（長瀞さん役）、『私の百合はお仕事です！』（綾小路美月役）など。

キュアグレース／花寺のどか

［CV 悠木 碧］

（悠木 碧さんが選ぶメモリアルエピソード）

●『ヒーリングっど♥プリキュア』第1話「手と手でキュン！ 二人でプリキュア♥キュアグレース」

初めての変身／伝統にのっとって変身した喜び、のどかからキュアグレースに変身していくバンクの美しさ、ラビリン役の加隈(亜衣)さんと呼吸を合わせてのアフレコ、やっぱり忘れられないなぁと思います。そこそこいろいろな場所で世界を救ってきた私ですが、プリキュアとして地球をお手当てするドキドキは、かけがえのないものでした。

●『ヒーリングっど♥プリキュア』第15話「初めてのケンカ…すれ違うのどかとラビリン」

ラビリンとのケンカ／初めてのケンカで友達と気まずくなる感じが、アニメーションとはいえ、とてもリアルで印象的でした。のどかは他人に怒りを向けることが得意ではないので、怒るのが下手に演じられるといいなと思った記憶があります。ケンカしちゃっても仲直りすることが大事、雨降って地固まったふたりが愛おしかったです。

●『ヒーリングっど♥プリキュア』第26話「びっくり！ アスミのラテ日記」

みんなで流しそうめんと花火／すこやか市民1年生のアスミちゃんが、のどかたちになじんで、楽しいことを知っていくお話が素敵でした。アスミちゃんが来てくれたことがうれしくて、もっと仲よくなりたいみんなも、人の絆を理解していくアスミちゃんも可愛いお話で大好きです。

Profile

ゆうきあおい　3月27日生まれ。千葉県出身。青二プロダクション所属。主な出演作に『魔法少女まどか☆マギカ』(鹿目まどか役)、『ポケットモンスター ベストウイッシュ』(アイリス役)『戦姫絶唱シンフォギア』(立花響役)など。

キュアフォンテーヌ／沢泉ちゆ

［CV 依田菜津］

（依田菜津さんが選ぶメモリアルエピソード）

●『ヒーリングっど♥プリキュア』第8話「とべないちゆ!? 陸上大会 大ピンチ！」

ちゆがハイジャンでイップスになってしまう回／ちゆの回はどれも思い入れが深いですが、やはり第8話は印象的です。ひとりで抱え込んでしまうちゆの人間性や不器用さが見えましたし、それをそのまま肯定して、みんなに見守ってもらえたのがなによりうれしかったです。ここから「やりたいこと全部やる！」というちゆになるまで、丁寧にちゆという人間を積み上げてもらえたと思っています。

●『ヒーリングっど♥プリキュア』第35話「手と手でトス！ ボールつないで青春お手当て！」

南の島でビーチバレーをする回／『ヒープリ』きってのギャグ回です！　全員が愉快で(笑)、みんながボケ側にまわったとき、意外にもひなたがツッコミ側になるのが面白くて。熱血なラビリンもすごく可愛くて大好きです！　ラテ監督も！(笑)　キャストもみんな気合十分で、私もついついやりすぎて渋い声になってしまい、もう少しだけおさえて……と言われたり(笑)。みんなでボールをつなげた日のことは忘れません！(笑)

●『ヒーリングっど♥プリキュア』第45話「おいでませ♥ヒーリングガーデン！」

ヒーリングガーデンに行く最終回／ちゆの最後のセリフは「生きている限り、闘いは終わらないってことね」でした。私は日々このセリフをよく思い出します。一見シビアなセリフですが、このあとにのどかの「でも、そういうのも全部丸ごと生きてくって感じ」と続きます。生きていればうれしいこと、難しいこと、いろいろあるけど、全部新鮮に受け止めて、一生懸命生きていきたいなと、ずっと私の背中を押してくれているラストです。

Profile

よりたなつ　2月13日生まれ。三重県出身。アーツビジョン所属。主な出演作に『転生貴族の異世界冒険録』(シルビア役)、『アレクサ&ケイティ』(アレクサ役)、『takt op. 運命は真紅き旋律の街を』(木星役)など。

キュアスパークル／平光ひなた
〔CV 河野ひより〕

Profile

こうのひより 6月21日生まれ。山梨県出身。FIRST WIND production所属。主な出演作に『アイドルマスターシャイニーカラーズ』（小宮果穂役）、『機動戦士ガンダム バトルオペレーション Code Fairy』（ミア・ブリンクマン役）、『博多明太！ぴりからこちゃん』（ぴりからこちゃん役）など。

（河野ひよりさんが選ぶメモリアルエピソード）

●『ヒーリングっど♥プリキュア』第5話「気まずい水族館！ チグハグなわたしたち」

仲よくなりたいけど空まわってしまって、あれこれ接し方を考えて悩む感じが、学生のときを思い出して「わかる～！」とドキドキしました！　ひなたのギャグにちゆが笑ってくれるシーン、のどかが笑顔でそれぞれのペースを整えてくれるシーンに、3人の大好きなところが詰まっています！　ペギタンを巡って、ちゆと一緒にシンドイーネと揉み合いになるシーンも大好きです！

●『ヒーリングっど♥プリキュア』第13話「辞める？ 辞めない？ 迷えるひなた！」

まわりに自分よりすごい人がいて、くじけそうになる気持ちも、自分が頑張ったって……と不安になる気持ちも大共感です。そんなひなたがグアイワルにたんかを切るシーンが本当にカッコよくて、たくさん勇気をもらいました！「私、プリキュア、辞めようかな……」の予告からしばらくおさらいセレクションだったこともあり、「プリキュアは辞めないし、ひなたの魅力は無限大！」と未来がひらけた感じがしたことをおぼえています！

●『ヒーリングっど♥プリキュア』第35話「手と手でトス！ ボールつないで青春お手当て！」

何もかも大好きな回です！（笑）　アフレコも海にお出かけしているような明るさで、困惑しつつ笑いつつ楽しく収録したことをおぼえています！　みんなのビーチファッションもとっても可愛い!!　キャラクターたちのギャップがたくさん見られるところも大好きです!!　ひなたがツッコミなんだ!?　そんなお手当てアリなんだ!?と思うけど、本人たちは真剣なのがまたいいです！　何度も見返してしまいます！（笑）

ヒーリングっど♥プリキュア
Healin' Good ♡ Precure

キュアアース／風鈴アスミ
〔CV 三森すずこ〕

Profile

みもりすずこ　6月28日生まれ。東京都出身。響所属。主な出演作に『ラブライブ！』（園田海未役）、『デジモンアドベンチャー tri.』（武之内空役）の他、ブロードウェイ・ミュージカル『ウエスト・サイド・ストーリー』（アニータ役）など。

（三森すずこさんが選ぶメモリアルエピソード）

●『ヒーリングっど♥プリキュア』第20話「今、つながる願い…！ わたしたちキュアアース」

キュアアースが初めてプリキュアになった回、そして、のどかたち3人に「アスミ」という素敵な名前をつけていただいたのが第20話でした。華麗かつ最強な戦闘シーンも感動でしたが、私のお気に入りは、あまりにも純粋無垢なアスミちゃんが予測不可能なボケを連発するシーンです。地球から生まれたばかりなので当たり前ですが……その天然ぶりにかなり癒されました。

●『ヒーリングっど♥プリキュア』第26話「びっくり！ アスミのラテ日記」

みんなが初めてアスミを「ビックリ」させてくれた第26話は、みんなの浴衣姿を見ることができてうれしかったです。のどかたちがサプライズを準備していることを知らずに寂しくなってしまうアスミや、花火を見てキラキラした表情を見せてくれたアスミがとても可愛らしかったです。だんだんと人間らしい感情が増えてきて、演じていても楽しかったです。

●『ヒーリングっど♥プリキュア』第35話「手と手でトス！ ボールつないで青春お手当て！」

『燃えよ、ビーバレ！』という熱血系アニメにアスミとラビリンとラテが夢中になっている。のどかたちが学校に行っている間に、この3人はお家でこんな風に過ごしていたのか……とキュンとしました。さらに、熱血コーチと監督の格好をしたラビリンとラテがめちゃくちゃ可愛かった！　みんなを巻き込んでビーバレしていて、とても楽しかったです。

ヒーリングっど♥プリキュア
Healin' Good ♡ Precure

Profile

ふぁいるーずあい　7月6日生まれ。東京都出身。ラクーンドッグ所属。主な出演作に『ジョジョの奇妙な冒険 ストーンオーシャン』（空条徐倫役）、『チェンソーマン』（パワー役）、『ダンベル何キロ持てる？』（紗倉ひびき役）など。

キュアサマー／夏海まなつ

［CV ファイルーズあい］

（ファイルーズあいさんが選ぶメモリアルエピソード）

●『トロピカル～ジュ！プリキュア』第1話「トロピカれ！ やる気全開！ キュアサマー！」

これから新しい物語が始まるぞ、というワクワク感がとてもよく伝わってくるエピソードでした。オンエアを見たときに、想像以上にまなつの顔がとてもコミカルで面白かったです。変身シーンを見たときは感動しました！

●『トロピカル～ジュ！プリキュア』第8話「初めての部活！ お弁当でトロピカっちゃえ！」

自分も小学生のときに、ひとりで海外に留学していたので毎朝自分でお弁当を作っていました。そのときに、あらためて毎日働きながらおいしいご飯を作ってくれていた母の偉大さを実感したので、そんな自分の過去と重なるエピソードで印象に残っています。

●『トロピカル～ジュ！プリキュア』第46話「トロピカれ！ わたしたちの今！」

劇の途中でセリフが言えなくなってしまい、まなつが胸に秘めた思いを吐露するシーンは、日高里菜さんやシリーズディレクター、スタッフの皆さんが感動して泣いてくださっていたので、いい芝居のアプローチができてよかったなと思いました。最後にローラのことを思い出して、ハッピーエンドなのもよかったです！

Profile

はなもりゆみり　9月29日生まれ、神奈川県出身。tomorrow jam所属。主な出演作に『ゆるキャン△』（各務原なでしこ役）、『地獄楽』（山田浅ェ門佐切役）、『かげきしょうじょ!!』（奈良田愛役）など。

キュアコーラル／涼村さんご

［CV 花守ゆみり］

（花守ゆみりさんが選ぶメモリアルエピソード）

●『トロピカル～ジュ！プリキュア』第3話「自分を信じて！ キュートいっぱい！ キュアコーラル！」

さんごちゃんがキュアコーラルに初めて変身する回ということで選ばせていただきました。とっても可愛らしいさんごちゃんが、自分の「可愛い」を信じる一歩を自ら踏み出す姿は、可愛いだけではなく、とてもカッコよかったです。

●『トロピカル～ジュ！プリキュア』第39話「みつけて！ さんごのきらめく舞台！」

トロピカる部やプリキュアとしての経験の中で、自分にとっての「可愛い」とたくさん向き合ってきたさんごちゃん。その答えが、巡り巡って「メイク」というかたちにたどり着いたのが心にグッときました。

●『トロピカル～ジュ！プリキュア』第46話「トロピカれ！ わたしたちの今！」

最終回！ ローラとのお別れシーンは、今見てもまなつちゃんの涙につられてうるっときてしまいます。記憶が全部なくなっても、私たちが一緒に過ごしてきた時間はなくならない。たしかにそこにあったんだと実感できる『トロプリ』らしい最高のラストです。

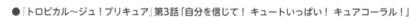

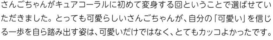

キュアパパイア／一之瀬みのり

［CV 石川由依］

（石川由依さんが選ぶメモリアルエピソード）

●『トロピカル～ジュ！プリキュア』第15話「みのりがローラで、ローラがみのり!?」

みのりとローラが入れ替わっちゃう回／それまで心の距離が一番遠そうに見えていたみのりとローラが、お互いの姿でそれぞれの生活を経験して、意外な一面が見えたり、性格が正反対でもお互いを理解し合えるようになった大事なお話。なにより、他の誰も経験していない人魚の生活を経験できちゃうなんて、ロマンティックで素敵ですよね!!

●『トロピカル～ジュ！プリキュア』第33話「Viva！ 10本立てDEトロピカれ！」

『トロプリ』だからこそできた、伝説のギャグ回／『プリキュア』でこんな放送ありなんだ!?と驚かせてくれました。みのりがストーリーテラーの役割を担っていたのも最高で、10本立てなのに11本あるというミステリー (笑)。どこまでも振り切っていて、何度でも見返したい永久保存エピソードです！　一番『トロプリ』の「らしさ」が表れている気がします♪

●『トロピカル～ジュ！プリキュア』第46話「トロピカれ！ わたしたちの今！」

『トロプリ』最終話、ローラが海に帰ってしまう回／1年間ともに過ごし、いろいろな経験をしてきたローラとのお別れは本当につらく切なくて、収録でも泣きそうになるのをグッとこらえていました。かと思えば笑わせてくれたり……『トロプリ』のよさが詰まった、最高にトロピカった最終回でした！　最後に「なかよしのうた」をトロピカる部のみんなで歌えたのもうれしかったです！

Profile

いしかわゆい　5月30日生まれ。兵庫県出身。mitt management所属。主な出演作に『進撃の巨人』(ミカサ・アッカーマン役)、『ヴァイオレット・エヴァーガーデン』(ヴァイオレット・エヴァーガーデン役)、『NieR: Automata Ver1.1a』(2B役) など。

キュアフラミンゴ／滝沢あすか

［CV 瀬戸麻沙美］

（瀬戸麻沙美さんが選ぶメモリアルエピソード）

●『トロピカル～ジュ！プリキュア』第5話「先輩参上！ 燃えろ！キュアフラミンゴ！」

あすか先輩初登場のシーン／どこか懐かしい様相の不良に絡まれているまなつを、颯爽と現れて助けるあすか先輩がカッコよかったです！　あとのお話でわかることですが、百合子とすれ違ってしまった過去があり、仲間を持つことにためらいがあったあすか先輩。最初は百合子に対する反発ゆえの行動ではありましたが、彼女本来の情の深さや面倒見のよさからまなつたちを助け、自らプリキュアになるお話でした。

●『トロピカル～ジュ！プリキュア』第31話「トラブル列車！ あすかの修学旅行！」

キュアフラミンゴの姿で百合子と対面のシーン／寝台列車で修学旅行へ向かうあすか。列車で事件が起きないわけがない……ですよね！と思っていたら、かばんの中にくるるんが入っていてすやすや寝ているではありませんか！　バレないようにごまかすあすか。まなつたちはというと、あすか先輩の忘れた枕を届けるためにプリキュアに変身していて、こんな使い方もしていいんだと思ってしまいました(笑)。なにより対面シーンの表情が美しかったです。

●『トロピカル～ジュ！プリキュア』第44話「魔女の一番大事なこと」

あとまわしの魔女の真実のシーン／あとまわしの魔女が、どうして「あとまわし」をしていたのかが明らかになり、その理由に切なくなりました。『トロプリ』の収録期間中、あとまわしの魔女たちの精神を反面教師にして、日々のさまざまなことをあとまわしにしてはいけないと思って過ごしていたのですが、キュアオアシスとの戦いをあとまわしにしていたという事実に驚かされました。『トロプリ』の世界には本当に悪い人はいないんだなと感じました。

Profile

せとあさみ　4月2日生まれ。埼玉県出身。Star Crew所属。主な出演作品に『ちはやふる』(綾瀬千早役)、『呪術廻戦』(釘崎野薔薇役)、『陰の実力者になりたくて！』(アルファ役) など。

キュアラメール／ローラ
［CV 日高里菜］

Profile

ひだかりな　6月15日生まれ。千葉県出身。Star Crew所属。主な出演作に『妖怪×僕SS』（白鬼院凜々蝶役）、『とある科学の一方通行』（打ち止め<ラストオーダー>役）、『ソードアート・オンライン』（シリカ／綾野珪子役）など。

（日高里菜さんが選ぶメモリアルエピソード）

●『トロピカル～ジュ！プリキュア』第10話「やる気重ねて！ プリキュア！ ミックストロピカル!!」

泥だらけになったローラとまなつが抱き合うシーン／やる気パワーを奪われたまなつのために、ローラが泥だらけになりながらも頑張る姿にグッときました。最後のローラとまなつのかけ合いも尊かったです。いいシーンのはずなのに「ちょっとくさい」と言うまなつには笑ってしまいましたし、そこがまた『トロプリ』らしくて大好きなシーンです。

●『トロピカル～ジュ！プリキュア』第17話「人魚の奇跡！ 変身！ キュアラメール！」

キュアラメールに変身するシーン／キュアラメールになる瞬間を誰よりも楽しみにしていました。第1話で人間のことを「捨て駒」と言っていたローラが、まなつたちと一緒に過ごすことでたくさん成長し、満を持してプリキュアになるこのシーンは、胸がいっぱいになりました。そしてなにより変身シーンが最高に可愛くてトロピカっていて、初めて見たときの感動は今でも忘れられません。

●『トロピカル～ジュ！プリキュア』第33話「Viva! 10本立てDEトロピカれ！」

どのシーンといいますか……第33話全部ですね！　こんな『プリキュア』は見たことがありません！　もともとギャグ要素の多い『トロプリ』ですが、台本を初めて読んだときは正直……驚きました！（笑）　ですが、ここまでキャラクターたちとともに歩んで、スタッフ＆キャストチームの結束力が確固たるものだったからこそ、この伝説回が生まれたのだと思います！

キュアプレシャス／和実ゆい
［CV 菱川花菜］

Profile

ひしかわはな　5月19日生まれ。東京都出身。ラクーンドッグ所属。主な出演作に『Turkey!』（音無麻衣役）、『黒の召喚士』（シュトラ・トライセン役）、『ソードアート・オンライン アンリーシュ・ブレイディング』（シルヴィー役）など。

（菱川花菜さんが選ぶメモリアルエピソード）

●『デリシャスパーティ♡プリキュア』第19話「みんなでデコレーション！ お兄さんへの贈りもの」

あまねのお兄さんのために、みんなで誕生日ケーキを作る回／ゆいとらんがチームになってケーキ作りをするシーンで一部アドリブがあったのですが、そこでの華満らん役の井口裕香さんとのかけ合いがすごく楽しかったです！　言葉をすべて拾ってくれて、広げてくれる裕香さん。また元気組でアドリブ合戦したいです!!

●『デリシャスパーティ♡プリキュア』第39話「お料理なんてしなくていい!? おいしい笑顔の作り方」

悩んでいるわかなちゃんに、ゆいは宝物であるおばあちゃんの言葉を贈りますが、それではわかなちゃんの複雑な思いは消えず……。壁にぶつかった先で、これからは自分の言葉を紡ぐんだと決意する瞬間は、今までのゆいとは違って見えました。いつでも前を向いて進んでいくゆいに、私も元気をもらっていました！

●『デリシャスパーティ♡プリキュア』第43話「レシピボン発動！ おいしーなタウンの危機」

ゆいの名前の由来をお母さんが話すシーン／おばあちゃんが込めてくれた「人と人、想いと想いを結ぶ人になれますように」という、あったかくて素敵な由来に、台本チェックをしながら涙をボロボロこぼして泣いた記憶があります。第38話でおばあちゃんが話していた未来に向けたバトンの意味がここにつながり、ゆいの想いがより一層強くなったと思います。

キュアスパイシー／芙羽ここね

［CV 清水理沙］

（清水理沙さんが選ぶメモリアルエピソード）

●『デリシャスパーティ♡プリキュア』第4話「ふくらむ、この想い…キュアスパイシー誕生！」

ここねがキュアスパイシーに初めて変身する回／ここねにとっても私にとっても大切なお話で、思い入れが強いです。ゆいと出会い、あたたかい気持ちがどんどんふくらんでいき、変身を決意するシーン。夢に見たプリキュアになれた喜びとともに、プリキュアとしての責任、覚悟を決めて収録に臨んだことをおぼえています。パムパム役の日岡なつみさんと一緒に収録できたのも心強かったです。

●『デリシャスパーティ♡プリキュア』第35話「ここねとお別れ!? いま、分け合いたい想い」

ここねがたくさん悩んだ回でした。両親とも友達とも一緒にいたい。考え抜いて、ピタパンサンドのレシピッピを取り戻しに仲間のもとへ駆けつけたシーン。「みんなは私の大切な、お友達だから！」　成長したここねのすべてがこのシーンに込められていて、感慨深かったです。演じているときは（菱川）花菜ちゃん、（井口）裕香ちゃん、（茅野）愛衣ちゃんへの思いもあふれ出しました。みんなへの感謝の気持ちでいっぱいです。

●『デリシャスパーティ♡プリキュア』第44話「シェアリンエナジー！ ありがとうを重ねて」

最終決戦の回。変身からパーティキャンドルタクトまでのシーン／シリーズディレクターの深澤敏則さんが演出で、クライマックスへ向けて収録現場も熱かったです。それと同時に、もう少しで『デパプリ』が終わってしまう寂しさも感じました。ずっと隣のマイクにいたプレシャスからの「ありがとう」のセリフ。心に響きました。フェンネルさんの暴走を止めるべく、今まで以上に気合を入れたのを思い出します。

Profile

しみずりさ　9月9日生まれ。神奈川県出身。アクセント所属。主な出演作に『エミリー、パリへ行く』（エミリー・クーパー役）、『呪術廻戦』（黒井美里役）、『PSYCHO-PASS サイコパス3』（舞子・マイヤ・ストロンスカヤ役）など。

キュアヤムヤム／華満らん

［CV 井口裕香］

（井口裕香さんが選ぶメモリアルエピソード）

●『デリシャスパーティ♡プリキュア』第7話「強火の情熱！ きらめいてキュアヤムヤム!!」

ついにキュアヤムヤムが登場したシーン！／はにゃ～！　いろいろありましたが、『デパプリ』3人目のプリキュア、キュアヤムヤム無事誕生の回です！　アフレコもドッキドキでしたが、放送を見るときもドッキドキでした！　うれしかったです！

●『デリシャスパーティ♡プリキュア』第27話「コメコメ大変化!? らんのハッピー計画」

らんらんとメンメンのお話／ウィークポイントはチャームポイント！　短所ではなく長所なのだとコメコメに伝えるらんらん。それは自分の過去の経験があってこそ伝えられる言葉であり思いであり、きちんと過去を乗り越えられているのだなぁと、らんらんの成長を感じました。

●『デリシャスパーティ♡プリキュア』第45話「デリシャスマイル～！ みんなあつまれ！ いただきます!!」

マリっぺがプリキュアたちにお礼を言って、プリキュアたちもそれに応えるシーン／こちらこそありがとうだよ。大変なこともあったけど、プリキュアになれてよかった！　本当に本当によかった。マシマシに自分を好きになれるように、これからももっともっと頑張る！　最終回でも勇気をもらえました。

Profile

いぐちゆか　7月11日生まれ。東京都出身。大沢事務所所属。主な出演作に『とある魔術の禁書目録』（インデックス役）、『〈物語〉』シリーズ（阿良々木月火役）、『ヤマノススメ』（雪村あおい役）など。

キュアフィナーレ／菓彩あまね

〔CV 茅野愛衣〕

Profile

かやのあい　9月13日生まれ。東京都出身。大沢事務所所属。主な出演作に『あの日見た花の名前を僕達はまだ知らない。』（本間芽衣子役）、『ソードアート・オンライン アリシゼーション』（アリス・シンセシス・サーティ役）、『この素晴らしい世界に祝福を！』（ダクネス役）など。

（茅野愛衣さんが選ぶメモリアルエピソード）

●『デリシャスパーティ♡プリキュア』第18話「わたし、パフェになりたい！ 輝け！ キュアフィナーレ！」

あまねがプリキュアになることを決意した大切な回です。ジェントルーとして悪事を行ってきた自分を許すことができず、葛藤していたあまね……。「昨日食べたものが、今日の自分を作る。今日食べたものが、明日の自分を作る」「明日はどんな自分になりたい？」というプレシャスの問いかけに心動かされる様子は、私自身も心をグッとつかまれてしまいました。

●『デリシャスパーティ♡プリキュア』第37話「ひそむ怪しい影…あまねの文化祭フィナーレ！」

ナルシストルーに対するあまねの心のモヤが晴れて、とてもうれしかった回です。第33話のハロウィンのお話のとき、このままナルシストルーのことは解決せずに終わってしまうのか不安だったのですが、アフレコ後にプロデューサーの安見香さんから「ちゃんとナルシストルーとの決着がありますよ！」とのお言葉をいただき、本当に救われた気持ちになりました。まさかりんご飴がふたりをこっそりつないでくれるなんて……。あまねが作ったことを知ったら、ナルシストルーがどんな顔をするのか見てみたいものです（笑）。

●『デリシャスパーティ♡プリキュア』第45話「デリシャスマイル～！ みんなあつまれ！ いただきます!!」

最高のハッピーエンドをありがとうございます！という感謝の気持ちで収録に臨みました。クッキングダムでのパーティで、まさかケーキのろうそくに火をつけるために変身するとは思いもよりませんでしたが、今までの敵を前にした緊張感のあるものとは違い、ただただ幸せな変身ができてとても楽しかったです！　そしてなによりうれしかったのが、敵だったブンドル団のみんなが、反省しながらもちゃんと未来を描いている姿を見られたことです。『デパプリ』は終わってしまうけれど、間違いなくこの優しい世界は続いていくんだなぁと思わせてくれました。

プリキュア20周年アニバーサリーブック

PRECURE

20th ANNIVERSARY

CHAPTER 4

第4章

音楽で振り返る プリキュアの20年

シリーズを通して『プリキュア』の「色」を保てるのは、意外と音楽だったりする

佐藤直紀
SATO NAOKI

『プリキュア』シリーズの立ち上げに参加した音楽家・佐藤直紀は、まさに「プリキュアサウンド」の基礎を形作った立役者だ。『ALWAYS 三丁目の夕日』『るろうに剣心』シリーズといった映画やドラマから東京オリンピック表彰式の楽曲まで、多方面で活躍を続ける佐藤にとって『プリキュア』シリーズはどんな作品だったのだろうか。

——佐藤さんはシリーズ1作目となる『ふたりはプリキュア』から5作目の『Yes!プリキュア5GoGo!』まで音楽を担当しています。最初に声をかけられたときの印象は、どんなものでしたか?

佐藤　僕は20代から30才くらいまでCM音楽を中心にやっていたのですが、そこから劇伴音楽に移行し始めた頃に『ふたりはプリキュア』の依頼をいただきました。当時はアニメの劇伴というと『X-エックス-』くらいしかまだやったことがなくて、劇伴作家としては新人だったんですね。そのタイミングで1年間続く、しかも『美少女戦士セーラームーン』に続くような作品に声をかけてもらったので「えっ、僕でいいんですか?」と(笑)。すごく驚いたというのが第一印象です。

——『美少女戦士セーラームーン』の名前が挙がりましたが、そのときに作品についてはどういった説明があったのでしょうか?

佐藤　女の子向けのヒーローもの——ヒロインではなく「ヒーローもの」と言われた記憶があります。まだ新人ではありましたが、「できない」という感覚はなかったですね。若いときは僕に限らずきっと皆そうだと思いますが、どんな依頼が来たとしても誰にも負けない最高の音楽を作ってやる、と——口に出しては言わないですけど、そういう気持ちを秘めていると思うんです。……というか、そういう気持ちがないと、僕たちのような職業はやっていられないところがあって(笑)。ある意味、自分が一番の作曲家だという自信がないと、こういう仕事は続けられない。なので、期待に応えることはもちろん、それ以上の音楽を提供したいという気持ちがありました。

——シリーズディレクターや制作陣から「こういう風な音楽がほしい」という具体的なオーダーはあったのでしょうか?

佐藤　いや、なかったと思います。当時、まだ経験の浅かった僕のような作曲家に、西尾(大介)さんやプロデューサーの鷲尾(天)さんから「おもいきり好きに書いていいよ」とおっしゃっていただけたことは、本当にありがたかったと思います。もし、リクエストをもらっていたら「オーダーに沿った曲を書かなければいけない」とか「これはリクエストとズレているから、自分はいいと思うけど止めておこう」と、リミッターがかかってしまったと思います。そういう意味で『ふたりはプリキュア』は本当に自由で、自分としては「これはおもいきり楽しく書けるな」という気持ちでした。

——なるほど。

佐藤　ただ、曲数が半端じゃなく多かったことには驚きました。最初の顔合わせからしばらく時間が空いて、締め切りまで1カ月もないくらいのタイミングで音楽の打ち合わせがあったのですが、行ってみると机の上に紙が置かれていて。「音楽メニュー(※作中で使う曲の概要が書かれた発注書)か」と思って見たら、90曲近くあった(笑)。これはさすがに間に合わないかもしれないと思って、音楽プロデューサーに「少し減らしてもらえないですか」と相談したのですが、「いや、音響監督がこれだけ必要と言うんだから、書かなきゃダメだよ、佐藤君」と。

——取りつく島もないという(笑)。

佐藤　なので、本当にずーっと曲を書いていましたね。止まったらそこで終わるので、ひたすら手を動かす。あんなにハイピッチで曲を書いたのは後にも先にも『プリキュア』しかありません。こちらは新人ですから、これが書けないと次はない、とも思っていたんです。服部克久さんや(服部)隆之さん、佐橋俊彦さん、田中公平さんたちはみんなこれをやってきているんだと思いましたし、これを乗り越えないとアニメの劇伴作家としての未来はないんだろうな、と。しかも、僕としては曲数を揃えるだけじゃなくて、やっぱりなるべくいい曲を書きたい。そことの勝負ですよね。

——締め切りまで時間がないなかで、クオリティを保ちつつ、今まで経験したことがないほどの物量に挑むという。

佐藤　難しい仕事ではありました。しかも、曲を書き終わったあと、頭を切り替えないと次の曲に行けないんです。前の曲にこだわっていると次に進めない。とにかく書いて書いて書きまくって、そこからいよいよ録音するというタイミングが来るんですが、収録の最中に気づくんです。「あれ、同じメロディの曲があるぞ」と(笑)。

——90曲近くも曲があるとそんなことが起きてしまう(笑)。

佐藤　この過酷な作曲作業を進めるうえで救いになったのは「王道の曲を書く」というコンセプトを自分の中でしっかり決めていたことです。王道ということはヒネらず、僕から出てきたままのメロディを書けばいい。サウンド的にもメロディやコード進行も、ど真ん中のものを書く。変化球ではなく、真ん中におもいきり速いボールを投げたかった

んです。誤解を恐れずに言えば、初めて頭の2小節を聞いたにもかかわらず、なぜか次の3～4小節目が鼻歌で歌えてしまう。それこそ演歌だったり、ひと昔前の歌謡曲のような、みんなの期待に応えるメロディを書こうと思っていました。そういう強いメロディを、ゴージャスなサウンドで描こうと。

――そんな感じで1作目の作業が終わって、続いて『ふたりはプリキュア MaxHeart』にも参加することになりましたが、続編を引き受けたときの心境は？

佐藤　これはわがままな話なのですが、2年目に続くというのは作品が視聴者に響いているということなわけで、喜ぶべきことなんです。ただ、曲を書くことに追われていると……。やっぱり曲を書くのって楽しさが1割で、残りの9割は苦しい（笑）。しかも、これは『プリキュア』に限った話ではないんですが、続編はハードルが上がるんです。作品の世界観を保ったうえで、さらに違う曲を書かなければいけない。『違う曲を書く』ということは同時に曲の幅やジャンルが広がるわけで、当初の音楽コンセプトが薄まる危険性があるんです。なので、本来なら喜ばなきゃいけないんでしょうけど、最初に「来年もあるよ」と聞いたときには、まず「また曲を書かなきゃいけないのか……」と思いました（笑）。今となってみれば「すごく幸せな時期だったな」と思うんですけど。

――あはは。『MaxHeart』は直接の続編でしたが、3作目の『3plash☆Star』、その次の『Yes!プリキュア5』『Yes!プリキュア5 GoGo!』はキャラクターや世界観が変わりますよね。

佐藤　とはいえ、『プリキュア』というシリーズではあるんです。キャラクターが変わったうえにサウンドまで変わってしまうと、シリーズとしてまったくの別物になってしまう可能性があるんですね。シリーズを通して『プリキュア』の「色」を保てるのは、意外と音楽だったりする。絵が変わって、キャラクターが増えるからこそ、あえて音楽はブレずに第1作のコンセプトを引き継がないといけないんです。もちろん、曲の幅やジャンルは広げていくし、後のシリーズ作品になると、たとえばフルートが4本になったりとか、音色も華やかになっています。曲自体、女性らしい曲が増えてきたりもするんですけど、それでも「プリキュアサウンド」という軸は絶対にブレてはいけない。少なくとも僕がやっている間は守っていこうと思っていました。ときには、音楽がどっしりとブレずにいることが、絵やストーリーよりも作品の支えになったりすることがあるんです。

――なるほど。そうやってTVシリーズを手がけると同時に、途中からは劇場作品も担当しています。劇場版にはどういうアプローチで臨んだのでしょうか？

佐藤　劇場版の面白さは、やはり絵に合わせて音がつけられることですよね。劇場映画だとシーンに合わせて、それこそ数コマのズレも意識しながら、音楽が書ける。すべて僕の責任で音楽が作れるわけです。それは大変であると同時に、楽しいことでもあります。あと『Yes!プリキュア5』のときに、子供たちが劇中の展開に合わせてミラクルライトを振る、という演出があったんですよ。そうした曲は新たに書き下ろしているのですが、どうすれば子供たちが喜んでくれるかなと考えながら作りました。

――実際に『プリキュア』を見ている子供たちの反響を、身近に感じる機会はありましたか？

佐藤　『プリキュア』が放送されていた頃、ウチの長男が幼稚園に通っていたんですけど、年中のときかな、バレンタインの日にひとりの女の子からチョコレートをもらって帰ってきたんですよ。それで「お返しは何にしようかね」という話になって、当時、関係各所から『プリキュア』グッズをいただいていたんですね。それを袋に入れてお返しにしたら、翌年、バレンタインの日に40個くらいチョコレートをもらって帰ってきたんです（笑）。残念なことに、ウチの息子がモテたというわけではなくて、女の子たちのお目当ては『プリキュア』グッズだったわけですけど（笑）。そのときに「ああ、『プリキュア』ってすごいんだな」と感じました。

――あはは。あらためてご自身の仕事を振り返ってみて、佐藤さんの中で気に入っている曲があれば教えてください。

佐藤　じつは先日、『キボウノチカラ～オトナプリキュア’23～』の中で以前、僕が書いた曲を使いたいという話をいただいて、久しぶりに聞き直したんですが……。なかなかベタな曲だな、と（笑）。当初のコンセプトに偽りなく、まさに王道な曲だったんです。あれから20年歳をとった今の僕があらためて聞くと、少し顔が赤くなってしまうような。「恥ずかしい曲はどれですか」と聞かれたら、いくらでもお答えできると思うんですけど（笑）、自分の曲でどれが好きかというのは難しいですね。ただ、ああいう強いメロディの曲を書く、そのコンセプトを5年間、ブレずに貫けたというのは『プリキュア』の音楽の面白さになっているんだろうな、と思います。

――では、最後に佐藤さんのお仕事の中で『プリキュア』はどんな作品になりましたか？

佐藤　『ふたりはプリキュア』で90曲書いたのがすごく大変だったという話をしましたけど、でもそれは間違いなく、作曲家として大きな自信になっているんです。あれだけ短い期間で、これだけ大編成の曲を90曲以上、しかも僕なりにクオリティにこだわって、しっかり書けたことはすごくよかったことだと思っています。これを乗り切ったんだから、このあと、どんなアニメの依頼が来てもできるだろう、と思えましたし、アニメの作曲家をこれからも続けていける。そういう自信をつけさせてくれた作品ですね。

Profile

さとうなおき

千葉県出身。作曲家。東京音楽大学を卒業後、CM音楽での活動を経て、ドラマや映画・アニメなど、多彩なジャンルで劇伴を手がける。主な参加作品に映画『ALWAYS 三丁目の夕日』シリーズ、『永遠の0』『るろうに剣心』シリーズ、大河ドラマ『龍馬伝』『青天を衝け』など。

高梨康治

TAKANASHI YASUHARU

ニコニコ動画で「キュアメタル」という言葉ができて、やりやすくなった

バンドマンとして活動するかたわら、アニメ作品や特撮、ゲームなど、幅広いジャンルで活躍する高梨康治は『プリキュア』シリーズにロックサウンドを持ち込んだ音楽家だ。「キュアメタル」とも称されるそのサウンドは、いかにして生み出されたのか。「音楽はエンターテインメントだ」と断言する高梨に、当時の舞台裏を聞いた。

――高梨さんは『フレッシュプリキュア！（以下、フレッシュ）』から劇伴を担当しています。女児向けの作品はこれが初めてですよね。

高梨　そうですね。それまで『NARUTO』など、少年向けバトルものの劇伴を担当したことはありましたが、そもそも僕はバンドマンですし（笑）。『プリキュア』自体、見たことがなくて、それこそ「女の子に人気があるんだな」くらいの知識でした。

――最初に依頼を受けたときの印象は？

高梨　「僕でいいのか」と思いました（笑）。それまでの佐藤直紀さんは、僕とはまったく違ってアカデミックな音楽をやられていたので「僕で大丈夫ですか？」と。最初にプロデューサーの梅澤（淳稔）さんと話をしたときにも、そう聞いた気がしますね。ただ、僕に声をかけていただいた時点で、きっと佐藤さんの流れを汲んでほしいとは考えていなかったと思うんです（笑）。プロデューサーが鷲尾（天）さんから梅澤さんに変わって、しかもタイトルが『フレッシュ』じゃないですか。きっといろいろなことを変えようと皆さんが思っているのかなと――こちらの勝手な考えではあるんですけど、これはもうおもいきりやるしかないと思っていました。

――逆に、これまでのシリーズから引き継ごうと思ったところはあったのでしょうか？

高梨　正直に言えば、まったくありませんでした（笑）。やっぱり2代目って難しいんですよ。3代目、4代目になってくると「ああ、変わっていくんだな」と思ってもらえるんですけど、2代目は前の人のイメージが強く残っているので、なかなかやりづらい（笑）。ただ、放送が始まったら、ファンの方たちが快く受け入れてくれて。そこが一番うれしかったですね。入り口の時点で「なんでコイツなんだよ！」みたいな感じになっていたら、やっぱり心がちょっと折れていた気がするんですけど、自分が想像していたより遥かに皆さんに面白がっていただけたのは、すごくありがたかったなと思います。

――なるほど。実際の制作はどこからアプローチしたのでしょうか？

高梨　最初は変身BGMですね。先ほどもお話しした通り、僕はロックバンド出身なので、オーケストレーションよりもやっぱりギターサウンドかな、というのはありました。あと、制作を進めていくなかで、梅澤さんに「どこまでやっていいですか？」とお伺いしたら「振りきっちゃっていいよ」と言っていただけたんです。……とはいえ、今振り返ると『フレッシュ』のときはまだ少し躊躇していたと思いますね。その後、『ハートキャッチプリキュア！（以下、ハートキャッチ）』『スイートプリキュア♪（以下、スイート）』と続けていくなかで、少しずつ変化させていくことになったかな、と。

――『フレッシュ』の制作中、作品をつかめたと思えた瞬間というと？

高梨　ひとつ面白いことをやっていて、当時、ニコニコ動画がすごく流行っていたんです。ニコニコ動画ってみんな、容赦のないことをコメントに書き込むじゃないですか（笑）。まわりの人に感想を聞いても「いいんじゃない」みたいな感じですけど、ニコニコ動画であれば忌憚ない意見が聞ける。あと、良くも悪くも反応があるというのは、みんなが興味のあるところなんです。なので、次の『ハートキャッチ』では、ニコニコ動画でみんなの反応があったところを広げたんです。

――お客さんの反応を見ながら音楽を作っていったわけですね。

高梨　そうしたらニコニコ動画の中で自然発生的に「キュアメタル」という言葉ができて。最初に『フレッシュ』の音楽を作り始めたときは「テーマパークで流れているような音楽を、ロックサウンドでやってみよう」と思っていたんですけど、世間の人がそれに「キュアメタル」と勝手に命名してくれた（笑）。そのおかげで、めちゃくちゃやりやすくなったんです。「ああ、そうか。キラキラしていて、明るく元気なサウンドをやればいいんだ」と。なので『ハートキャッチ』のときはベルの音ももっと増やして、サウンドのキラキラ感を強めています。あと『ハートキャッチ』のビートって、じつはダンスミュージック寄りなんですね。ロックではあるんだけど、四分打ちのビート感。そうすれば、もっと多くの人が楽しんでくれるかな、と。そんな感じで進めていきました。

――たしかに『ハートキャッチ』は四分打ちの曲が多い印象がありますね。

高梨　やっぱり小さい子が見て楽しむものじゃないですか。子供たちにとっては、ヘンに技巧的で複雑なものよりは、シンプルでわかりやすいほうがいいだろうな、と。あと『ハートキャッチ』はキャラクター的にも明るく元気な（来海）エリカがいて、もう一方に陰のあるムーンライト（月影ゆり）がいる。そういう対比があったおかげで作りやすかったのもありますね。

――次の『スイート』は、音楽がモチーフになっていますね。

高梨　めぐり合わせがよかったと思います。『スイート』のときに梅澤さんからひとつ、お題をもらっていて。「メジャーにもマイナーにも、どちらにも展開できるテーマ曲を作ってほしい」と言われたんです。シリーズを通して流れるメロディを作って、それが正義のテーマにも悪のテーマにもなる。そしてそれが最後には一緒になる、という。そのコンセプトを聞いたときは「むちゃくちゃなことを言うな」と思いましたけど(笑)。

――「幸福(しあわせ)のメロディ」と「不幸のメロディ」が、そのテーマ曲ですね。

高梨　そうですね。それで、ここからコーラスを使うようになりました。あと『スイート』に出てきたキュアビート(黒川エレン)って、ギターが武器のプリキュアなんです。梅澤さんから「このキャラは高梨君のために作ったんだよ」って言われたもんだから、テンションが上がっちゃって!(笑)　そんなこともあって、バンダイさんに通って、キュアビートの玩具に入れる音も一緒に作ったんですよ。

――そうなんですか!

高梨　玩具に入っているギターの音は、いつもウチでギターを弾いてくれている藤澤健至に弾いてもらったものなんです(笑)。それまではムーンライト推しだったんですけど、『スイート』からはキュアビート推しになりました。

――あはは。次の『スマイルプリキュア!』(以下、スマイル)はいかがですか?

高梨　『スマイル』のときは、シリーズディレクターだった大塚(隆史)さんとよく一緒にご飯を食べに行って語り合いました。大塚さんは熱い人なので、メシを食いながら「こうしたい、ああしたい」という話をよくしていたんですけど、そのとき大塚さんが「大人が助けないプリキュアにしたい」と言っていて。5人の子供たちだけで解決していくストーリー展開にしたい。だから変身シーンにも、子供たちの頑張りだったり、元気みたいなものを取り入れたいんだ、と。だったら、変身シーンのBGMも元気いっぱいのヤツにしましょう、と。

――(変身シーンでかかる「プリキュア・スマイルチャージ!」を聞きながら)この曲は、コーラスがこれまで以上に分厚いですね。

高梨　いっぱい入れました。曲調もちょっと子供らしくというか、中学生の女の子5人がいろいろなことを解決していく、というイメージですね。

――高梨さんはTVシリーズと並行して『オールスターズDX』など、劇場版の音楽も担当していますね。

高梨　『NewStage』のときに梅澤さんから「劇場版を通して流せる、歌もののテーマ曲を作ってほしい」と言われたんです。それが「プリキュア～永遠のともだち～」という曲で、ポップロックといえばポップロックなんですけど、この曲はやっぱりサビの部分ですね。「永遠のともだち」というワンフレーズを聞いた瞬間にパッとおぼえてもらえる、そういう曲にしよう、と。作詞は六ツ見(純代)さんなんですけど、制作中もコミュニケーションを密に取って、やり取りしました。六ツ見さんなら大丈夫だろうと思っていたんですけど、バッチリでしたね。

――キャッチーな名曲ですね。

高梨　あと『NewStage2』の小川(孝治)監督がメロスピ(※メロディックスピードメタル)好きで「『プリキュア』史上もっとも早い曲を作ってほしい」と言われたんです。それで出来たのが「プリキュアオールスターズ大活躍!」という曲なんですけど、メチャクチャ早いテンポなんですよ。しかも、この曲はEARTHSHAKERのSHARA(石原愼一郎)さんにギターを弾いてもらっているんですけど、SHARAさんは僕の大先輩にあたる人で。久しぶりにロックのイベントで共演する機会があって、そのときに「お前!『プリキュア』の音楽やってるのか?」って聞かれたんです。で、「やってます」と答えたら「ギターを弾かせて!」と(笑)。

――あはは。そうなんですね!

高梨　あと、ベースを弾いているのも以前B'zのサポートメンバーだった(満園)庄太郎君だし。とにかくメタル勢から「俺にもやらせろ」って言われることが多くて、そのときに「『プリキュア』ってすごいんだな」と思いました(笑)。あと、その次の『NewStage3』のときは「もっと早い曲を」と言われて作ったので、僕のプリキュア史上最速の曲に(笑)。ライブで演奏するときは、死ぬと思う。

――『プリキュア』の仕事を振り返ってみて、共通しているものは何になりますか?

高梨　僕はいろいろなことができる人間じゃないので、ルーツは基本、同じラインだと思うんです。あとやっぱり、僕は音楽ってエンターテインメントだと思っているんですよ。僕の芸術性がどうこうっていうのはどうでもよくて、要するにお客さんを楽しませることができるかどうか。そこはどのシリーズにも共通して根本にあったところかな。

――なるほど。

高梨　僕はバンドマンなので、ライブをずっとやり続けてきたし、ライブでリアルにお客さんの反応を感じるのが、すごく大切だと思っているんです。どういう人たちがCDを買ってくれて、どういう人たちが応援してくれているのかというのを感じながら音楽をやってきたんですね。その人たちにどうやって喜んでもらうのか。それがエンターテインメントとしての音楽だと思うし、とにかく楽しんでもらわなければ意味がない。その中に劇伴もあるし、『プリキュア』もそこを目指して作っていたんです。

Profile

たかなしやすはる

東京都出身。作曲家。音楽制作集団「Team-MAX」を主宰し、また和楽器をフィーチャーしたロックユニット「刃-yaiba-」のリーダーとしても活躍。主な劇伴担当作品に『NARUTO－ナルト－疾風伝』『BORUTO－ボルト－NARUTO NEXT GENERATIONS』『美少女戦士セーラームーンCrystal』『美少女戦士セーラームーンEternal』シリーズなどがある。

自分の好きなものを出すことで勝負している、その姿勢を引き継ぎました

高木 洋

TAKAKI HIROSHI

『スーパー戦隊』シリーズを筆頭に、男の子向けの作品に多く携わってきた作曲家・高木洋。『ふたりはプリキュア Splash☆Star』に参加したあと、『ドキドキ！プリキュア』から4年間、シリーズの音楽を支えてきた。作中で流れる挿入歌やキャラクターソングも多数生み出してきた高木から見た『プリキュア』シリーズとは？

—高木さんは『ドキドキ!プリキュア(以下、ドキドキ)』に参加する前に『ふたりはプリキュアSplash☆Star(以下、Splash☆Star)』に挿入歌の作編曲として参加していますね。

高木　『プリキュア』シリーズは『Splash☆Star』が初めての仕事だったのですが、いつかこのシリーズの劇伴をやってみたいと思わされました。変身シーンの曲はまるでキラキラと輝いているような楽曲で――自分はそれまで男の子が見るような作品をわりと多く手がけていたのですが、「こういう曲も書いてみたい」と思わせてくれる、そういう音楽の世界がそこにありました。

—ということは『ドキドキ』は、まさに念願がかなったお仕事だったわけですね。

高木　劇伴の仕事を始めてから7~8年目だったと思うのですが、燃えていました。今も燃えているんですけど(笑)、当時は「やってやるぞ」感がありましたね。

—高木さんの前は、佐藤直紀さんや高梨康治さんがシリーズの劇伴を担当しています。おふたりの仕事はどれくらい意識しましたか?

高木　『フレッシュプリキュア!』で高梨さんがシリーズを引き継いだときに、自分の方向にガラッと変えているな、と思ったんです。自分の得意なところというか、好きなものを出すことで勝負されているんだろうな、と。その姿勢を受け継ごうと思いました。佐藤さんや高梨さんの音楽を少しずつ取り入れて自分の音楽にするのではなくて、自分の得意なところで勝負しよう、と。

—その「得意なところ」というのは?

高木　僕は、ひたすらメロディを書くことが、自分の最大の強みだと思っているんです。「書きすぎると邪魔だ」という人もいらっしゃるんですけど、たとえ「邪魔だ」と言われても書く(笑)。たとえば、脚本を読んでいると「ここは、こういう曲がハマりそうだな」とか、心に浮かぶメロディみたいなものがあるんです。ちょっと不穏なシーンだとメロディを書かない人も多かったりするのですが、そこでまずメロディを書く。曲が流れたときに見ている人の感情を呼び起こす――そういうメロディを書くのが、一番大事な作業なんじゃないかなと思っています。そこでちゃんといいものが作れたら、あとはどんな楽器を使おうが、どういうアレンジやテンポで演奏しようが成立するだろうと思うんです。

—とはいえ、『プリキュア』シリーズは必要な曲の数が多いですよね。それだけのメロディを書くのは、なかなか大変だと思うのですが……。

高木　そうですね。とくに最初の『ドキドキ』は曲数が多かったんです。でも、メロディを書くのは大好きで、それがやりたくてこの仕事をやっているところがあるので、多ければ多いほど、ありがたいなと思っていました。

—実際の放送を見たときはいかがでしたか?

高木　女の子向けのアニメの音楽を書いたのは初めてだったので――女の子の気持ちになって頑張ったんですけど、まだちょっとヤンチャだったなと思います(笑)。毎週の放送を見ていると「もっと違うアプローチがあったな」と気づくことも多くて。『ドキドキ』はちょっと男の子っぽい感じが残っているかもしれないですね。

—男の子向けと女の子向けの差というのは、どういうあたりに出るのでしょうか?

高木　言葉で表現するのは難しいのですが……。たとえば、『スーパー戦隊』のときは、キメキメのブラスセクションに弦が絡みつく、みたいな構成になることが多いんです。じつは『ドキドキ』もそれに近いアプローチの曲があるのですが、シリーズが進むにしたがってシンセのベルだったり、チャイムやグロッケン、ハープのようなキラキラした音が増えていく。あとはコード進行やハーモニーの作り方みたいなところでも、自分なりの気づきがありました。2年目の『ハピネスチャージプリキュア!(以下、ハピネスチャージ)』のときには、そこをかなり意識して作った記憶があります。

—その『ハピネスチャージ』は『プリキュア』シリーズ10周年記念作品でもありました。

高木　毎週、歴代のプリキュアがオープニングに登場するコーナーがありましたね。『ドキドキ』のときに考えたことをすべて吐き出そうと思っていたので、作り方自体、かなり変わった気がします。まずひとつは、先ほどもお話ししたように「女の子っぽさって何だろう?」というところですね。あとは『ハピネスチャージ』自体、『ドキドキ』から作風が少し変わった印象があったんです。変身シーンにしても、『ドキドキ』と比べて可愛らしい感じが強くなっていて「この変身シーンにあうのはどんな音楽なんだろう」と考えて作っていました。

―『ハピネスチャージ』では、挿入歌も担当していますね。

高木　作りましたね、ご飯の歌（「しあわせごはん愛のうた」）（笑）。あとシリーズ終盤では歌を歌って必殺技を出す展開になったので、そこの歌も作りました（「イノセントハーモニー」）。劇伴だけではなく、歌もまかせていただけたのはうれしかったですし、必殺技のときにかかる曲なので、毎週、その歌でお話を締める、みたいな感じで使っていただけてそこもすごくうれしかったです。一緒に玩具のマイクも発売されていたので「日本中の女の子があのマイクを握って口ずさんでくれたらいいな」と（笑）。

―3年目の『Go！プリンセスプリキュア（以下、Goプリ）』は「お姫様」がモチーフということで、ある意味、使われる音楽もすぐに思い浮かびそうなコンセプトの作品でした。

高木　シリーズディレクターから希望をいろいろいただいたのですが、「お姫様の上品な感じで」というオーダーが最初にあったと思います。ですから、前2作とはガラッと違うアプローチで取り組むことができました。あと高梨さんが「3年目くらいでやっとつかめてくる」とおっしゃっていたのですが、「あ、なるほど」と思いましたね。僕自身が『プリキュア』の音楽の感じをつかんだうえで、作品のコンセプトに沿ったものを作ることができたかなと思います。

―全体にクラシック音楽的な構成の曲が多いのも特徴ですね。

高木　僕はもともとクラシックが大好きなんです。アニメの劇伴は、たとえオーケストラを使っても、わりとポップスっぽいものを演奏することが多いのですが、『Goプリ』のときは自分の趣味の範囲内で好き勝手にやって、しかもそれがいい結果につながる、という感じでした（笑）。「この曲だったらバロック音楽があうかな」とか「この曲はロマン派がいいんじゃないかな」とか、それこそ作る曲ごとに一番ふさわしいクラシックの時代を考えつつ、まるで時空を旅するように作っていきました。しかも、作らなければいけない曲数も減ってきたので、1曲ごとにじっくりと時間をかけて作れるようになったというのもあります。

―続く『魔法つかいプリキュア！（以下、まほプリ）』もタイトル通り、「魔法つかい」がモチーフでコンセプトが明快なシリーズでした。

高木　これはもうファンタジーだろうな、と思いました（笑）。ただ、この作品は変身シーンのバリエーションが多いんです。変身の曲が4曲あって、それぞれにあわせて決め技の曲も用意しなきゃいけない。変身シーンと決め技の曲って、やっぱりカロリーが高いんですよ。しかもスタイルごとに違いを出したいですし、同じ感じに聞こえないようにかなり苦労しました。最終的にはメロディを共通化して、たとえば、ルビーであれば、燃え上がるような感じでギターがきいたサウンドにしよう、とか。アレンジでそれぞれ違う世界観になる、そこを目指して作りました。

―サウンド的には、どこにポイントを持ってきたのでしょうか？

高木　オーケストラを使っているのは変わらないのですが、ファンタジー感を大切にしています。それこそファンタジー映画やロールプレイングゲームから想像できるようなスタイルですね。あと『Goプリ』の変身シーンやバトルシーンの曲は、リズムセクションが打ち込みの曲が多かったんです。その先に何があるかを考えると、あとは生のドラムとベースだな、と。そのほうが『まほプリ』らしいかなとも思いましたし、たぶん生のリズムセクションを使ったのは、これが初めてじゃないかなと思います。

―なるほど。TVシリーズと並行して劇場版でも音楽を担当していますが、高木さんは挿入歌もたくさん書いていますね。

高木　ありがたかったですね。昔は劇伴書きが挿入歌を書いていたんですけど、いつの間にか分業になるケースが多くなっていたので。ただ、僕は、どちらもできるのが一番いいと思っているんです。しかも『プリキュア』の劇場版は、どの映画でも必ずいいところで歌がかかるので、うれしかったですね。

―個人的にはキュアモフルンの曲（「鮮烈！キュアモフルン」）が印象的です（笑）。

高木　あの曲については、監督の田中（裕太）さんから「ラップを作ってほしい」という指令があったんです（笑）。最初にその話を聞いたときは「本気かな？」と思ったんですけど、完成したものを見ると、ぴったりハマっていたので驚きました。あの映画（『魔法つかいプリキュア！ 奇跡の変身！キュアモフルン！』）は、最後のバトルシーンにかかる挿入歌（「キラメク誓い」）も書かせてもらえて印象に残っていますね。

―高木さんはそのあと『映画 プリキュアスーパースターズ！』に主題歌を提供したりしていますが、その後のお仕事に影響があったところはありますか？

高木　『プリキュア』を手がけた4年間で、すごく成長させてもらったのは間違いないです。自分が作ることができる音楽の幅が広がったと思いますし、そのおかげでその後もキャリアを続けられていると思います。これまで作ったことがないような歌もたくさん書かせてもらえましたし、新しい可能性に気づかせてもらったと思います。

―では、最後に高木さんが考える、音楽で表現される「プリキュアらしさ」とは、どういうものなのでしょうか？

高木　わりと小さなお子さんがご覧になるシリーズですから、その年代のお子さんが持っているまっすぐな感じや純粋さ、そういうものを音楽を作るうえで大事にしています。40年以上生きていると、心もかなり汚れて真っ黒になってきてしまうんですけど（笑）、だからこういう純粋で、まっさらで、美しいものを作れるのはうれしいですし、『プリキュア』を通して少しでも大人も子供も純粋な気持ちになってもらえるといいのかな、と。そんなことを考えながら、音楽を作っていました。

Profile

たかきひろし

福岡県出身。東京音楽大学を卒業後、劇伴やポップソングの作・編曲、コンサートでのオーケストラアレンジなど、さまざまなジャンルで活躍。劇伴を担当した主な作品に『快盗戦隊ルパンレンジャーVS警察戦隊パトレンジャー』『千銃士』『AKB0048』『おしりたんてい』などがある。

INTERVIEW

15周年映画で主題歌メドレーを担当させていただけたのは光栄でした

林ゆうき

HAYASHI YUKI

『キラキラ☆プリキュアアラモード』から音楽を担当した林ゆうき。『ストロベリーナイト』や『リーガル・ハイ』といったドラマでも活躍し、アニメの劇伴も数多く手がける林から見た「プリキュアらしさ」とは、どんなものなのか？　長く続いたシリーズならではの苦労や思い出など、当時を振り返ってもらった。

――林さんは『キラキラ☆プリキュアアラモード(以下、プリアラ)』でシリーズに初参加ですね。最初に依頼を受けたときの印象は？

林　『プリキュア』自体は、もちろん存じ上げていたんですが、それまで見たことがなかったんです。ですから、お仕事の話をいただいたときは、率直に「どうして僕に依頼が来たんだろう？」と思いました。とはいえ、それまで自分がやったことのないジャンルだったので、ぜひやらせていただきたいな、と。

――引き受けるにあたって、過去のシリーズの音楽を聞き込んだのでしょうか？

林　はい、聞きました。それまでも続編だったり、過去に映像化されたもののリブート版の音楽を引き受けることがあったのですが、どうして僕のところに依頼が来たのか、どういう音楽を求められているのかを考えるにあたって、過去作の音楽を聞くのは大切なことなんです。『プリキュア』で言えば、最初に佐藤直紀さんがどういう音楽を作って、それに対して高梨(康治)さん、さらに高木(洋)さんがどういうアプローチをされて、高木(洋)さんがどんなものを作ったのか。そこを理解したうえで、自分に何が求められているのかを推測する、ということですね。

――林さんから見た『プリキュア』シリーズの音楽面での特徴は、どのあたりにあるのでしょうか？

林　一番は音色でしょうか。当時、手伝ってくれていたアシスタントには「もっと可愛い音を探して」と、他の作品ではあまり言わないようなことをよく言っていました(笑)。「もっとぷにぷにした音がいい」とか「もっとモチモチしたヤツがいい」とか。たとえば、ストリングスのピチカートに対しても、シンセで「プヨンプヨン」みたいな音を薄く忍ばせたり。あるいは普通のピアノではなくてトイピアノを使ってみたり、アップライトピアノのフェルトを挟んだ柔らかい音にしてみたり、とか。『プリキュア』の世界観に近づけるために、そういう可愛らしい音色を試行錯誤しつつブレンドした記憶があります。

――そのあたりに「プリキュアらしさ」を出すポイントがあったわけですね。

林　というか、僕の前に音楽を担当されていた先輩方がそうした手法を採られていたように思います。ですから僕もそこを拾いつつ、その中でどれだけ新しいことができるのか。それを考えながら作業していました。……そういえば、『プリアラ』の依頼を受けたタイミングで佐藤直紀さんと偶然、顔を合わせたことがあったんですよ。たしかNHKの入り口だったんですけど、「今度、『プリキュア』をやることになったんです」と話したら「ああ！　大変だよ、頑張って！」と言われて。

――あはは。『プリアラ』は「お菓子作り」や「アニマル」がモチーフの作品でしたが、そこに対してはどういうアプローチをしたのでしょうか？

林　音にするのが難しい作品だな、という印象がまずありました。高木さんの『Go！プリンセスプリキュア』や『魔法つかいプリキュア！』は、タイトルを聞いただけでイメージが湧いてくる題材だと思うのですが、「お願いします」と出てきたのが「お菓子作りか！」と(笑)。『プリキュア』の音楽を担当する作家さんは皆さん、同じことを言われるんですけど、最初と2作目はすごく悩んで3本目でようやくいいものができる、と。僕も2作目の『HUGっと！プリキュア(以下、ハグプリ)』までは、わりと手探りだった感じはありますね。

――『ハグプリ』も、音楽にするのが難しそうなテーマでしたね。

林　2作目はわかりやすいテーマが来るといいな、と思っていたら「子育て」でしたから。ああ、神は試練を与えるな、と(笑)。愛だったり母性だったり、人間が普遍的に持っている感情を音楽で表現するのは、やっぱりすごく難しい。それこそ「もう帰ろうかな」と思うくらい悩みました。そのせいか『プリアラ』『ハグプリ』と難しいテーマが続いたあとに『スター☆トゥインクルプリキュア(以下、スタプリ)』が来たときは、すごくやりやすかったというのはあります。

――ああ、なるほど！

林　『スタプリ』は宇宙が舞台で、宇宙人が出てきて、テーマは「多様性」と、作品のコンセプトがわかりやすかったんです。音楽も「レトロな未来感でいきましょう」ということで、レトロシンセを使った楽曲をたくさん作りました。あと『スタプリ』は変身シーンに歌が入っているのが、特徴のひとつでした。これは旧来のファンの人たちは拒絶反応を示すかもしれないと思っていて、放送のときにツイッターを見たら、まあ、荒れていて(笑)。とはいえ、旧作品をアレンジするときに一定数の人が拒絶反応を示すのは仕方がないというか、そこを気にしすぎると新しいものができないですし、あえてチャレンジした制作陣の思いもわかるので。……それから数年後のことなんですけど、娘と一緒にお風呂に入るときに、娘が服を脱ぎながら「♪きーらーめーくー」って歌っていたんです。

――『スタプリ』の変身テーマを！（笑）

林　放送当時は生まれたばかりだったんですけど、それから数年経って、サブスクか何かで見たんですよ。で、1回しか見ていないはずなのによくおぼえているなと思って「すぐにおぼえられた？」って聞いたら「うん、楽しかった」と言ってくれて。ああ、ちゃんと届いていたんだなって、数年越しに実感しました。そういう意味でも『スタプリ』は、すごく印象に残っていますね。

――その『スタプリ』は、橘麻美さんとの共同名義になっていますね。

林　彼女はなんと言うか、かゆいところに手が届くんですよ（笑）。いただいた音楽メニューを見て「こういうのは少し苦手だな……」と思ったとき、そういう曲を「やってくれない？」とお願いすると、こちらが多くを語らなくても「こういうのでしょう？」と出してくれる。『スタプリ』でも最初に「こういう感じの音を作ろうと思っている」という話をしたら、「ああ、わかったわかった」みたいな。

――細かくやり取りしなくても、イメージがすぐに共有できる。

林　そうですね。アンテナが敏感というか、こちらが言いたいことをしっかり理解してかたちにしてくれる。そこが一番大きいですね。

――なるほど。先ほど『スタプリ』は変身シーンが印象に残っているという話がありましたが、たとえば、『プリアラ』の中で気に入っている楽曲はどれになりますか？

林　『プリアラ』も変身シーンの曲ですね。初めてこういう曲を作らせてもらったというのもありますし、日本のTVアニメでフィルムスコアリング（※映像に対して、音楽をあとからつける手法）ができる機会はほとんどないと思うんです。加えて、実際に映像になったものを見たときも「こんな風になるんだ！」と一視聴者として楽しめました。

――では『ハグプリ』は？

林　映画の『映画HUGっと！プリキュア♡ふたりはプリキュア オールスターズメモリーズ』（以下、オールスターズメモリーズ）ですね。このときに「主題歌メドレーをやりたいです」というオーダーがあったんですよ。主要なメンバーが戦う場面にあわせて、新しい『プリキュア』から順番に主題歌をかけて、最後は初代につなげる。そういう一大音楽シーンを作りたい、と。それで、まずはすべての主題歌を聞いて、どこでどの曲をどういう風に入れるかを考えました。やっぱり初代がいちばん盛り上がったほうがいいから、こういう風に強弱をつけよう、とか、その設計が大変だったことをよくおぼえています。あと、お子さん向けの作品って、効果音がわりと大きいことが多いんですけど、あのシーンでは明確に「ここは音楽を聞かせよう」というコンセプトがあって。プロデューサーや監督からも「音楽を前に出しましょう」と言ってもらえたんです。そういうコンセプチュアルな作品に関わることができたのはうれしかったですし、ファンの方にも喜んでもらえてよかったな、と。

――『オールスターズメモリーズ』は「プリキュア15周年作品」でもありましたね。

林　それまで担当されていた作家さんの音楽をごちゃ混ぜにして、ひとつのメドレーにしてくださいって、なかなかないオーダーだと思うんです。それこそ『プリキュア』という作品が積み重ねてきた歴史があってこそ、初めてできることでもある。それをあのタイミングで担当させていただけたのは、すごく光栄なことだなと思いますね。

――では、最後に林さんのキャリアの中で『プリキュア』シリーズはどういう位置づけの作品になっているのでしょうか？

林　娘と息子が小さい頃、毎日幼稚園の送り迎えをしていたんですけど、だいたいタンクトップに短パン、サンダル履きみたいな恰好だったので、不審者だと思われていたんですよ（笑）。でも、あるとき「『プリキュア』の音楽をやっているらしい」という話になって、そこからママさんたちの扱いが非常によくなって。そういう意味で、僕の人生に潤いを与えてくれた大事な作品です（笑）。それはともかく、真面目な話をすると『プリキュア』って、女の子なら誰でも通る作品だと思うんですね。しかも、その子たちがいずれ大人になって子供ができたときに「お母さんも見ていたんだよ」と言って、たとえば、一緒に映画を見に行ったりする。その人の人生の中で、子供と一緒に好きな作品を見ることができるって、なかなかない機会だと思うんです。そういう作品に関わることができたのはすごく光栄なことだと思いますし、きっと僕がおじいちゃんになって「たくさん曲を作ったな」というときに、最初に思い出すのが『プリキュア』かな、と思います。

Profile

はやしゆうき

京都府出身。作曲家。大学在学中に独学で作曲活動を始め、2009年からは劇伴の制作に携わるように。最近の主な参加作品に、アニメ『僕のヒーローアカデミア』『ドラゴンクエスト ダイの大冒険』、ドラマ『連続ドラマW ギバーテイカー』『新・信長公記～クラスメイトは戦国武将～』など。

可愛らしさがありつつも、カッコいいところはカッコよく

橘 麻美

TACHIBANA ASAMI

『スター☆トゥインクルプリキュア（以下、スタプリ）』で初めて『プリキュア』シリーズに参加した橘麻美。林ゆうきと共同で音楽制作に参加する機会も多い橘だが、彼女にとって『スタプリ』は「これまでにない引き出しを作らせてもらえた作品」だったという。愛らしくもチャーミングなその音楽がどのように生み出されたのか、話を聞いた。

――橘さんは、林ゆうきさんとともに『スタプリ』の音楽を担当していますが、『プリキュア』シリーズを見たことはありましたか？

橘　じつはそれまで『プリキュア』シリーズを見たことがなくて、「女の子向けの可愛らしいアニメ」という漠然としたイメージしかなかったんです。それで『スタプリ』に参加することが決まってから拝見したのですが、見始めたら私自身がハマってしまいました（笑）。大人から見ても共感できる強いメッセージ性や誰も傷つけない優しさだったり、女の子らしい可愛らしさがありつつも泥臭く頑張る姿や、カッコいいところはカッコよく、みたいな。かなりのめり込んでしまいました。

――林さんとの共同作業は、どんな風に進めていったのでしょうか？

橘　最初に「音楽の方向性」みたいなところを打ち合わせさせていただきました。林さんからは「わりとレトロな音色を使ったほうがいいんじゃないか」という提案があって、そこでの話をもとに、それぞれ担当した曲を仕上げていきました。林さんがカッコいい感じの曲を担当したのに対して、私はわりと日常曲をメインに担当した、という感じです。

――作業を進めるなかで、どんなところに「プリキュアらしさ」を感じましたか？

橘　劇伴音楽って、映像作品の要素やモチーフをニュアンスとして音楽に混ぜ込む、そのバランスが難しいところだと思うんです。その中で『スタプリ』はおもいきりのよさが必要だな、と思わされることが多かったですね。楽しいなら楽しい、悲しいなら悲しいと、はっきりイメージ（印象）を振り切った感じの楽曲が多かったかな、と。『プリキュア』は演出もわかりやすいので、音楽もそれにあわせて色をはっきりさせたほうがいいのかな、と思いました。それは作りながら感じていたことです。

――なるほど。

橘　『スタプリ』の音楽は、自分が持っている引き出しの中から、使えそうなものはすべて引っ張ってきて、曲に落とし込む作業だったかなと思います。だから、やっている最中は無我夢中だったんですけど、出来上がったものをあらためて見ると、レトロな音色を使いながらも『スタプリ』ならではの新しさを出すこともできている。そういう意味で『スタプリ』っぽさというのは、作れたのかなと思いますね。

――担当した中で、気に入っている曲を教えてください。

橘　私が担当したのは日常曲が多かったのですが、面白い音色をいろいろ試したことが記憶に残っています。たとえば、「ひみつでプルンス」はリコーダーとシンセを重ねた音を使っていて印象深いです。あと「宇宙は大混乱」は打ち込みのテクノポップっぽい曲なのですが、それまでこういうテイストの曲を作ったことがなかったので新鮮でした。

――橘さんは『映画 スター☆トゥインクルプリキュア 星のうたに想いをこめて（以下、星のうたに想いをこめて）』にも参加していますね。

橘　『星のうたに想いをこめて』は、作り手の愛がたくさん詰まっていることが絵からも感じ取れて、とても好きな作品なんです。この映画で言えば、最後のシーン――ユーマと再会する場面で流れた「夢をみる星」が気に入っています。映画なのでフィルムスコアリングしたというのも大きいですけど、この曲が流れる場面には映画らしいゴージャスな感じがあって。キレイな絵にあわせながら、音をあわせるというのがとても楽しかったですね。

――なるほど。橘さんのキャリアの中で『スタプリ』はどんな位置づけの作品になりましたか？

橘　『スタプリ』に参加したことで、視野が広くなった感覚がありますね。それまでの作品はわりと人がどんどん死んでいったり（笑）、おどろおどろしい感じの作品が多かったので、完全に頭を切り替えなければ、と思って作っていました。そういう意味で『スタプリ』では新しい自分の引き出しを作らせてもらえました。それまで自分が持っていなかった要素を表現する機会だったというのが大きかったですし、すごくよい経験をさせてもらったな、と思います。

――ということは、以降のお仕事にも生かされているところがある？

橘　きっとあると思いますね。中でも、先ほど「プリキュアらしさ」の場面でお話ししたようなおもいきりのよさ。音楽性を振り切って曲を書こうとするときは『スタプリ』のことを思い出している感じはあります（笑）。とくに『星のうたに想いをこめて』は、これまで自分がやって来た中でも大好きな作品になったので、参加させていただけて本当に幸せだったなと思います。

Profile

たちばなあさみ

神奈川県出身。大学中退後、本格的に作曲・アレンジの勉強を始め、劇伴作家としての活動をスタート。最近の主な参加作品にアニメ『後宮の烏』『憂国のモリアーティ』『ダーリン・イン・ザ・フランキス』、ドラマ『10の秘密』（林ゆうきと共同）などがある。

『プリキュア』らしさとは、女の子たちの信念を描いているところ

寺田志保

TERADA SHIHO

TVドラマ『牙狼〈GARO〉』シリーズをはじめ、数多くのドラマや映画、アニメなどで活躍する作曲家・寺田志保。ときに優しくキャラクターたちを包み込み、切ない旋律で視聴者の心をつかんだかと思えば、ときには激しいサウンドでバトルを盛り上げる。バラエティ豊かな「プリキュアサウンド」はいかにして作られたのか。その舞台裏を聞いた。

――寺田さんは『ヒーリングっど♥プリキュア（以下、ヒープリ）』から『デリシャスパーティ♡プリキュア（以下、デパプリ）』まで、3作品の音楽を担当しています。仕事で関わるようになる前に『プリキュア』シリーズを見たことはありましたか？

寺田　「プリキュア」というキャラクターや名前は認識していましたが、じっくり見たのはお引き受けしてからですね。なんとなく、華やかで可愛らしい女の子が活躍するアニメなのかなというイメージがあって――そのイメージ自体は仕事を始めてからも変わらなかったのですが、それに加えて『プリキュア』の主人公たちはみんな、しっかりとした芯があって凛とした想いを持っている。「あっ、こういう女の子たちが主人公なんだ」という発見がありました。

――なるほど。『ヒープリ』の仕事を引き受けるにあたって、制作側からはどのようなオーダーがあったのでしょうか？

寺田　『ヒープリ』は「お手当てする」あるいは「癒やす」ということが大きな要素だったので、世界観としては「浄化」とか、そういう神秘的なモチーフでした。加えて、そうした愛にあふれた世界観の中で、凛とした女の子のカッコよさを描きたいというお話でした。私としては、主人公が女の子だからということはとくに考えていなくて、バトルに関しても日常曲に関しても、あまり違いはなく取りかかるつもりだったんですけど、最初にデモを仕上げたときに東映アニメーションさんから「ちょっと男児向けっぽさが強いかも」という話をいただいたんです。

――たしかに寺田さんというと『牙狼〈GARO〉』シリーズをはじめ、男性向けの作品を手がけているイメージがあります。

寺田　そのときに「あっ、やっぱりそういう癖がついているんだ」と。そこから「女の子の変身ってどういうものなんだろう？」と、いろいろなアニメを見て研究しました。

――具体的に参考にした作品は何でしょうか？

寺田　『美少女戦士セーラームーン』シリーズですね（笑）。あとはもちろん、過去の『プリキュア』シリーズも拝見しました。これまで関わってこられた作家の方々の音楽を聞いて「私は、この先生のテイストが好きだな」とか。

――なるほど。そこから『プリキュア』らしい音楽を少しずつ探っていったわけですね。

寺田　「カッコいい女の子」を音楽で表現しようと思うと、私の中ではやっぱりメロディラインなんですよね。ずっと同じ、ブレないものがあるメロディというか。たとえば、希望に向かってひと筋伸びていくメロディラインがあって、その枝葉で曲を展開していく、みたいな感じです。そういう芯の強さみたいなものを意識して作曲し始めたら、制作陣から「あっ、いいですね」とよい反応をいただけたんです。

――そこが突破口になった。具体的にはどの曲でしょうか？

寺田　変身曲の「スタート！プリキュア・オペレーション！」ですね。キラキラしているんだけどカッコいいという、そのバランスがなかなかつかめなくて。「もっとキラキラさせたい」と言われて、キラキラ成分を足したら、今度は「ちょっと可愛すぎる」となったり（笑）。制作の方たちとやり取りをしていくなかで、その塩梅がつかめた感じです。

――なるほど。

寺田　これまで男の子向けのアニメを担当するときは力技というか、勢いで押すことが多かったんです。それこそバトルシーンだったら、トランペットでパパパパーン、みたいな（笑）。そうではなくワンクッション入れて、その中に秘めた強い想いを感じさせるとか、ちょっと憂いがある中にも強さがある、とか。そういうものを意識できたのかな、と思います。

――たしかにサウンドトラックを聞くと、大きくメロディラインがうねるような楽曲が多い印象があります。

寺田　そうですね。細かいスパンのメロディではなく、メロディを大きく捉えて展開していく曲が多いと思います。

――『プリキュア』シリーズは1年間放送されることもあって、曲数が多いですよね。

寺田　『ヒープリ』は最初に60曲くらいあったと思います。「うわーっ、こんなにたくさん曲を書けるんだ！」という喜びも、もちろんあったんですけど……。正直に話すと、曲数が非常に多かったので、まずはパッとイメージが湧きそうなところから着手しました（笑）。コミカルな曲は好きなので、まずはそういう曲から始めて。残り50曲くらいになったところでようやく心穏やかに、作品の中で大切なメインテーマに取りかかったという（笑）。ちょっとカッコ悪い話なんですけど……。

――いえいえ。続く2作目『トロピカル～ジュ！プリキュア（以下、トロプリ）』は明快な

イメージのシリーズでしたね。

寺田　そうですね。音楽もそのまま、常夏で明るく元気なイメージ。あとシリーズディレクターの方から「今回はコメディ色が強いです」というお話もあったんです。実際、絵コンテを見ると『ヒープリ』では見たことがなかったような変顔がいっぱい描かれていて（笑）。「ああ、なるほど」と思いながら、前作とのギャップにちょっとビックリしました。

――たしかに。音楽も、作品のカラーを反映して、明るく賑やかな曲が多いですね。

寺田　『トロプリ』に関しては「メインテーマ（「みんなでトロピカっちゃおー！」）をまず固めないと、作品の世界観がわからないよね」ということで、メインテーマから着手しています。やっぱりスティール・パンが入ったら、すごくトロピカルになるよね、とか（笑）。どういうジャンル感でアプローチするのがいいのかというところで、フュージョンなどのいろいろなアイデアを出し、試行錯誤ののち、今のかたちにまとまった感じですね。サウンドの方向性が決まってからは「真っ青な空と海！」という感じで、世界観をストレートに表現できたんじゃないかと思います。

――ここまでサンバっぽい楽曲を書くことも、なかなか珍しいんじゃないでしょうか。

寺田　そうですね。もしかすると初めてかもしれません。

――メインテーマ以外で、印象に残っている曲はどれになりますか？

寺田　『ヒープリ』のときとは少し違うアプローチをしたいと思って、「プリキュア！おめかしアップ！」ではプログレッシブ・ロックっぽいアプローチをしました。映像と合わせたものを見て、意外とハマるなと思いましたね。

――そして3作目の『デパプリ』。これは『トロプリ』とはまったく違う世界観の作品です。

寺田　この作品は「日常における感謝」みたいなことなどがテーマだと感じていて。だから『トロプリ』のようにテンションがぶっ飛んでいるわけでもなく、自分の中では『ヒープリ』とどう差別化できるか、というのが大きな課題でした。『ヒープリ』よりも『デパプリ』のほうが、さらに日常を意識しているという感覚ですね。とはいえ、スケールが小さくなっているわけではなくて、本当に今、ここで感じている「ありがとう」という気持ちをメロディで表現する……うまく言えなくて申し訳ないのですが。

――いえいえ！『デパプリ』もメインテーマ（「ごはんは笑顔♡」）から着手したのでしょうか？

寺田　そうですね。私としては『ヒープリ』との差別化を考えて、メロディラインの入り方を少し変えたんですけど、そうしたら「すごくいいんですけど、『ヒープリ』のような華やかな入り方でお願いしたい」と言われてしまって（笑）。振り返ってみると、日常のシーンにかかる曲では一番悩んだシリーズだったと思います。これまで『ヒープリ』や『トロプリ』で日常の曲をいっぱい書いてきて、どう差別化しようかと考えた結果、音階から何からちょっと変えることにしました。

――これまで3作品に参加してみて、気に入っている曲はどれになりますか？

寺田　3作品とも、メインテーマはすごく気に入っています。あとは『デパプリ』の敵の曲なんですけど、「いでよ、ウバウゾー！」。この曲の冒頭がとくに好きで、ちょっとコミカルな感じもありつつ、怪盗ブンドル団の悪そうなところも表現できて気に入っています。

――毎週、テレビで流れる曲ということもあって、すごく印象的なメロディですね。

寺田　あと、もう1曲は『映画デリシャスパーティ♡プリキュア　夢みる♡お子さまランチ！』のために書いた「クッキング、スタート！」という曲です。ドリーミアでのクッキングの様子に始まり、プリキュアたちが警備ロボにだんだん追い詰められるけど、最後はブラックペッパーが助けに来るという……展開が目まぐるしく変わるのですが、このシーンに合わせて作曲していくのが楽しかった曲で、とても気に入っています。とくにブラックペッパーがみんなを助けに来るシーンは、自分で作曲しながらときめいてしまいました♡

――なるほど。こうして3作品に参加してみて、寺田さんが考える『プリキュア』らしさというのは、どういうものでしょうか？

寺田　やっぱり女の子たちの信念を描いているところでしょうね。「大切なものを守る」だったり「感謝する気持ち」だったり、凛とした想いを抱えている。そこが『プリキュア』だと思います。あと怖いシーンの曲を書くことも多いんですけど、たとえそういう場面であっても、ダーティな（汚い）音色は使わない、というのはありました。やっぱり『プリキュア』を見てくれているのはお子さんたちが多いので、恐怖心や「嫌だな」という感覚は与えたくないんです。だから、そういう曲であっても、オーケストラの楽器やピアノの音でキレイに表現したいという想いはあります。

――では、最後に寺田さんにとって『プリキュア』シリーズはどんな作品になりましたか？

寺田　じつは『ヒープリ』が始まったときに娘が『プリキュア』大好き世代だったので、音楽で参加させていただけたことは本当にうれしかったです。娘からどんな音楽がいいのかリサーチもできましたし（笑）、なによりも番組を見て盛り上がっている姿を見て、得難い喜びを体験することができました。私にとって『プリキュア』は、大きな幸せを与えてくれたかけがえのない作品です。

――それは得がたい体験ですね。

寺田　そうですね。しかも、娘は配信で過去の作品をさかのぼって見るほどハマって。そういう意味でも、すごく幸せな経験を与えてくれた、忘れられない作品になっています。

Profile

てらだしほ

宮崎県出身。作・編曲家、キーボーディスト。音楽好きの母の影響で3歳からピアノを始め、国立音楽大学卒業後からプロのキャリアをスタート。ジャンルや世代を超えた作曲家として活躍、現在に至る。主な作品に『コズミックフロント』、『コードネームミラージュ』、雨宮慶太監督TVならびに劇場版『牙狼』シリーズ、アニメ『イナズマイレブンGO』、ゲーム『ドラゴンボールゼノバース』他多数。

03 再販CD＋DVD盤／MJSS-09007～8

02 再販通常盤／MJSS-09009

01 通常盤／MJCD-23001

06 再販CD＋DVD盤／MJSS-09010～1

05 再販通常盤／MJSS-09012

04 通常盤／MJCD-23004

09 再販通常盤／MJSS-09015

08 通常盤／MJCD-23016

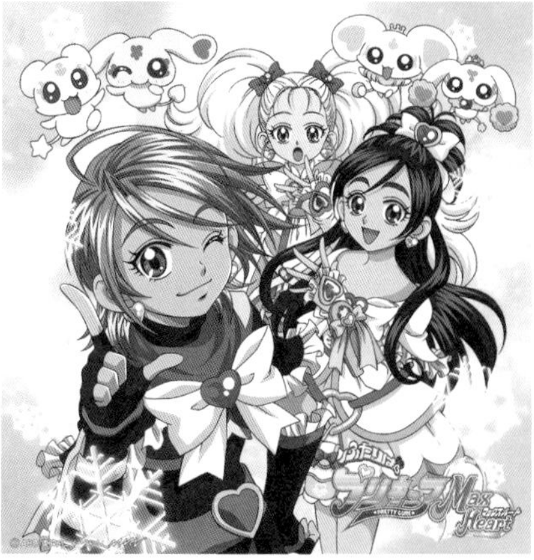

07 通常盤／MJCD-23012

07 ふたりはプリキュア Max Heart (2005)

ED「ワンダー☆ウィンター☆ヤッター!!」
歌／五條真由美　作詞／青木久美子　作曲／間瀬公司　編曲／佐藤直紀

08/09/10 ふたりはプリキュア Splash☆Star (2006)

OP「まかせて★スプラッシュ☆スター★」
歌／うちやえゆか with Splash Stars　作詞／青木久美子　作曲／小杉保夫　編曲／家原正樹

ED「「笑うが勝ち！」でGO！」
歌／五條真由美　作詞／青木久美子　作曲／高取ヒデアキ　編曲／家原正樹

01/02/03 ふたりはプリキュア (2004)

OP「DANZEN！ふたりはプリキュア」
歌／五條真由美　作詞／青木久美子　作曲／小杉保夫　編曲／佐藤直紀

ED「ゲッチュウ！ らぶらぶぅ?!」
歌／五條真由美　作詞／青木久美子　作曲／佐藤直紀　編曲／佐藤直紀

04/05/06 ふたりはプリキュア Max Heart (2005)

OP「DANZEN！ふたりはプリキュア (Ver.Max Heart)」
歌／五條真由美　作詞／青木久美子　作曲／小杉保夫　編曲／佐藤直紀

ED「ムリムリ?! ありあり!! INじゃぁな～い?!」
歌／五條真由美、ヤングフレッシュ　作詞／青木久美子　作曲／佐藤直紀　編曲／佐藤直紀

12 通常盤／MJCD-23032

11 通常盤／MJCD-23023

10 再販CD＋DVD盤／MJSS-09013～4

15 通常盤／MJCD-23035

14 再販CD＋DVD盤／MJSS-09020～1
※後期EDも収録

13 再販通常盤／MJSS-09022
※後期EDも収録

18 再販CD＋DVD盤／MJSS-09023～4
※後期EDも収録

17 再販通常盤／MJSS-09025
※後期EDも収録

16 通常盤／MJCD-23039

15 Yes！プリキュア5 (2007)

ED「ガンバランスdeダンス～夢見る奇跡たち～」
歌／宮本佳那子 コーラス：ぷりきゅあ5　作詞／青木久美子　作曲／小杉保夫
編曲／多田三洋

16/17/18 Yes！プリキュア5GoGo！ (2008)

OP「プリキュア5、フル・スロットル GO GO！」
歌／工藤真由 with ぷりきゅあ5　作詞／只野菜摘　作曲／間瀬公司　編曲／家原正樹

ED「手と手つないでハートもリンク!!」
歌／宮本佳那子 コーラス：ヤング・フレッシュ　作詞／青木久美子　作曲／岩切芳郎
編曲／籠島裕昌、亀山耕一郎

11 ふたりはプリキュア Splash☆Star (2006)

ED「ガンバランスdeダンス」
歌／五條真由美 with フラッピ&チョッピーズ　作詞／青木久美子　作曲／小杉保夫
編曲／家原正樹

12/13/14 Yes！プリキュア5 (2007)

OP「プリキュア5、スマイル go go！」
歌／工藤真由　コーラス：ヤング・フレッシュ with mayumi &yuka
作詞／只野菜摘　作曲／岩切芳郎　編曲／家原正樹

ED「キラキラしちゃって My True Love！」
歌／宮本佳那子　作詞／佐々木美和　作曲／marhy　編曲／久保田光太郎＋marhy

21 通常盤／MJCD-23066

20 通常盤／MJCD-23059

19 通常盤／MJCD-23048

24 通常盤／MJCD-23080

23 再販CD＋DVD／MJSS-09026～7
※前期OP＆EDも収録

22 再販通常盤／MJSS-09028
※前期OP＆EDも収録

27 再販CD＋DVD盤／MJSS-09029～30
※後期EDも収録

26 再販通常盤／MJSS-09031
※後期EDも収録

25 CD＋DVD盤／MJCD-23079

21/22/23 フレッシュプリキュア！(2009)

OP「Let's！フレッシュプリキュア！～Hybrid ver.～」
歌／茂家瑞季　作詞／六ツ見純代　作曲／高取ヒデアキ　編曲／亀山耕一郎、村田 昭

ED「H@ppy Together!!!」
歌／林 桃子　作詞／六ツ見純代　作曲／marhy　編曲／村田 昭、marhy

24/25/26/27 ハートキャッチプリキュア！(2010)

OP「Alright！ハートキャッチプリキュア！」
歌／池田 彩　作詞／六ツ見純代　作曲／高取ヒデアキ　編曲／籠島裕昌

ED「ハートキャッチ☆パラダイス」
歌／工藤真由　作詞／六ツ見純代　作曲／marhy　編曲／久保田光太郎

19 Yes！プリキュア5GoGo！(2008)

ED「ガンバランスdeダンス～希望のリレー～」
歌／キュア・カルテット（五條真由美、うちやえゆか、工藤真由、宮本佳那子）
作詞／青木久美子　作曲／小杉保夫　編曲／籠島裕昌

20 フレッシュプリキュア！(2009)

OP「Let's！フレッシュプリキュア！」
歌／茂家瑞季　作詞／六ツ見純代　作曲／高取ヒデアキ　編曲／亀山耕一郎

ED「You make me happy！」
歌／林 桃子　作詞／六ツ見純代　作曲／marhy　編曲／亀山耕一郎

30 通常盤／MJSS-09003

29 CD＋DVD盤／MJCD-23089

28 通常盤／MJCD-23090

33 CD＋DVD盤／MJSS-09054～5

32 通常盤／MJSS-09056

31 CD＋DVD盤／MJSS-09001～2

36 通常盤／MJSS-09085

35 CD＋DVD盤／MJSS-09071～2

34 通常盤／MJSS-09073

32/33 スイートプリキュア♪ (2011)

OP「ラ♪ラ♪ラ♪スイートプリキュア♪ ～∞UNLIMITED∞ ver.～」
歌／工藤真由　作詞／六ツ見純代　作曲／marhy　編曲／久保田光太郎

ED「♯キボウレインボウ♯」
歌／池田 彩　作詞／六ツ見純代　作曲／山崎 燿　編曲／Mine Chang

34/35 スマイルプリキュア！ (2012)

OP「Let's go！スマイルプリキュア！」
歌／池田 彩　作詞／六ツ見純代　作曲／高取ヒデアキ　編曲／籠島裕昌

ED「イェイ！イェイ！イェイ！」
歌／吉田仁美　作詞／実ノ里　作曲／高取ヒデアキ　編曲／斎藤悠弥

28/29 ハートキャッチプリキュア！ (2010)

ED「Tomorrow Song ～あしたのうた～」
歌／工藤真由　作詞／六ツ見純代　作曲／高取ヒデアキ　編曲／籠島裕昌

30/31 スイートプリキュア♪ (2011)

OP「ラ♪ラ♪ラ♪スイートプリキュア♪」
歌／工藤真由　作詞／六ツ見純代　作曲／marhy　編曲／久保田光太郎

ED「ワンダフル↑パワフル↑ミュージック!!」
歌／池田 彩　作詞／六ツ見純代　作曲／高取ヒデアキ　編曲／籠島裕昌

39 CD＋DVD盤／MJSS-09094～5

38 通常盤／MJSS-09096

37 CD＋DVD盤／MJSS-09083～4

42 通常盤／MJSS-09116

41 CD＋DVD盤／MJSS-09104～5

40 通常盤／MJSS-09106

45 CD＋DVD盤／MJSS-09131～2

44 通常盤／MJSS-09133

43 CD＋DVD盤／MJSS-09114～5

42/43 ハピネスチャージプリキュア！(2014)

OP「ハピネスチャージプリキュア！ WOW！」
歌／仲谷明香　作詞／青木久美子　作曲／小杉保夫　編曲／大石憲一郎

ED「プリキュア・メモリ」
歌／吉田仁美　作詞／只野菜摘　作曲／小杉保夫　編曲／Dr.Usui

44/45 ハピネスチャージプリキュア！(2014)

ED「パーティ ハズカム」
歌／吉田仁美　作詞／只野菜摘　作曲／ヒザシ　編曲／古川貴浩

36/37 スマイルプリキュア！(2012)

ED「満開＊スマイル！」
歌／吉田仁美　作詞／六ツ見純代　作曲／高取ヒデアキ　編曲／籠島裕昌

38/39 ドキドキ！プリキュア(2013)

OP「Happy Go Lucky！ドキドキ！プリキュア」
歌／黒沢ともよ　作詞／藤林聖子　作曲／清岡千穂　編曲／池田大介

ED「この空の向こう」
歌／吉田仁美　作詞／利根川貴之　作曲／Dr.Usui　編曲／Dr.Usui、利根川貴之

40/41 ドキドキ！プリキュア(2013)

ED「ラブリンク」
歌／吉田仁美　作詞／利根川貴之　作曲／Dr.Usui　編曲／Dr.Usui & Wicky.Recordings

48 通常盤／MJSS-09157

47 CD＋DVD盤／MJSS-09137～8

46 通常盤／MJSS-09139

51 CD＋DVD盤／MJSS-09169～70

50 通常盤／MJSS-09171

49 CD＋DVD盤／MJSS-09155～6

54 通常盤／MJSS-09186

53 CD＋DVD盤／MJSS-09179～80

52 通常盤／MJSS-09181

52/53 魔法つかいプリキュア！(2016)

OP「Dokkin◇魔法つかいプリキュア！Part2」
歌／北川理恵　作詞／森 雪之丞　作曲／奥村愛子　編曲／中村 博

ED「魔法アラ・ドーモ！」
歌／キュアミラクル(CV 高橋李依)、キュアマジカル(CV 堀江由衣)、キュアフェリーチェ(CV 早見沙織)　作詞／只野菜摘　作曲／前山田健一　編曲／サイトウヨシヒロ

54/55 キラキラ☆プリキュアアラモード(2017)

OP「SHINE!! キラキラ☆プリキュアアラモード」
歌／駒形友梨　作詞／大森祥子　作曲／大竹智之　編曲／大竹智之

ED「レッツ・ラ・クッキン☆ショータイム」
歌／宮本佳那子　作詞／Nostalgic Orchestra　作曲／Nostalgic Orchestra
編曲／Nostalgic Orchestra

46/47 Go！プリンセスプリキュア(2015)

OP「Miracle Go！プリンセスプリキュア」
歌／礒部花凜　作詞／大森祥子　作曲／渡辺亮希　編曲／渡辺亮希、池田大介

ED「ドリーミング☆プリンセスプリキュア」
歌／北川理恵　作詞／マイクスギヤマ　作曲／山本清香　編曲／多田彰文

48/49 Go！プリンセスプリキュア(2015)

ED「夢は未来への道」
歌／北川理恵　作詞／マイクスギヤマ　作曲／石塚玲依　編曲／石塚玲依

50/51 魔法つかいプリキュア！(2016)

OP「Dokkin◇魔法つかいプリキュア！」
歌／北川理恵　作詞／森雪之丞　作曲／奥村愛子　編曲／宮崎 誠

ED「CURE UP↑RA♡PA☆PA！～ほほえみになる魔法～」
歌／キュアミラクル(CV 高橋李依)、キュアマジカル(CV 堀江由衣)
作詞／六ツ見純代　作曲／多田彰文　編曲／中村 博

57 CD＋DVD盤／MJSS-09203～4

56 通常盤／MJSS-09205

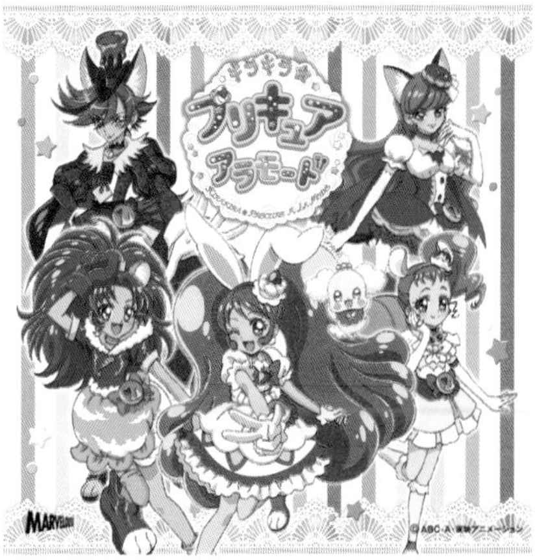

55 CD＋DVD盤／MJSS-09184～5

60 通常盤／MJSS-09224

59 CD＋DVD盤／MJSS-09214～5

58 通常盤／MJSS-09216

63 CD＋DVD盤／MJSS-09232

62 通常盤／MJSS-09234

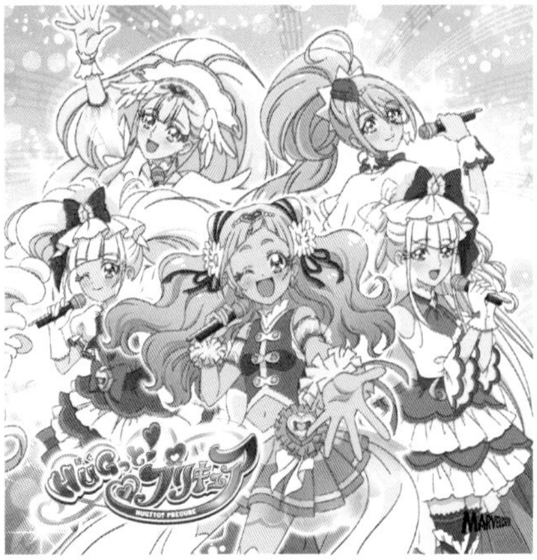

61 CD＋DVD盤／MJSS-09222～3

60/61 HUGっと！プリキュア (2018)

ED「HUGっと！YELL FOR YOU」
歌／キュアエール（CV 引坂理絵）、キュアアンジュ（CV 本泉莉奈）、キュアエトワール（CV 小倉 唯）、キュアマシェリ（CV 田村奈央）、キュアアムール（CV 田村ゆかり）
作詞／六ツ見純代　作曲／KOH　編曲／KOH

62/63 スター☆トゥインクルプリキュア (2019)

OP「キラリ☆彡スター☆トゥインクルプリキュア」
歌／北川理恵　作詞／藤本記子（Nostalgic Orchestra）
作曲／藤本記子（Nostalgic Orchestra）　編曲／福富雅之（Nostalgic Orchestra）

ED「パペピプ☆ロマンチック」
歌／吉武千颯　作詞／高瀬愛虹　作曲／田村信二　編曲／草野よしひろ、田村信二

56/57 キラキラ☆プリキュアアラモード (2017)

ED「シュビドゥビ☆スイーツタイム」
歌／宮本佳那子　作詞／R・O・N　作曲／R・O・N　編曲／R・O・N

58/59 HUGっと！プリキュア (2018)

OP「We can!! HUGっと！プリキュア」
歌／宮本佳那子　作詞／藤本記子（Nostalgic Orchestra）
作曲／福富雅之（Nostalgic Orchestra）　編曲／福富雅之（Nostalgic Orchestra）

ED「HUGっと！未来☆ドリーマー」
歌／キュアエール（CV 引坂理絵）、キュアアンジュ（CV 本泉莉奈）、キュアエトワール（CV 小倉 唯）
作詞／ミズノゲンキ　作曲／睦月周平　編曲／睦月周平

66 通常盤／MJSS-09254

65 CD＋DVD盤／MJSS-09241～2

64 通常盤／MJSS-09243

69 CD＋DVD盤／MJSS-09256～7

68 通常盤／MJSS-09258

67 CD＋DVD盤／MJSS-09252～3

72 通常盤／MJSS-09297

71 CD＋DVD盤／MJSS-09288～9

70 通常盤／MJSS-09290

70/71 トロピカル～ジュ！プリキュア (2021)

OP「Viva！Spark！トロピカル～ジュ！プリキュア」
歌／Machico　作詞／大森祥子　作曲／EFFY　編曲／EFFY

ED「トロピカ I・N・G」
歌／吉武千颯　作詞／こだまさおり　作曲／馬瀬みさき　編曲／馬瀬みさき

72/73 トロピカル～ジュ！プリキュア (2021)

ED「あこがれ Go My Way!!」
歌／北川理恵、吉武千颯　作詞／こだまさおり　作曲／馬瀬みさき、堀本 陸
編曲／馬瀬みさき、堀本 陸

64/65 スター☆トゥインクルプリキュア (2019)

ED「教えて…！トゥインクル☆」
歌／吉武千颯　作詞／MUTEKI DEAD SNAKE　作曲／MUTEKI DEAD SNAKE　編曲／生田真心

66/67 ヒーリングっど♥プリキュア (2020)

OP「ヒーリングっど♥プリキュア Touch!!」
歌／北川理恵　作詞／こだまさおり　作曲／高取ヒデアキ　編曲／籠島裕昌

ED「ミラクルっと♥Link Ring！」
歌／Machico　作詞／eNu　作曲／大橋莉子　編曲／KOH

68/69 ヒーリングっど♥プリキュア (2020)

ED「エビバディ☆ヒーリングッデイ！」
歌／宮本佳那子　作詞／藤本記子　作曲／ANDW　編曲／立山秋航

75 CD＋DVD盤／MJSS-09316～7

74 通常盤／MJSS-09318

73 CD＋DVD盤／MJSS-09295～6

78 通常盤／MJSS-09339

77 CD＋DVD盤／MJSS-09319～20

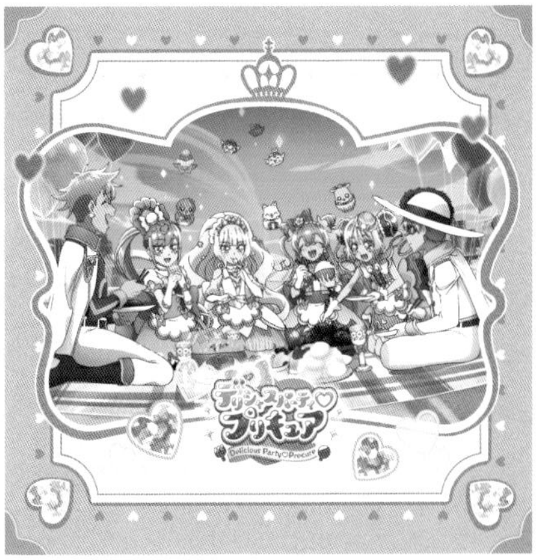

76 通常盤／MJSS-09321

81 CD+DVD盤／MJSS-09342～3

80 通常盤／MJSS-09344

79 CD＋DVD盤／MJSS-09337～8

78/79 ひろがるスカイ！プリキュア (2023)

OP「ひろがるスカイ！プリキュア ～Hero Girls～」
歌／石井あみ　作詞／青木久美子　作曲／森 いづみ　編曲／森 いづみ

ED「ヒロガリズム」
歌／石井あみ、吉武千颯　作詞／六ツ見純代　作曲／ハマダコウキ　編曲／ハマダコウキ

80/81 ひろがるスカイ！プリキュア (2023)

OP「Dear Shine Sky」
歌／吉武千颯　作詞／大森祥子　作曲／ハマダコウキ　編曲／ハマダコウキ

ED「ヒロガリズム ～ Precure Quartetto Ver. ～」
歌／キュアスカイ(CV 関根明良)＆キュアプリズム(CV 加隈亜衣)＆キュアウイング(CV 村瀬 歩)＆キュアバタフライ(CV 七瀬彩夏)
作詞／六ツ見純代　作曲／ハマダコウキ　編曲／ハマダコウキ

74/75 デリシャスパーティ♡プリキュア (2022)

OP「Cheers！デリシャスパーティ♡プリキュア」
歌／Machico　作詞／マイクスギヤマ　作曲／馬瀬みさき　編曲／馬瀬みさき

ED「DELICIOUS HAPPY DAYS♪」
歌／吉武千颯　作詞／こだまさおり　作曲／ヒゲドライバー　編曲／ヒゲドライバー

76/77 デリシャスパーティ♡プリキュア (2022)

ED「ココロデリシャス」
歌／佐々木李子　作詞／こだまさおり　作曲／森 いづみ　編曲／森 いづみ

TITLE

ふたりはプリキュア

STORY

大きな反響を呼んだ記念すべき第1作

記念すべき『プリキュア』シリーズの第1作。スポーツ万能で正義感が強い美墨なぎさと、成績優秀だが少し天然なところがある雪城ほのかが、地球に逃れてきたメップルとミップルに出会い、変身能力を授けられるところから物語の幕が開く。女の子を主人公にしたヒーローものという企画は大きな反響を呼び、テレビで高視聴率を記録した他、関連グッズもヒット。シリーズ化されることになる。

DATA

放送期間	2004年2月1日～2005年1月30日
話数	全49話
シリーズディレクター	西尾大介
シリーズ構成	川崎 良
キャラクターデザイン	稲上 晃
音楽	佐藤直紀
美術デザイン	行 信三
色彩設計	沢田豊二
キャスト	美墨なぎさ(キュアブラック)＝本名陽子
	雪城ほのか(キュアホワイト)＝ゆかな
	メップル＝関 智一
	ミップル＝矢島晶子

TITLE

ふたりはプリキュア Max Heart

STORY

シャイニールミナスを仲間に加えた続編

なぎさとほのかは、ベローネ学院中等部の3年生に進級。さらに新プリキュアとして、シャイニールミナス／九条ひかりが加わった続編。シリーズディレクターの西尾大介をはじめ、メインスタッフは前作から引き続き登板。先の戦いで傷つき、分裂してしまったクイーンを元の姿に戻すため、なぎさたちは再び目覚めたメップルやミップル、そしてポルンとともに闇の力・ザケンナーと戦うことになる。

DATA

放送期間	2005年2月6日～2006年1月29日
話数	全47話
シリーズディレクター	西尾大介
シリーズ構成	川崎 良
キャラクターデザイン	稲上 晃
音楽	佐藤直紀
美術デザイン	行 信三
色彩設計	沢田豊二
キャスト	美墨なぎさ(キュアブラック)＝本名陽子
	雪城ほのか(キュアホワイト)＝ゆかな
	九条ひかり(シャイニールミナス)＝田中理恵
	メップル＝関 智一
	ミップル＝矢島晶子
	ポルン＝池澤春菜

TITLE

ふたりはプリキュア Splash☆Star

STORY

メインキャラクターを一新した新シリーズ

メインキャラクターを一新するという、当時としては画期的な手法で制作された3作目。夕凪中学校に通う2年生・日向咲と、同じ中学校に転入してきた美翔舞。ふたりは9歳の頃、一緒に不思議な体験をしていた……。さらに泉の郷からやって来た妖精のフラッピとチョッピに出会ったことで、伝説の戦士・プリキュアへと変身。世界樹と7つの泉を取り戻すべく、ふたりは邪悪な力に立ち向かうことに。

DATA

放送期間	2006年2月5日～2007年1月28日
話数	全49話
シリーズディレクター	小村敏明
シリーズ構成	長津晴子、成田良美(第14話～)
キャラクターデザイン	稲上 晃
音楽	佐藤直紀
美術デザイン	行 信三
色彩設計	沢田豊二
キャスト	日向 咲(キュアブルーム)＝樹元オリエ
	美翔 舞(キュアイーグレット)＝榎本温子
	フラッピ＝山口勝平
	チョッピ＝松来未祐

TITLE

Yes！プリキュア5

STORY

シリーズの方向性を決定づけたヒット作

タイトルから「ふたり」の文言が外れ、これまでのコンビから5人体制のチームアクションへと方向転換を図った4作目。サンクルミエール学園に通う中学2年生・夢原のぞみはある日、図書館で「ドリームコレット」という不思議な本を発見。パルミエ王国からやって来た妖精・ココとナッツ、そして個性豊かな4人の仲間とともに、パルミエ王国復興のため、悪の組織・ナイトメアに立ち向かう。

DATA

放送期間	2007年2月4日～2008年1月27日
話数	全49話
シリーズディレクター	小村敏明
シリーズ構成	成田良美
キャラクターデザイン	川村敏江
音楽	佐藤直紀
美術デザイン	行 信三
色彩設計	沢田豊二
キャスト	夢原のぞみ(キュアドリーム)＝三瓶由布子
	夏木りん(キュアルージュ)＝竹内順子
	春日野うらら(キュアレモネード)＝伊瀬茉莉也
	秋元こまち(キュアミント)＝永野 愛
	水無月かれん(キュアアクア)＝前田 愛
	ココ＝草尾 毅
	ナッツ＝入野自由

TITLE

Yes!プリキュア5GoGo!

STORY

のぞみと仲間たちの新たな戦いを描く続編

ナイトメアとの戦いを終え、平和な日常を送るのぞみのもとに現れたのは、運び屋を名乗る少年・シロップ。フローラなる女性からの手紙を受け取ったのぞみと仲間たちは、そこに書かれた「キュアローズガーデン」という言葉を手がかりに、新たな組織・エターナルに戦いを挑む。前作の物語を引き継いだシリーズ第5作。新プリキュア・ミルキィローズを加えた6人の華麗な戦いぶりも見どころ。

DATA

放送期間	2008年2月3日～2009年1月25日
話数	全48話
シリーズディレクター	小村敏明
シリーズ構成	成田良美
キャラクターデザイン	川村敏江
音楽	佐藤直紀
美術デザイン	行 信三
色彩設計	沢田豊二
キャスト	夢原のぞみ(キュアドリーム)＝三瓶由布子
	夏木りん(キュアルージュ)＝竹内順子
	春日野うらら(キュアレモネード)＝伊瀬茉莉也
	秋元こまち(キュアミント)＝永野 愛
	水無月かれん(キュアアクア)＝前田 愛
	ミルク(ミルキィローズ)＝仙台エリ
	ココ＝草尾 毅
	ナッツ＝入野自由
	シロップ＝朴璐美

TITLE

フレッシュプリキュア!

STORY

シリーズに新たな風を吹き込んだ意欲作

ダンスやファッションといった要素を盛り込むなど、まさしく「フレッシュ」な感覚を前面に押し出した6作目。全世界の支配・統制を目論む管理国家・ラビリンスの野望を挫くべく、プリキュアの力に目覚めた桃園ラブたちが華麗に戦う。シリーズ中盤で、ラビリンスの幹部・イースがプリキュアに覚醒するという熱い展開も話題に。また、シリーズで初めてエンディングの映像に3DCGが採用された。

DATA

放送期間	2009年2月1日～2010年1月31日
話数	全50話
シリーズディレクター	志水淳児(第16話以降は座古明史との連名)
シリーズ構成	前川 淳
キャラクターデザイン	香川 久
音楽	高梨康治
美術デザイン	行 信三
色彩設計	佐久間ヨシ子
キャスト	桃園ラブ(キュアピーチ)＝沖 佳苗
	蒼乃美希(キュアベリー)＝喜多村英梨
	山吹祈里(キュアパイン)＝中川亜紀子
	東せつな(キュアパッション)＝小松由佳
	シフォン＝こおろぎさとみ
	タルト＝松野太紀
	カオルちゃん＝前田 健

TITLE

ハートキャッチプリキュア!

STORY

花とファッションをモチーフにした人気作

植物を愛する引っ込み思案な中学2年生・花咲つぼみと、同じ学校に通う明るくポジティブなファッション部の部長・来海えりか。こころの大樹の妖精・シプレとコフレの力を借り、プリキュアへと変身するふたりと仲間たちの活躍を描く7作目。地球と人類のこころを砂漠化しようと目論む、砂漠の使徒の総指揮官・サバーク博士やダークプリキュアといった敵陣営のキャラクターも魅力的だ。

DATA

放送期間	2010年2月7日～2011年1月30日
話数	全49話
シリーズディレクター	長峯達也
シリーズ構成	山田隆司
キャラクターデザイン	馬越嘉彦
音楽	高梨康治
美術デザイン	増田竜太郎
色彩設計	佐久間ヨシ子
キャスト	花咲つぼみ(キュアブロッサム)=水樹奈々
	来海えりか(キュアマリン)=水沢史絵
	明堂院いつき(キュアサンシャイン)=桑島法子
	月影ゆり(キュアムーンライト)=久川 綾
	シプレ=川田妙子
	コフレ=くまいもとこ
	ポプリ=菊池こころ

TITLE

スイートプリキュア♪

STORY

音楽の要素を散りばめて友情をめぐる物語が展開

「音楽」をメインモチーフに据えたシリーズ8作目。小さな頃から一緒に育った北条響と南野奏だが、最近はなぜか顔を合わせるとケンカをしてばかり。そんなふたりのもとに、音楽の国・メイジャーランドの可愛い妖精・ハミィが現れるところから物語の幕が開く。プリキュアの名前や武器など、随所に音楽のモチーフが使われ、シリーズの途中から登場する謎の仮面プリキュアの存在も話題に。

DATA

放送期間	2011年2月6日～2012年1月29日
話数	全48話
シリーズディレクター	境 宗久
シリーズ構成	大野敏哉
キャラクターデザイン	高橋 晃
音楽	高梨康治
美術デザイン	増田竜太郎
色彩設計	佐久間ヨシ子
キャスト	北条 響(キュアメロディ)=小清水亜美
	南野 奏(キュアリズム)=折笠富美子
	黒川エレン(キュアビート)=豊口めぐみ
	調辺アコ(キュアミューズ)=大久保瑠美
	ハミィ =三石琴乃

TITLE

スマイルプリキュア!

STORY

バッドエンドに立ち向かう5人の笑顔が魅力の一作

タイトルにも掲げられている「笑顔」をテーマに、『Yes!プリキュア5』以来5年ぶりにプリキュア5人体制となった9作目。伝説の戦士・プリキュアを探すため、おとぎの国・メルヘンランドからやって来た妖精・キャンディが出会ったのは中学2年生の星空みゆき。彼女は個性的な仲間たちとともに、明るく元気な世界をバッドエンドにしようとする悪の皇帝・ピエーロから人々を守ることになる。

DATA

放送期間	2012年2月5日～2013年1月27日
話数	全48話
シリーズディレクター	大塚隆史
シリーズ構成	米村正二
キャラクターデザイン	川村敏江
音楽	高梨康治
美術デザイン	増田竜太郎
色彩設計	佐久間ヨシ子
キャスト	星空みゆき（キュアハッピー）＝福圓美里 日野あかね（キュアサニー）＝田野アサミ 黄瀬やよい（キュアピース）＝金元寿子 緑川なお（キュアマーチ）＝井上麻里奈 青木れいか（キュアビューティ）＝西村ちなみ キャンディ＝大谷育江 ポップ＝阪口大助

TITLE

ドキドキ!プリキュア

STORY

文武両道なマナと仲間たちの大活躍

しっかり者の生徒会長・相田マナと親友の菱川六花、幼なじみの四葉ありす、そしてトランプ王国からやって来た剣崎真琴。トランプをモチーフにしたプリキュアたちが、謎の勢力・ジコチューに立ち向かうシリーズ10作目。シリーズ中盤から登場する5人目のプリキュア・円亜久里やアイちゃん、キングジコチューの娘を名乗るレジーナなど、魅力的なキャラクターたちが物語を盛り上げる。

DATA

放送期間	2013年2月3日～2014年1月26日
話数	全49話
シリーズディレクター	古賀 豪
シリーズ構成	山口亮太
キャラクターデザイン	高橋 晃
音楽	高木 洋
美術デザイン	増田竜太郎
色彩設計	佐久間ヨシ子
キャスト	相田マナ（キュアハート）＝生天目仁美 菱川六花（キュアダイヤモンド）＝寿 美菜子 四葉ありす（キュアロゼッタ）＝渕上 舞 剣崎真琴（キュアソード）＝宮本佳那子 円 亜久里（キュアエース）＝釘宮理恵 シャルル＝西原久美子 ラケル＝寺崎裕香 ランス＝大橋彩香 ダビィ＝内山夕実 アイちゃん＝今井由香

TITLE

ハピネスチャージプリキュア!

STORY

世界のプリキュアも登場した10周年記念作

「おしゃれ」をモチーフに、愛乃めぐみ／キュアラブリー＆白雪ひめ／キュアプリンセスたちの戦いを描く11作目。世界各地で活躍するプリキュアたちも登場し、物語を盛り上げた。また、シリーズ10周年を記念して、オープニングには歴代プリキュアからのメッセージがオンエア（第34話まで）。最終回のエンディング後に次作のプリキュアとのバトンタッチシーンが用意されたのも、本作が初。

DATA

放送期間	2014年2月2日～2015年1月25日
話数	全49話
シリーズディレクター	長峯達也
シリーズ構成	成田良美
キャラクターデザイン	佐藤雅将
音楽	高木 洋
美術デザイン	増田竜太郎
色彩設計	佐久間ヨシ子
キャスト	愛乃めぐみ（キュアラブリー）＝中島 愛
	白雪ひめ（キュアプリンセス）＝潘 めぐみ
	大森ゆうこ（キュアハニー）＝北川里奈
	氷川いおな（キュアフォーチュン）＝戸松 遥
	リボン＝松井菜桜子
	ぐらさん＝小堀 幸

TITLE

Go!プリンセスプリキュア

STORY

プリンセスをモチーフに華やかな物語が展開

幼少期にカナタという男の子と出会い、夢をあきらめないと約束した女の子・春野はるか。キュアフローラへと変身する力を手に入れた彼女と、個性豊かな仲間たちの活躍を追うシリーズ12作目。「プリンセス」をコンセプトにしているだけに、コスチュームはお姫様風のドレス。「夢」をテーマに、人々を絶望に閉じ込めようとするディスダークと戦うプリキュアたちの姿が華やかに描き出される。

DATA

放送期間	2015年2月1日～2016年1月31日
話数	全50話
シリーズディレクター	田中裕太
シリーズ構成	田中 仁
キャラクターデザイン	中谷友紀子
音楽	高木 洋
美術デザイン	増田竜太郎
色彩設計	佐久間ヨシ子
キャスト	春野はるか（キュアフローラ）＝嶋村 侑
	海藤みなみ（キュアマーメイド）＝浅野真澄
	天ノ川きらら（キュアトゥインクル）＝山村 響
	紅城トワ（キュアスカーレット）＝沢城みゆき
	パフ＝東山奈央
	アロマ＝古城門志帆

TITLE

魔法つかいプリキュア!

STORY

魔法界と人間界を舞台に繰り広げられる第13作

魔法界からやって来た魔法つかいの少女・十六夜リコと、好奇心旺盛な中学2年生・朝日奈みらいの出会いから始まる、シリーズ13作目。魔法界をメインに据えた前半（第21話まで）と人間界を舞台にした後半に分かれており、それぞれ敵となる組織も異なるという仕掛けも。キュアミラクルとキュアマジカルには変身フォームが4種類ずつ用意され、スタイルによる戦い方の違いも見どころのひとつ。

DATA

放送期間	2016年2月7日～2017年1月29日
話数	全50話
シリーズディレクター	三塚雅人
シリーズ構成	村山 功
キャラクターデザイン	宮本絵美子
音楽	高木 洋
美術デザイン	増田竜太郎
色彩設計	佐久間ヨシ子
キャスト	朝日奈みらい（キュアミラクル）＝高橋李依
	十六夜リコ（キュアマジカル）＝堀江由衣
	花海ことは（キュアフェリーチェ）＝早見沙織
	モフルン＝齋藤彩夏

TITLE

キラキラ☆プリキュアアラモード

STORY

スイーツと動物をコンセプトにした意欲作

スイーツが大好きな中学2年生・宇佐美いちかから、個性豊かな6人の女の子たちが、想いが込められたスイーツに宿るエネルギー・キラキラルを狙う闇の存在・ノワール率いる謎の集団に立ち向かうシリーズ第14作。プリキュアたちのデザインモチーフは、スイーツと動物。作品のコンセプトに合わせて、次回予告後に劇中に登場するお菓子の作り方を紹介するミニコーナーも放送された。

DATA

放送期間	2017年2月5日～2018年1月28日
話数	全49話
シリーズディレクター	暮田公平、貝澤幸男
シリーズ構成	田中 仁
キャラクターデザイン	井野真理恵
音楽	林ゆうき
美術デザイン	飯野敏典
色彩設計	佐久間ヨシ子
キャスト	宇佐美いちか（キュアホイップ）＝美山加恋
	有栖川ひまり（キュアカスタード）＝福原 遥
	立神あおい（キュアジェラート）＝村中 知
	琴爪ゆかり（キュアマカロン）＝藤田 咲
	剣城あきら（キュアショコラ）＝森 なな子
	キラ星シエル（キュアパルフェ）＝水瀬いのり
	ペコリン＝かないみか

TITLE

HUGっと!プリキュア

STORY

不思議な赤ちゃんと繰り広げられる大冒険

「子育て」をテーマに、空から降ってきた不思議な赤ちゃん・はぐたんと出会った野乃はな／キュアエールと仲間たちの活躍を描いた15作目。ブラック企業をモチーフにしたと思しき敵の組織・クライアス社の存在もユニーク。また、シリーズ15周年を記念して、本編中に初代プリキュアのふたりの他、キュアドリームら歴代のプリキュアが登場。キュアエールたちと共闘したことも話題を呼んだ。

DATA

放送期間	2018年2月4日〜2019年1月27日
話数	全49話
シリーズディレクター	佐藤順一、座古明史
シリーズ構成	坪田 文
キャラクターデザイン	川村敏江
音楽	林ゆうき
美術デザイン	西田 渚
色彩設計	佐久間ヨシ子
キャスト	野乃はな（キュアエール）＝引坂理絵 薬師寺さあや（キュアアンジュ）＝本泉莉奈 輝木ほまれ（キュアエトワール）＝小倉 唯 愛崎えみる（キュアマシェリ）＝田村奈央 ルールー・アムール（キュアアムール）＝田村ゆかり はぐたん＝多田このみ ハリハム・ハリー＝野田順子、福島 潤

TITLE

スター☆トゥインクルプリキュア

STORY

80年代風のポップなビジュアルが魅力の一作

宇宙と星座が大好きな中学2年生・星奈ひかるが、宇宙人の少女・ララと出会ったところから始まる第16作。これまで女児向け作品ではあまり扱われてこなかった「宇宙」をモチーフに据え、1980年代を意識したファンシーな世界観、歌を取り入れた変身シーンなど、ユニークな趣向を凝らしたシリーズに。未知の世界への好奇心や多様性といったテーマをいきいきと描いたストーリーも魅力。

DATA

放送期間	2019年2月3日〜2020年1月26日
話数	全49話
シリーズディレクター	宮元宏彰
シリーズ構成	村山 功
キャラクターデザイン	高橋 晃
音楽	林ゆうき、橘麻美
美術デザイン	増田竜太郎、いいだりえ
色彩設計	佐久間ヨシ子
キャスト	星奈ひかる（キュアスター）＝成瀬瑛美 羽衣ララ（キュアミルキー）＝小原好美 天宮えれな（キュアソレイユ）＝安野希世乃 香久矢まどか（キュアセレーネ）＝小松未可子 ユニ（キュアコスモ）＝上坂すみれ フワ＝木野日菜 プルンス＝吉野裕行

TITLE

ヒーリングっど♥プリキュア

STORY

癒しや絆をテーマにしたハートウォーミング作

「絆」や「思いやり」といったテーマを掲げ、「地球のお医者さん」をモチーフに据えたシリーズ17作目。幼少期に長期間入院をしていたことがあり、芯が強くていつも前向きな花寺のどか、そして彼女のクラスメイトである沢泉ちゆ、平光ひなたらがヒーリングアニマルと手をつないでプリキュアに変身。大切な地球とすべての生命を守るため、地球をむしばむビョーゲンズに立ち向かうことに。

DATA

放送期間	2020年2月2日～2021年2月21日
話数	全45話
シリーズディレクター	池田洋子
シリーズ構成	香村純子
キャラクターデザイン	山岡直子
音楽	寺田志保
美術デザイン	西田 渚、今井美樹 (第24話以降は西田 渚、いいだりえ)
色彩設計	坂入希代美
キャスト	花寺のどか(キュアグレース)＝悠木 碧 沢泉ちゆ(キュアフォンテーヌ)＝依田菜津 平光ひなた(キュアスパークル)＝河野ひより 風鈴アスミ(キュアアース)＝三森すずこ ラビリン＝加隈亜衣 ペギタン＝武田 華 ニャトラン＝金田アキ ラテ＝白石晴香

TITLE

トロピカル～ジュ！プリキュア

STORY

海と青空、そして人魚！ 元気いっぱいに弾ける一作

プリキュアとしては比較的珍しい白＆レインボーカラーのコスチュームに身を包んだキュアサマー／夏海まなつが、人魚の国・グランオーシャンからやって来たローラと出会うところから幕を開ける第18作。「海」と「コスメ」をモチーフにした本作のテーマは「いま一番大事なことをやろう！」。明るく笑える作品を目指したというだけあって、ギャグシーンも盛りだくさんで元気がもらえる一作に。

DATA

放送期間	2021年2月28日～2022年1月30日
話数	全46話
シリーズディレクター	土田 豊
シリーズ構成	横谷昌宏
キャラクターデザイン	中谷友紀子
音楽	寺田志保
美術デザイン	今井美紀
色彩設計	柳澤久美子
キャスト	夏海まなつ(キュアサマー)＝ファイルーズあい 涼村さんご(キュアコーラル)＝花守ゆみり 一之瀬みのり(キュアパパイア)＝石川由依 滝沢あすか(キュアフラミンゴ)＝瀬戸麻沙美 ローラ(キュアラメール)＝日高里菜 くるるん＝田中あいみ

TITLE

デリシャスパーティ♡プリキュア

STORY

脇役陣の活躍も光る笑顔いっぱいの第19作

世界中の料理が集まるおいしーなタウンを舞台に、食事や料理といった「ごはん」をモチーフに据えた19作目。「ごはんは笑顔」をキーワードに、キュアプレシャス／和実ゆいとキュアスパイシー／芙羽ここね、キュアヤムヤム／華満らんたちプリキュアのハートウォーミングなストーリーが展開。プリキュアを見守るローズマリーら、脇を固める個性豊かなキャラクター陣の活躍も見どころ。

DATA

放送期間	2022年2月6日～2023年1月29日
話数	全45話
シリーズディレクター	深澤敏則
シリーズ構成	平林佐和子
キャラクターデザイン	油布京子
音楽	寺田志保
美術デザイン	増田竜太郎
チーフ美術	いいだりえ
色彩設計	清田直美
キャスト	和実ゆい（キュアプレシャス）＝菱川花菜
	芙羽ここね（キュアスパイシー）＝清水理沙
	華満らん（キュアヤムヤム）＝井口裕香
	菓彩あまね（キュアフィナーレ）＝茅野愛衣
	コメコメ＝高森奈津美
	パムパム＝日岡なつみ
	メンメン＝半場友恵

TITLE

ひろがるスカイ！プリキュア

STORY

ヒーローをテーマにしたシリーズ20周年記念作

果てしなく広がる「空」をモチーフに据え、「ヒーロー」をテーマに掲げた通算20作目。天空の世界・スカイランドと豊かな自然に囲まれたソラシド市のふたつの都市を舞台に、キュアスカイ＆キュアプリズムたちが活躍。プニバード族の男の子・夕凪ツバサが変身するキュアウィングの登場も話題を呼んだ。また、シリーズ20周年を記念して、エンディングの冒頭に歴代のプリキュアが登場する演出も。

DATA

放送期間	2023年2月5日～
話数	―
シリーズディレクター	小川孝治
シリーズ構成	金月龍之介
キャラクターデザイン	斎藤敦史
音楽	深澤恵梨香
美術デザイン	今井美紀
チーフ美術	門口亜矢
色彩設計	柳澤久美子
キャスト	ソラ・ハレワタール（キュアスカイ）＝関根明良
	虹ヶ丘ましろ（キュアプリズム）＝加隈亜衣
	夕凪ツバサ（キュアウイング）＝村瀬 歩
	聖 あげは（キュアバタフライ）＝七瀬彩夏
	プリンセス・エル（キュアマジェスティ）＝古賀 葵

TITLE

映画ふたりはプリキュア Max Heart

STORY **プリキュア映画の出発点となった第1作**

7人の妖精に導かれて希望の園にやって来た、なぎさ、ほのか、ひかりは、プリキュアであることを見込まれ、エネルギー源のダイヤモンドラインを闇の世界の魔女から守ることに。憧れの藤P先輩そっくりだけど臆病な王子がいたり、女王役を工藤静香が演じたことも話題になったキュートでカラフルな一作。歓迎会のシーンでは、なぎさがチャイナドレス姿を披露するなど珍しい一幕も。

DATA

公開日時	2005年4月16日
上映時間	約70分
監督	志水淳児
脚本	羽原大介
キャラクターデザイン	稲上晃、爲我井克美
音楽	佐藤直紀
美術監督	行 信三
色彩設計	澤田豊二
ゲストキャスト	希望の園の女王＝工藤静香 魔女＝勝生真沙子

希望の園の女王

魔女

TITLE

映画ふたりはプリキュア Max Heart 2 雪空のともだち

STORY **なぎさとほのかの絆が問われた伝説の映画**

雪山へスキーにやって来た、なぎさたち。そこでひかりが不思議な卵を拾う。卵から孵った雛を「ひなた」と名付けて可愛がるひかり。すると闇の戦士フリーズンとフローズンが現れる。じつはひなたは雲の園に住まう鳳凰だった。心を操られたキュアブラックとキュアホワイトが同士討ちをするという衝撃の展開は公開当時から賛否両論を巻き起こし、今もファンの間で熱く語られる作品。

DATA

公開日時	2005年12月10日
上映時間	約71分
監督	志水淳児
脚本	成田良美
キャラクターデザイン	稲上晃、爲我井克美
音楽	佐藤直紀
美術監督	行 信三
色彩設計	澤田豊二
ゲストキャスト	フリーズン＝草尾 毅 フローズン＝檜山修之

フリーズン

フローズン

TITLE

映画ふたりはプリキュア Splash☆Star チクタク危機一髪！

STORY **プリキュアがふたりであることの意味**

些細な行き違いから喧嘩になってしまった咲と舞は、あらゆる世界の時間を作っている「時計の郷」に引きずり込まれてしまう。そこでは比類なき滅びの戦士サーロインが、時間を止めて世界を手に入れようとしていた。ふたりは仲直りの機会を逃したまま永遠の迷宮に閉じ込められ、バラバラに彷徨うことに。終盤、咲と舞が互いの想いを語りながら変身するシーンは必見の美しさ。

DATA

公開日時	2006年12月9日
上映時間	約50分
監督	志水淳児
脚本	成田良美
キャラクターデザイン	稲上 晃、為我井克美
音楽	佐藤直紀
美術監督	行 信三
色彩設計	澤田豊二
ゲストキャスト	アワーズ＝菊池正美 ミニッツ＝TARAKO サーロイン＝速水 奨

同時上映『デジモンセイバーズ THE MOVIE 究極パワー！バーストモード発動!!』

サーロイン

アワーズ

ミニッツ

TITLE

映画Yes!プリキュア5 鏡の国のミラクル大冒険!

STORY 映画館で一緒に応援。ミラクルライト登場

テーマパークに遊びに来た、のぞみたち。しかし、ココとナッツが偽物にすり替えられ、ふたりは鏡の国に拉致されてしまう。あとを追うのぞみたちの前に現れたのは、プリキュア5をもとに作られたダークプリキュアだった。迫力バトルと豪華ゲスト声優陣が話題になった一作。ダークドリーム役の西村ちなみとダークレモネード役の釘宮理恵は、後のシリーズでプリキュア役を演じることに。

DATA

公開日時	2007年11月10日
上映時間	約70分
監督	長峯達也
脚本	成田良美
キャラクターデザイン	川村敏江、爲我井克美
音楽	佐藤直紀
美術監督	行 信三
色彩設計	澤田豊二、佐久間ヨシ子
ゲストキャスト	ミギリン=たくや（ざ・たっち）
	ヒダリン=かずや（ざ・たっち）
	シャドウ=朴璐美

ヒダリン

ミギリン

シャドウ

TITLE

映画Yes!プリキュア5GoGo! お菓子の国のハッピーバースディ♪

STORY 甘いお菓子に隠されたドライでビターな罠

のぞみの誕生日にデザート王国の王女チョコラが現れ、みんなを招待するという。それは母親を人質にされたチョコラが仕方なくやったことだった。黒幕はムシバーンという謎の敵。プリキュアたちは離ればなれになり、その身体は次第にお菓子になっていく。一方、ひとり残されたキュアドリームの前には謎の仮面の戦士が現れる。迫力バトルは今回も健在で、クライマックスの剣劇は圧巻。

DATA

公開日時	2008年11月8日
上映時間	約71分
監督	長峯達也
脚本	成田良美
キャラクターデザイン	川村敏江、爲我井克美
音楽	佐藤直紀
美術監督	行 信三
色彩設計	佐久間ヨシ子
ゲストキャスト	チョコラ=川田妙子
	ムシバーン=大塚明夫

同時上映『ちょ～短編 プリキュアオールスターズ GoGoドリームライブ!』

ムシバーン

チョコラ

TITLE

映画プリキュアオールスターズDX みんなともだちっ☆奇跡の全員大集合!

STORY ついに実現した全プリキュア夢の共演

ダンスコンテストに参加するため、横浜にやって来たラブ、美希、祈里。そこへフュージョンという巨大な敵が現れ、街を飲み込んでいく。ピンチに陥ったキュアピーチたちのもとに駆けつけたのは歴代プリキュアたちだった。序盤では作品世界がクロスオーバーし、プリキュアたちがシリーズをまたいでサブキャラと会話するレアなシーンも。実在の都市が描かれたことも話題となった。

DATA

公開日時	2009年3月20日
上映時間	約70分
監督	大塚隆史
脚本	村山 功
キャラクターデザイン	稲上 晃、川村敏江、香川 久、青山 充
音楽	佐藤直紀、高梨康治
美術監督	田中里録
色彩設計	澤田豊二
ゲストキャスト	フュージョン=子安武人

フュージョン

TITLE

映画フレッシュプリキュア！おもちゃの国は秘密がいっぱい!?

STORY **おもちゃたちの哀しい過去が起こす大事件**

世界中からおもちゃが消えるという事件が起きるなか、ラブの部屋のクローゼットからウサピョンが現れる。それは幼い頃のラブが大好きなぬいぐるみだった。事件の背後におもちゃの国のトイマジンがいると知ったプリキュアたちだが、意外な真実にキュアピーチは悩む。子供たちにとって身近なおもちゃの心情を描き、敵を滅ぼすだけが解決方法ではないことを描いた一作。

DATA

公開日時	2009年10月31日
上映時間	約70分
監督	志水淳児
脚本	前川 淳
キャラクターデザイン	香川 久、爲我井克美
音楽	高梨康治
美術監督	中村光毅
色彩設計	澤田豊二、佐久間ヨシ子
ゲストキャスト	ウサピョン＝鶴ひろみ
	トイマジン＝塩屋浩三

ウサピョン

トイマジン

TITLE

映画プリキュアオールスターズDX2 希望の光☆レインボージュエルを守れ！

STORY **『オールスターズ』が本格的にシリーズ化へ**

つぼみとえりかのもとに届いた一通の手紙。それは妖精たちが作った海上の遊園地フェアリーパークへの案内状だった。しかし、アトラクションを楽しむ間もなく、深海から暗黒の勢力が迫る。前回の『オールスターズDX』では初対面だったプリキュアたちが今作からは友人関係になり、親密な描写が増えている。『オールスターズ』ならではのパワーアップフォームへの変身も初めて登場。

DATA

公開日時	2010年3月20日
上映時間	約71分
監督	大塚隆史
脚本	村山 功
キャラクターデザイン	青山 充
音楽	高梨康治、佐藤直紀
美術監督	平間由香
色彩設計	澤田豊二
ゲストキャスト	ボトム＝梁田清之

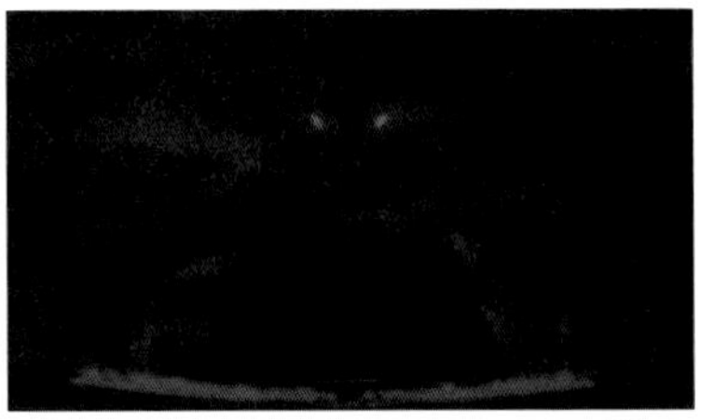
ボトム

TITLE

映画ハートキャッチプリキュア！花の都でファッションショー…ですか!?

STORY **映画の舞台となったパリでも公開された一作**

えりかの母親が経営するファッション・ブランド「フェアリードロップ」の手伝いでパリに来た一行。道に迷ったつぼみは不思議な少年オリヴィエに出会う。それは砂漠の使徒とプリキュアの始祖にまつわる悲劇の始まりだった。つぼみたちは過去の負の連鎖を止められるか？ パリの名所をはじめ、世界遺産モン・サン＝ミシェルも登場。現地を丁寧にロケハンした成果が随所に見られる。

DATA

公開日時	2010年10月30日
上映時間	約70分
監督	松本理恵
脚本	栗山緑
キャラクターデザイン	馬越嘉彦、上野ケン
音楽	高梨康治
美術監督	本間禎章
色彩設計	澤田豊二、佐久間ヨシ子
ゲストキャスト	オリヴィエ＝大谷育江
	サラマンダー男爵＝藤原啓治

サラマンダー男爵

オリヴィエ

TITLE

映画プリキュアオールスターズDX3 未来にとどけ！世界をつなぐ☆虹色の花

©2011 映画プリキュアオールスターズ3製作委員会

STORY

『オールスターズDX』三部作のフィナーレ

ショッピングモールにやって来た響と奏は、ファッションショーの会場でつぼみたちをはじめとする歴代プリキュアたちと出会うが、そこへかつて倒した敵たちが出現。全員で応戦するものの、敵の策略で異世界へ飛ばされてしまう。プリキュアたちがシリーズの枠を越えて混成チームを作る展開は、各自の個性が際立つコミカルな演出となっていて、さまざまなシチュエーションの対決シーンが楽しめる。

DATA

公開日時	2011年3月19日
上映時間	約71分
監督	大塚隆史
脚本	村山 功
キャラクターデザイン	青山 充
音楽	佐藤直紀
美術監督	釘貫 彩
色彩設計	澤田豊二
ゲストキャスト	ブラックホール＝山寺宏一

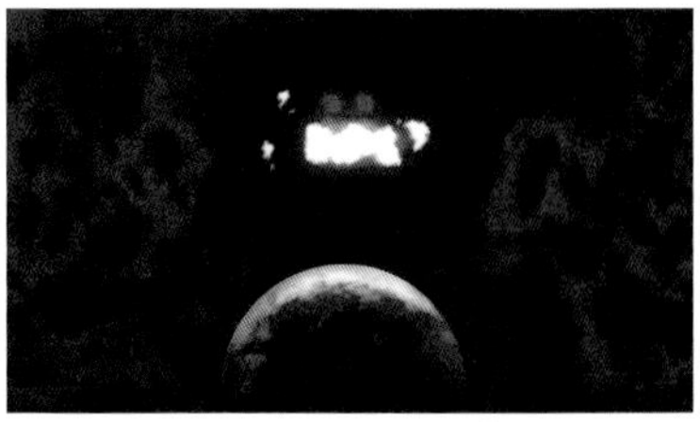

ブラックホール

TITLE

映画スイートプリキュア♪ とりもどせ！心がつなぐ奇跡のメロディ♪

©2011 映画スイートプリキュア♪製作委員会

STORY

プリキュアだけでなく親も頑張る家族の物語

街から音楽が消え、メイジャーランドとも連絡がとれなくなる。心配した響たちが向かうと、無表情な住人たちが音の出ない楽器を弾いていた。唯一無事だったアコの友達・スズは、すべては女王アフロディテの仕業だと告げる。TVシリーズと連動するかたちで追加戦士キュアミューズのエピソードが描かれ、彼女が加わったバージョンのエンディング＆ダンスも放送に先行して公開された。

DATA

公開日時	2011年10月29日
上映時間	約71分
監督	池田洋子
脚本	大野敏哉
キャラクターデザイン	高橋 晃
音楽	高梨康治
美術監督	渡辺佳人
色彩設計	澤田豊二、佐久間ヨシ子
ゲストキャスト	スズ＝南 央美 ハウリング＝玄田哲章

ハウリング

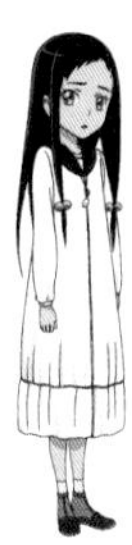

スズ

TITLE

映画プリキュアオールスターズNewStage みらいのともだち

©2012 映画プリキュアオースルターズNS製作委員会

STORY

『DX』に連なる『オールスターズ』の新作

プリキュアの活躍で平和を取り戻した横浜。しかし、転校してきたばかりの坂上あゆみはクラスになじめず悩んでいた。そんな彼女が出会った不思議な生き物、それは倒されたはずのフュージョンだった。何も知らないあゆみはフーちゃんと名付けて仲良くなるが、やがて怪事件が起こり始める。本作では映画限定のプリキュアとしてキュアエコーが初登場。観客に大きなインパクトを与えた。

DATA

公開日時	2012年3月17日
上映時間	約71分
監督	志水淳児
脚本	成田良美
キャラクターデザイン	青山 充
音楽	高梨康治
美術監督	田中里緑
色彩設計	澤田豊二、佐久間ヨシ子
ゲストキャスト	坂上あゆみ（キュアエコー）＝能登麻美子 フーちゃん＝熊田聖亜

フーちゃん

キュアエコー

TITLE

映画スマイルプリキュア！絵本の中はみんなチグハグ！

©2012 映画スマイルプリキュア！製作委員会

STORY

結末を失ってしまった絵本をめぐる大事件

不思議な少女ニコに絵本の世界へ招待されたみゆきたち。みんなはさまざまな主人公に扮して物語を楽しむが、本来の主人公たちが勝手に行動し始め、プリキュアたちもピンチに。原因は幼い頃のみゆきがニコと交わした約束だった。プリキュアであるみゆき自身が事件のきっかけという珍しい物語。でも、素直に謝れば、みんな笑顔になれる。そんなメッセージを子供たちに投げかけた一作。

DATA

公開日時	2012年10月27日
上映時間	約71分
監督	黒田成美
脚本	米村正二
キャラクターデザイン	川村敏江、小松こずえ
音楽	高梨康治
美術監督	佐藤千恵
色彩設計	秋元由紀、佐久間ヨシ子
ゲストキャスト	ニコ＝林原めぐみ
	魔王＝てらそままさき

魔王

ニコ

TITLE

映画プリキュアオールスターズNewStage2 こころのともだち

©2013 映画プリキュアオースルターズNS2製作委員会

STORY

変身アイテムを奪われ、最大のピンチに直面

プリキュアのパートナーとなることを目指す妖精たちが通う妖精学校。でも、見習い妖精のグレルは学校になじめず、みんなに人気のプリキュアを妬んでもいた。そんなグレルの心の隙間に邪悪な影が入り込む。終盤、過ちをおかして落ち込むグレルを優しく諭すキュアパッションとキュアビート。彼女たちの過去と現在が「悪いことをしてもやり直せる」というテーマにつながっている。

DATA

公開日時	2013年3月16日
上映時間	約71分
監督	小川孝治
脚本	成田良美
キャラクターデザイン	青山 充
音楽	高梨康治
美術監督	渡辺佳人
色彩設計	澤田豊二
ゲストキャスト	グレル＝愛河里花子
	エンエン＝玉川砂記子

グレル

エンエン

TITLE

映画ドキドキ！プリキュア マナ結婚!!?未来につなぐ希望のドレス

©2013 映画ドキドキ!プリキュア製作委員会

STORY

思い出の世界に閉じ込められたみんなを救え

オモイデの国の王・マシューによって過去の記憶の世界に閉じ込められたマナたち。そこは心地よいけれど未来につながらない世界。マナたちは幸せな思い出の日々を過ごす一方で、何かが足りないと感じる。そこへ謎の妖精ベベルが現れ、手助けを申し出る。じつはマシューはマナがよく知っている相手だった。一方、シャルルたち妖精は、マナたちを元の世界へ戻そうと奮闘していた。

DATA

公開日時	2013年10月26日
上映時間	約71分
監督	伊藤尚往
脚本	山口亮太
キャラクターデザイン	高橋 晃、上野ケン
音楽	高木 洋
美術監督	倉橋 隆
色彩設計	小日置知子、佐久間ヨシ子
ゲストキャスト	ベベル＝杉山佳寿子
	マシュー＝谷原章介

ベベル

マシュー

TITLE

映画プリキュアオールスターズNewStage3 永遠のともだち

STORY **幸せな夢を装う悪夢にプリキュアが立ち向かう**

子供たちが眠ったまま目覚めないという事件が発生。その原因はあらゆる夢がかなう「夢のオリ」だった。プリキュアたちも閉じ込められて惑わされるが、都合が良すぎてニセの夢だと気づく。すべては息子ユメタを溺愛するあまり、悪夢獣を生み出してしまった夢の妖精マアムの仕業だった。『New Stage』に登場したキュアエコーが再登場。プリキュアの危機を救う重要な役割を担った。

DATA

公開日時	2014年3月15日
上映時間	約71分
監督	小川孝治
脚本	成田良美
キャラクターデザイン	青山 充
音楽	高梨康治
美術監督	渡辺佳人
色彩設計	澤田豊二
ゲストキャスト	ユメタ＝吉田小南美 マアム＝平野 文 悪夢獣（あくむじゅう）＝野沢雅子

悪夢獣　ユメタ　マアム

TITLE

映画ハピネスチャージプリキュア！人形の国のバレリーナ

STORY **華やかでキュートな舞踏会は必見**

バレリーナ人形のつむぎに請われてドール王国にやって来ためぐみたちは、敵をやっつけて大歓迎を受ける。しかし、王国はどこか不穏な空気が漂っていた。じつは、つむぎの正体は人間の少女。原因不明の病気で歩けなくなり、バレリーナへの夢をあきらめかけていたのだ。つむぎの運命をめぐり、過酷な選択を迫られるめぐみ。シリーズ屈指の邪悪な敵にプリキュアたちの怒りが爆発する。

DATA

公開日時	2014年10月11日
上映時間	約71分
監督	今 千秋
脚本	成田良美
キャラクターデザイン	佐藤雅将、大田和寛
音楽	高木 洋
美術監督	柴田 聡
色彩設計	澤田豊二、佐久間ヨシ子
ゲストキャスト	つむぎ＝堀江由衣 ジーク＝小野大輔 ブラックファング＝森川智之 ふなっしー＝ふなっしー

ブラックファング　ジーク　つむぎ

TITLE

映画プリキュアオールスターズ 春のカーニバル♪

STORY **『オールスターズ』新作はまさかの音楽特番!?**

歌とダンスの国ハルモニアから、プリキュアたちに春のカーニバルを一緒に楽しんでほしいと招待状が届く。しかし、司会を務めるオドレンとウタエンのふたりは、ハルモニアの乗っ取りを企む盗賊だった。歴代プリキュアソングをステージ上でプリキュアたち本人が歌う異色の映画。最終回の後日談や名場面も散りばめられている。なお、相田マナの音痴設定はそのまま生かされている。

DATA

公開日時	2015年3月14日
上映時間	約74分
監督	志水淳児
脚本	井上美緒
キャラクターデザイン	青山 充
音楽	高梨康治
美術監督	西田 渚
色彩設計	澤田豊二
ゲストキャスト	オドレン＝中田敦彦（オリエンタルラジオ） ウタエン＝藤森慎吾（オリエンタルラジオ）

オドレン　ウタエン

TITLE

映画Go！プリンセスプリキュア Go！Go!!豪華3本立て!!!
パンプキン王国のたからもの／プリキュアとレフィのワンダーナイト！／キュアフローラといたずらかがみ

STORY

ハロウィンがテーマのテイストの違う3作

『キュアフローラといたずらかがみ』はCGでSDキャラを描いた5分の短編。新しいティアラに大喜びのキュアフローラは鏡の前でポーズをとってみるが、鏡の正体はハロウィンのオバケだった。続く『パンプキン王国のたからもの』は50分の長編。こちらは従来通りのセル作画で制作されている。パンプキン王国に招待されたはるかたちは「プリンセス大会」への出場を頼まれる。しかし、予選の前に、はるかはパンプルル姫が幽閉されていることを知る。黒幕はウォープ大臣だった。最後の『プリキュアとレフィのワンダーナイト!』は20分の中編。パンプルル姫が手作りした人形レフィがパンプキングダムの姫君として登場し、2本の映画を関連づけている。それまでTVシリーズのエンディングのみに使われていたCGが全面的に導入された。

パンプルル

ウォープ

レフィ

ナイトパンプキン

DATA

公開日時	2015年10月31日
上映時間	約75分

パンプキン王国のたからもの

監督	座古明史
脚本	秋之桜子
キャラクターデザイン	中谷友紀子、香川 久
音楽	高木 洋
美術監督	須和田 真
色彩設計	澤田豊二、佐久間ヨシ子
ゲストキャスト	パンプルル＝花澤香菜
	ウォープ＝諏訪部順一

プリキュアとレフィのワンダーナイト！

監督	宮本浩史
キャラクターデザイン	中谷友紀子、宮本浩史
音楽	高木 洋
美術監督	真庭秀明
ゲストキャスト	レフィ＝上垣ひなた
	ナイトパンプキン＝中尾隆聖

キュアフローラといたずらかがみ

監督	貝澤幸男
音楽	高木 洋
キャラクターデザイン	林 沙樹
アートディレクター	真庭秀明

TITLE

映画プリキュアオールスターズ みんなで歌う♪奇跡の魔法！

STORY

プリキュアが贈る本格的なミュージカル映画

最強魔法を作るため、魔女ソルシエールは「プリキュアの涙」を求めていた。手下のトラウーマはプリキュアたちを幽閉し、悲しい物語を聞かせたり、タマネギを刻んで涙を手に入れようとする。しかし、その目的は別のところにあった。音楽プロデュースに作詞家の森雪之丞、ゲストに新妻聖子と山本耕史を招くなど、ミュージカル経験豊富な陣容でプリキュア映画の新境地を開いた一作。

DATA

公開日時	2016年3月19日
上映時間	約70分
監督	土田 豊
脚本	村山 功
キャラクターデザイン	青山 充
音楽	高木 洋
美術監督	渡辺佳人、小川友佳子
色彩設計	澤田豊二
ゲストキャスト	ソルシエール＝新妻聖子
	トラウーマ＝山本耕史

トラウーマ

ソルシエール

TITLE

映画魔法つかいプリキュア！奇跡の変身！キュアモフルン！

STORY **キュアモフルンのキュートな魅力が炸裂**

願いの石の復活を祝う100年に一度の大魔法フェスティバル。願いがかなう対象に選ばれたのはモフルンだった。そこへ強大な敵ダークマタ（クマタ）が現れ、モフルンを連れ去ってしまう。ダークマターの目的は自分の願いをかなえることだった。劇中でみらいたちが着るドレスは一般公募したもの。挿入歌「鮮烈! キュアモフルン」はラップ調の導入部とすべて英語の歌詞が話題になった。

DATA

公開日時	2016年10月29日
上映時間	約65分
監督	田中裕太
脚本	田中 仁
キャラクターデザイン	宮本絵美子、上野ケン
音楽	高木 洋
美術監督	西田 渚
色彩設計	竹澤 聡
ゲストキャスト	クマタ＝浪川大輔
	キュアモフルン＝齋藤彩夏

同時上映『キュアミラクルとモフルンの魔法レッスン！』

クマタ

キュアモフルン

TITLE

映画プリキュアドリームスターズ！

STORY **登場プリキュアを4作品に限定した初の試み**

夢で見た女の子そっくりの少女サクラと出会ったいちか。プリキュアたちはサクラを狙う悪者たちと戦う。世界観に和の要素をふんだんに取り入れ、映像面でもセル作画、ファンタジックなCG、リアルな3Dが使い分けられている。不思議な力でさまざまな世界を行き交うなか、等身大のサクラがあたかも映画館に迷い込んだかのように観客に反応するなど、大胆な演出も試みられている。

DATA

公開日時	2017年3月18日
上映時間	約71分
監督	宮本浩史
脚本	坪田 文
キャラクターデザイン	宮本浩史
音楽	林ゆうき
美術監督	倉橋 隆
色彩設計	澤田豊二
ゲストキャスト	サクラ＝阿澄佳奈
	シズク＝木村佳乃

シズク

サクラ

TITLE

映画キラキラ☆プリキュアアラモード パリッと！想い出のミルフィーユ！

STORY **明るく楽しいトレビア～ンなプリキュア映画**

スイーツのコンテストに出場するためパリにやって来たキラキラパティスリーの一行。ところが、肝心のシエルがスランプに陥る。そこへ現れたのは、かつてシエルの師匠だったジャン＝ピエール。しかし、天才と高名い彼はとんでもない変人だった。涙を誘うストーリーが多いプリキュア映画にあって、本作は楽しく笑える一作。『魔法使いプリキュア！』がゲスト出演で花を添えている。

DATA

公開日時	2017年10月28日
上映時間	約65分
監督	土田 豊
脚本	村山 功
キャラクターデザイン	井野真理恵、爲我井克美
音楽	林ゆうき
美術監督	倉橋 隆
色彩設計	竹澤 聡
ゲストキャスト	クック＝悠木 碧
	ジャン＝ピエール・ジルベルスタイン＝尾上松也

同時上映『Petit☆ドリームスターズ！レッツ・ラ・クッキン？ショータイム！』

クック

ジャン＝ピエール

TITLE

映画プリキュアスーパースターズ!

©2018 映画プリキュアスーパースターズ!製作委員会

STORY

プリキュアとアイルランドの伝説が融合

突然、空に巨大な扉が現れて怪物ウソバーッカが出現。ウソしか言わない相手に騙されてプリキュアたちは変身アイテムを石にされてしまう。なんとか逃れたはなは、幼い頃に家族とアイルランド旅行に行ったときに出会った少年が怪物の正体ではないかと気づく。約束を守ることの大切さと、相手を信じることの大切さがテーマの一作。アイルランドの伝承を取り入れた繊細な美術にも注目。

DATA

公開日時	2018年3月17日
上映時間	約70分
監督	池田洋子
脚本	米村正二
キャラクターデザイン	香川 久
音楽	林ゆうき
美術監督	渡辺佳人
色彩設計	竹澤 聡
ゲストキャスト	ウソバーッカ=北村一輝 クローバー=小野賢章

ウソバーッカ

クローバー

TITLE

映画HUGっと!プリキュア♡ふたりはプリキュア オールスターズメモリーズ

©2018 映画HUGっと!プリキュア製作委員会

STORY

歴代プリキュアが全員集合。その数55人!

不思議な光線でプリキュアたちを幼児にしてしまう怪物ミデンが現れた。残されたなぎさとはなは、ほのかやさあやたちの世話に悪戦苦闘。なんとか彼女たちを元の姿に戻すものの、ミデンが作った巨大な城には残りのプリキュア全員が閉じ込められていた。可愛い幼児にされたプリキュアたちは絶体絶命のピンチに! 放送開始15周年を記念した本作はプリキュアの想い出そのものがテーマ。

DATA

公開日時	2018年10月27日
上映時間	約73分
監督	宮本浩史
脚本	香村純子
キャラクターデザイン	稲上 晃
音楽	林ゆうき
美術監督	杉本智美
色彩設計	竹澤 聡
ゲストキャスト	ミデン=宮野真守

ミデン

TITLE

映画プリキュアミラクルユニバース

©2019 映画プリキュアミラクルユニバース製作委員会

STORY

ミラクルライトはメイド・イン・宇宙!

ミラクル惑星の工場で働く見習いのピトンは、ミラクルライトが闇の力に飲み込まれるのを見て逃げ出す。そこに駆けつけたひかるたちだが、息が合わず撃退に失敗。逆にあちこちの惑星に飛ばされてしまう。一方、ミラクル惑星の大統領は、事件の首謀者としてピトンとプリキュアを指名手配していた。警備隊が通告する「ムダな変身はやめなさい」は、相手がプリキュアであればこそ。

DATA

公開日時	2019年3月16日
上映時間	約71分
監督	貝澤幸男
脚本	村山 功
キャラクターデザイン	松浦仁美
音楽	林ゆうき、橘麻美
美術監督	高木佑梨、渡辺佳人
色彩設計	竹澤 聡
ゲストキャスト	大統領=田中裕二(爆笑問題) ヤンゴ=梶 裕貴 ピトン=小桜エツ子

ヤンゴ

大統領

ピトン

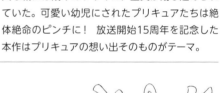

TITLE

映画スター☆トゥインクルプリキュア 星のうたに想いをこめて

©2019 映画スター☆トゥインクルプリキュア製作委員会

STORY　わたしたちはみんな、旅のとちゅう。

ノットレイダーとの戦いのなか、流星雨に巻き込まれたひかるたちは、気づかぬまま星の欠片を持ち帰ってしまう。ひかるは欠片をユーマと名付け、ララもあれこれ世話を焼くが、ユーマの正体は星の子供スタードロップだった。ララとユーマの交流を主軸に、星の死からの再生、成長、旅立ちを描く壮大なドラマ。人の一生とも重なるメッセージは、挿入歌でも高らかに謳い上げられている。

DATA

公開日時	2019年10月19日
上映時間	約71分
監督	田中裕太
脚本	田中 仁
キャラクターデザイン	高橋晃、小松こずえ
音楽	林ゆうき、橘麻美
美術監督	今井美紀
色彩設計	竹澤 聡
ゲストキャスト	ユーマ=???
	メリー・アン=知念里奈

ユーマ　メリー・アン

TITLE

映画プリキュアミラクルリープ みんなとの不思議な1日

©2020 映画プリキュアミラクルリープ製作委員会

STORY　繰り返す「今日」を抜け出し「明日」へ

とある土曜日、時間の精霊ミラクルンを助けたことで、のどかたちはリフレインという妖精と戦うことに。リフレインは時間を巻き戻す能力を持っていた。何度も繰り返される土曜日は記憶もリセットしてしまうが、プリキュアたちは次第に違和感に気づき、リフレインの本拠地へと向かう。過去は悪ではなく、未来へとつながる大切な存在。クライマックスの舞台がそれを教えてくれる。

DATA

公開日時	2020年10月31日
上映時間	約71分
監督	深澤敏則
脚本	村山 功
キャラクターデザイン	板岡 錦
音楽	寺田志保
美術監督	渡辺佳人
色彩設計	佐久間ヨシ子
ゲストキャスト	ミラクルン=稲垣来泉
	リフレイン=平田広明

リフレイン　ミラクルン

TITLE

映画ヒーリングっど♥プリキュア ゆめのまちでキュン！っとGoGo！大変身!!

©2020 映画ヒーリングっど♥プリキュア製作委員会

STORY　プリキュアが大都会・東京に！ あの人も現る!

夢を実体化させるサービス、ゆめアールを楽しもうと東京にやって来たのどかたちは、渋谷で出会った少女カグヤに東京から離れろと警告される。その言葉通り、怪物エゴエゴが現れるが、そこにキュアドリームたちが駆けつける。スマホと連動した副音声（スマートグラスでは字幕を提供）で、別行動を取るのぞみたちの物語も楽しめる趣向が話題となった一作。ブンビーさんも登場する。

DATA

公開日時	2021年3月20日
上映時間	約70分
監督	中村亮太
脚本	金月龍之介
キャラクターデザイン	山岡直子、川村敏江、爲我井克美
音楽	寺田志保
美術監督	小川友佳子、渡辺佳人
色彩設計	佐久間ヨシ子
ゲストキャスト	カグヤ=小林星蘭
	我修院サレナ= 勝生真沙子
	エゴエゴ／ブンビー=高木 渉

同時上映『映画 トロピカル～ジュ！プリキュア プチ とびこめ！コラボ♡ダンスパーティ！』

エゴエゴ　カグヤ　我修院サレナ

TITLE

映画トロピカル～ジュ！プリキュア 雪のプリンセスと奇跡の指輪！

STORY

南国から雪国へ。トンネルを抜けたら大冒険

まなつたちのもとにシャンティア王国からシャロン王女の戴冠式への招待状が届く。そこは美しい雪国。同じく招待されたつぼみたちとも仲良くなり、王国を満喫する一行。中でもローラは女王を目指す者同士、シャロンと交流を深める。しかし、戴冠式の直後にシャロンの様子が一変する。えりかとのかけあいは楽しいが、シャロンとの対話はビター。ローラの葛藤と成長が心に残る一作。

DATA

公開日時	2021年10月23日
上映時間	約70分
監督	志水淳児
脚本	成田良美
キャラクターデザイン	中谷友紀子、馬越嘉彦、上野ケン
音楽	寺田志保
美術監督	倉橋 隆
色彩設計	清田直美
ゲストキャスト	シャロン＝松本まりか

シャロン

TITLE

映画デリシャスパーティ♡プリキュア 夢みる♡お子さまランチ！

STORY

ゆいに憧れるコメコメがプリキュアに変身

おいしーなタウンの一角に開業した食のテーマパーク・ドリーミア。大勢の子供で賑わい、妖精のコメコメたちも人間の姿でゆいたちと食事を楽しんでいた。しかし、ドリーミアは大人の入場を許さない怪しい施設だった。園長のケットシーは大人を嫌い、大人である自分も嫌っている。ケットシーを救おうとするゆいとコメコメ。鍵となるのは、彼の中にあるお子さまランチの記憶だった。

DATA

公開日時	2022年9月23日
上映時間	約62分
監督	座古明史
脚本	田中 仁
キャラクターデザイン	油布京子、松浦仁美
音楽	寺田志保
美術監督	高木佑梨、渡辺佳人
色彩設計	清田直美
ゲストキャスト	ケットシー＝花江夏樹

ケットシー

同時上映『わたしだけのお子さまランチ』

TITLE

映画プリキュアオールスターズF

STORY

20周年記念作は5年ぶりの全プリキュア大集合

不思議な世界で目覚めたソラ。そこには同じく目覚めたゆいやまなつがいた。3人はキュアシュプリームに変身できるプリムと出会い、遠くの城を目指す。同じ頃、ましろも小さな生き物プーカと出会い、他のプリキュアたちと城に向かう。それはエルを連れたツバサも同じだった。一方、あげはとともに行動するアスミやゆかりは、この世界に見覚えのある場所が混ざっていることに気づく。

DATA

公開日時	2023年9月15日
上映時間	約72分
監督	田中裕太
脚本	田中 仁
キャラクターデザイン	板岡 錦
音楽	深澤恵梨香
美術監督	林 竜太
色彩設計	清田直美
ゲストキャスト	キュアシュプリーム＝坂本真綾 プーカ＝種﨑敦美

プーカ

キュアシュプリーム

歴代プリキュア

キャラクターデザイナー 20周年記念描き下ろし色紙

本書投げ込みハガキ(※)のアンケートにお答えいただいた方の中から、各1名様にこちらの色紙をプレゼントいたします!
上北ふたご先生の色紙と合わせて全19枚の色紙の中から、ご希望の番号をひとつだけ選んでご応募ください。
当選者の発表は発送をもってかえさせていただきます。

PRECURE 20th ANNIVERSARY COLORED PAPER

① 稲上 晃
ふたりはプリキュア Max Heart

② 稲上 晃
ふたりはプリキュア Splash☆Star

③ 川村敏江
Yes!プリキュア5GoGo!

④ 香川 久
フレッシュプリキュア!

⑤ 馬越嘉彦
ハートキャッチプリキュア!

⑥ 高橋 晃
スイートプリキュア♪

⑦ 川村敏江
スマイルプリキュア!

⑧ 高橋 晃
ドキドキ!プリキュア

⑨ 佐藤雅将
ハピネスチャージプリキュア!

⑩ 中谷友紀子
Go!プリンセスプリキュア

⑪ 宮本絵美子
魔法つかいプリキュア!

⑫ 井野真理恵
キラキラ☆プリキュアアラモード

⑬ 川村敏江
HUGっと!プリキュア

⑭ 高橋 晃
スター☆トゥインクルプリキュア

⑮ 山岡直子
ヒーリングっど♥プリキュア

⑯ 中谷友紀子
トロピカル〜ジュ!プリキュア

⑰ 油布京子
デリシャスパーティ♡プリキュア

⑱ 斎藤敦史
ひろがるスカイ!プリキュア

⑲ 上北ふたご

読者プレゼントは、第三者への譲渡、譲渡申し出、オークション出品等を固く禁止させていただきます。これに違反した場合は、当選を取り消し、賞品の返還ないし、価格賠償をお願いいたします。

ENQUETE

アンケート

Q1 本書をどこで知りましたか?

Q2 良かった記事ともの足りなかった記事をひとつずつ教えてください。
また、もの足りなかった記事はその理由を教えてください。

① ひろがるスカイ!プリキュア特集
② おもちゃで振り返るプリキュア20年史
③ プリキュアキャストが選ぶメモリアルエピソード
④ 音楽で振り返るプリキュアの20年
⑤ TVシリーズ&映画紹介
⑥ 上北ふたごインタビュー
⑦ 成田良美インタビュー

Q3 今後、読んでみたいプリキュアの記事を教えてください。

Q4 ご意見、ご感想などご自由にお書きください。

締切
2024年
1月末日
当日消印有効

※「プリキュア20周年アニバーサリーブック」または「プリキュア20周年キャラクターブック」の投げ込みハガキでご応募できます。

ふたりはプリキュア PRETTY CURE Max Heart マックスハート

稲上 晃

INAGAMI AKIRA

稲上 晃

INAGAMI AKIRA

Yes!《イエス》プリキュア5《ファイブ》Go《ゴー》Go《ゴー》!

川村敏江
KAWAMURA TOSHIE

フレッシュプリキュア!
FRESH PRETTY CURE

香川久
KAGAWA HISASHI

ハートキャッチプリキュア!
HEARTCATCH PRECURE!

馬越嘉彦

UMAKOSHI YOSHIHIKO

スイートプリキュア♪
SUITE PRECURE♪

高橋 晃
TAKAHASHI AKIRA

スマイルプリキュア！
SMILE PRECURE!

川村敏江
KAWAMURA TOSHIE

ドキドキ!プリキュア
DOKIDOKI! PRECURE

高橋 晃
TAKAHASHI AKIRA

ハピネスチャージプリキュア！
HAPPINESSCHARGE PRECURE!

佐藤雅将

SATO MASAYUKI

Go! プリンセスプリキュア PRINCESS PRECURE

中谷友紀子

NAKATANI YUKIKO

魔法《まほう》つかいプリキュア!

MAHO GIRLS PRECURE!

宮本絵美子

MIYAMOTO EMIKO

キラキラ☆プリキュアアラモード
KIRAKIRA☆PRECURE A LA MODE

井野真理恵
INO MARIE

HUG《はぐ》っと！プリキュア

HUGTTO! PRECURE

川村敏江

KAWAMURA TOSHIE

スター☆トゥインクルプリキュア
STAR☆TWINKLE PRECURE

高橋 晃

TAKAHASHI AKIRA

ヒーリングっど♡プリキュア

Healin' Good ♡ Precure

山岡直子

YAMAOKA NAOKO

トロピカル〜ジュ！プリキュア
Tropical-Rouge! Precure

中谷友紀子

NAKATANI YUKIKO

デリシャスパーティ♡プリキュア
Delicious Party♡Precure

油布京子
YUFU KYOKO

ひろがるスカイ！プリキュア

斎藤敦史

SAITO ATSUSHI

PRECURE 20th ANNIVERSARY

KAMIKITA FUTAGO

SPECIAL INTERVIEW

上北ふたご

プリキュア20周年スペシャルインタビュー

Profile

かみきたふたご

8月11日生まれ。しし座のB型。高知県出身。2002年、『よばれてとびでて！アクビちゃん』で『なかよし』本誌初連載。代表作は『ふたりはプリキュア』など。その名の通り、ふたごの姉妹で、ふたりで作品を手がける。趣味は、映画鑑賞と食玩あさり。

シリーズ第1作となる『ふたりはプリキュア』から『プリキュア』シリーズのコミカライズを手がけてきた上北ふたご先生。TVアニメとはひと味違う、プリキュアたちの「日常」に重きを置いた世界観で、多くのファンを楽しませてきた。20周年を迎えた『プリキュア』シリーズに対する思いについて、メールインタビューで話を聞いた。

『プリキュア』のポイントは「大切な人を守りたい、日常を守りたい」という想い

――『プリキュア』シリーズは20周年を迎えました。今の率直な心境を聞かせてください。

上北　20周年おめでとうございます！　ここまで継続するとは、当初はまったく想像していませんでした。ゆるぎないシリーズを確立したスタッフの皆様に、心より敬意を表します！　それにしても20年とは……！　長かったような、あっという間だったような……。至福の時間を過ごせたことに感謝しかありません。

――『ふたりはプリキュア』の連載開始時のことについて、お伺いします。マンガ版を手がけることになった経緯は？　また、シリーズに対する第一印象を教えてください。

上北　『よばれてとびでて！アクビちゃん』のコミカライズ終了間近の頃、「こんな企画が来ているけどやってみますか？」と見せていただいたのが『ふたりはプリキュア』でした。『美少女戦士セーラームーン』など、チームで活躍する作品が多かったなかで、バディものであることが新鮮に感じられました し、その後、編集部でアニメ第1話のパイロット版のような線画撮影の動画を見せていただき、なぎさとほのかのやりとりや、ふたりで変身して肉弾戦をするシーンなど、「おもしろそう～」とワクワクしました！

――そのときの印象・イメージは、その後、シリーズを重ねていくなかで変化しましたか？

上北　『ふたりはプリキュア』当初のバディものが、決定的に変化したのが『Yes！プリキュア5』。私たちもびっくりしました！　ただ、大所帯になっても、理不尽なものに毅然と立ち向かう女の子たちの熱いハートは『プリキュア』そのもの。この人数の大転換によって感じたのは、シリーズの拡張性・可能性です。そしてプリキュアをアシストする男性キャラの登場も意外でしたけど、もとは弱っちい妖精で……。そこらあたりのさじ加減は『プリキュア』らしいかなと。

――『デリシャスパーティ♡プリキュア』では、プリキュア以外にも一緒に戦う仲間（拓海、ローズマリー）が登場するなど、『プリキュア』シリーズは新たな試みにも意欲的です。マンガ版執筆の際、とくに気をつけているところはどこでしょう？

上北　当初から、多様性や協調性を自然に取り入れてきた『プリキュア』シリーズには、これからも期待しかありません、今度はどんな世界を見せてくれるのかと！　マンガ版ではページ数の関係もあり、変身＆バトルは描けませんけど、拓海やローズマリーが日常でアシストする様子を入れています。ただ、あくまでも女の子の自主性や意志などを損なわないようにと気をつけているつもりです。女の子には、いつも毅然と凛々しくあってほしいと思っています。

――マンガ版の作業をしていて、一番楽しい時間、また一番手応えを感じる瞬間は？

上北　マンガ作業は、あーでもない、こーでもないと、かなり悩みながらやっています。それでも、キャラクターの個性を活かしたお話を思いつけたときは、ネーム・ペン入れ・仕上げと気持ちが盛り上がります。あと、マンガ版ならではの衣装替えは楽しいですね。シナリオは少しずつ配布していただいていて、そこまでを読んだ範疇で想像しながらマンガ版のお話を作っていくのですけど、キャラクターの考え方や行動、言葉に齟齬がなかったことをアニメのストーリーが進行していくなかで確認できたとき、間違っていなかったんだと手応えを感じます。

――上北先生が考える『プリキュア』の一番重要なポイント、変わらずに大切にしているものは何でしょうか？

上北　「大切な人を守りたい、日常を守りたい」という、素朴かつ大きく強い想いがポイントだと私たちは考えています。日常を破壊する戦争など、絶対にあってはなりません。日常を守りたいというのは最重要だと

思います。大切にしているのは「紆余曲折あっても、最後は笑顔になれるように……あきらめずにガンバる気持ち」です。『プリキュア』シリーズから、私たちもいろいろと教えられ、ずいぶん励まされています。

――上北先生がツイッター（現X）で発表しているイラストも楽しく拝見しています。ファンとの交流を通して、気づかされたことはありますか？

上北　ありがとうございます。ファンアートとして自由に描いているだけですのに「この絵を見て元気が出た」とか「これで今日もガンバれる」とかリプライをいただくと、逆にこちらが元気をいただきます。1枚の中にストーリー性がある絵は、人の心を惹きつけるのだな〜と感じ、そういう点などを大事にしていきたいと思いました。マンガ版では変身前の日常の姿しか出てきませんので、ツイッターでプリキュアに変身した絵を披露すると喜んでもらえるかな〜などと試行錯誤しています。

――『プリキュア15周年アニバーサリーブック』（弊社刊）のインタビューでは、マンガの原稿はアナログがメイン、カラーイラストでは作業環境にデジタルを取り入れているというお話でした。その後も変わらないスタイルですか？　もし、作業環境が変わっているようでしたら教えてください。

上北　マンガ原稿はトーン仕上げだけデジタルだったのを、作業効率アップのために少しずつアナログからの転換をしてきました。ペン入れは『ヒーリングっど♥プリキュア』第10話からデジタルに切り替え、そして『デリシャスパーティ♡プリキュア』第8話からは、ネーム作業、ペン入れ、トーン仕上げに至るまで、すべてデジタルに切り替えました。できるだけ短時間で仕上げられるように環境を整えるうえで、やはりデジタル化は私たちにとって大きな恩恵がありました。

――上北先生の中で、この20年の間に大きく変わったことは？　また、フレッシュな気持ちで仕事を続ける秘訣はどこにあるのでしょうか？

上北　『プリキュア』シリーズに接することで、いろいろと考える機会が増えたかなと思います。各シリーズの企画意図、テーマなど、これまで触れることのなかった事案や人物像などを調べるうちに、さまざまな気づきがありました。毎年新しい『プリキュア』シリーズが始まりますので、その都度、デザインやストーリーから刺激を受けることで気持ちがフレッシュになっていると思います。アニメーターさんやシナリオライターさんの発想・技術力に圧倒されつつ、またそれをひとつでも勉強できたらいいなと、新シリーズ公開のたびワクワクします。

――最後に『プリキュア』シリーズを楽しんでいる子供たち、そしてこれまで『プリキュア』を愛してきたファンに向けて、メッセージをお願いします。

上北　やりたいこと、なりたいもの、夢を見つけて突き進んでください。くじけそうになったとき、『プリキュア』がきっと勇気をくれますよ。そして『プリキュア』シリーズを長年愛し続けてきた皆さん、ありがとうございます。これからもずっとずっと見守っていてほしいです。私たちもファンのふたりとして、皆さんと一緒に『プリキュア』を見続けていきます。マンガ版もどうぞよろしくお願いいたします。

プリキュア20周年記念描き下ろし色紙

PRECURE
20th ANNIVERSARY
COLORED PAPER

INFORMATION

❶上北ふたご プリキュア20周年記念イラスト集
Futago Kamikita×All Precure

2023年8月3日発売　A4判　価格3,300円（税込）

『ふたりはプリキュア』から『ひろがるスカイ！プリキュア』まで、プリキュアの20年を上北ふたご先生のイラストとともに辿ろう！　描き下ろしイラストも収録！

❷デリシャスパーティ♡プリキュア　プリキュアコレクション 特装版
デリシャスパーティ♡プリキュア　プリキュアコレクション

2023年3月20日発売　特装版 価格2,640円　通常版 定価1,320円（税込）

『デリシャスパーティ♡プリキュア』のコミカライズでは、オリジナル日常ストーリーが盛りだくさん。単行本描き下ろしの美麗イラスト&描き下ろしマンガも収録。特装版には激レアなスケッチブック風のラフスケッチミニ画集もついてくる！（写真は特装版）

PRECURE 20th ANNIVERSARY
NARITA YOSHIMI
SPECIAL INTERVIEW

「キボウノチカラ～オトナプリキュア'23～」
シリーズ構成

成田良美

プリキュア20周年スペシャルインタビュー

Profile
なりたよしみ
愛知県出身。1997年放送の『ドクタースランプ』で脚本家としてデビューし、子供向けからSFまで幅広い作品で活躍。最近のシリーズ構成担当作品に『ダンス・ダンス・ダンスール』『可愛いだけじゃない式守さん』などがある。

好評放送中の『キボウノチカラ～オトナプリキュア'23～(以下、キボウノチカラ)』。そのシリーズ構成を担当しているのが、『ふたりはプリキュア』から参加し、「もっとも『プリキュア』シリーズの脚本を書いた脚本家」と言える成田良美。20年にわたるシリーズの歩みを振り返ると同時に、『キボウノチカラ』で何を描こうとしているのか聞いた。

シリーズが長く続いたからこそ「大人になった姿」も描けた

――成田さんは、現在放送中の『キボウノチカラ』でシリーズ構成を担当しています。大人になった『Yes!プリキュア5(以下、5)』のメンバーを主役に据えた作品になるわけですが、最初に依頼を受けたときの印象をおぼえていますか?

成田　すごくビックリしました。『プリキュア』シリーズは、あくまでも子供向けだと思っていましたから。『ふたりはプリキュア』の頃に言われて、いまだにおぼえていることがあって。『プリキュア』には「プリキュアルール」みたいなものがあって、その中のひとつに「大人になった姿は描かない」というものがあったんです。それをずっと守ってきたけど、あれから20年が経って「大人になった姿」を描くんだ、と。シリーズが長く続いたからこその企画だと思いましたし、なによりうれしくて「やるなら、ぜひやらせてください」と快諾しました。

――『5』は、成田さんがシリーズ構成を担当した2作目になりますね。

成田　その前の『ふたりはプリキュア Splash☆Star(以下、Splash☆Star)』は途中からシリーズ構成を担当したので、キャラクター作りからやった初めてのシリーズが『5』。なので、思い入れは強いですね。

――久しぶりに(夢原)のぞみたちの物語を書くことになったと思うのですが……。

成田　でも、意外と懐かしいという感じはなかったです。『5』の面々は『オールスターズ』にも出ていましたし。『キボウノチカラ』は「『5』の続きを書いてください」という話だったのですが、もともと『5』は「夢」をテーマにしたシリーズで、作中でも将来の夢をしっかり描いていたんですね。だから、その夢の続きを書けるというのはうれしかったです。

――では、迷いなく作業に入れた?

成田　『5』のキャラクターはみんなよくおぼえていて「この子の夢はこういう夢だった」とか、すぐに思い出せるんです。ただ、悩んだのは、中学生だった彼女たちの夢が、その後、かなったのかどうか。かなった子もいるし、かなっていない子もいるわけですけど、等身大の女性として、現在の彼女たちがどう感じているのか。昔は「夢をかなえるんだ!」という勢いで突っ走っていたけど、実際に大人になったときにどう思うのか……。

――まさに、20年後ののぞみたちの心境をリアルに思い描かなければいけない。

成田　一方で、当時の視聴者もそのまま同じくらいの年頃になっているわけで、見てくれるであろう人たちの心境を想像しながら書いていこう、と思いました。ある意味、視聴者とキャラクターの感情が合致する、みたいな感覚がありましたね。

――けっこうリアル寄りのシリーズになっているんですね。

成田　とはいえ、ファンタジーでもあるので、そのさじ加減は難しかったです。大人が見て楽しめるシリーズにしなければならないので、最初は「バトルはどうする?」とか、そういうところから始まって。

――たしかに、変身させるかどうかは議論になりそうです。

成田　そこも最初に議題に上がったところで、変身するのかしないのか。でも、変身しなきゃプリキュアじゃないよね?という(笑)。また、変身する場合、どういう姿で変身するのか?というのも考えどころで、のぞみたちはもう大人になっているわけです。なので、大人の姿でこのコスチュームを着るのかどうか。結論としては、中学生時代の姿に戻って変身するという段取りを踏んでいるんですけど、じゃあ、どうして中学生のときの姿に戻るのか。

――何か理由がなければならない。

成田　そこが一番、大きかったかな。あと『5』のときは物語に少し恋愛要素を盛り込んだんですけど、子供向けの作品なので、最終的にはちょっとうやむやにして終わったところがあったんです。でも、今回は大人向けなので「あの続きを書いていいですか?」と。そこはぜひやってくださいということだったので、のぞみとココの恋愛の続き、ふたりがその後どうなっているのかを、ひとつ大きな軸として描いています。

バトル以上に女の子の感情や日常をちゃんと書かなきゃ、と思った

――ここで、成田さんと『プリキュア』シリ

ーズの関係を振り返ってみたいのですが、先ほども話があった通り、最初に参加したのが『ふたりはプリキュア』ですね。

成田　そうですね。ニチアサ枠ではその前の『おジャ魔女どれみ#』から参加していて、『明日のナージャ』を挟んで『ふたりはプリキュア』になります。大きな違いはやっぱり女の子が戦うところだったんですけど、私はバトルを書くのが好きで（笑）。もともと私は少女マンガよりも少年マンガのほうが好きな子供で、毎週『週刊少年ジャンプ』を読んでいたんですよ。なので、制作が始まったときも楽しく書いていました。

――その頃、印象的だったことというと？

成田　「頑張らないと、半年でシリーズが終わっちゃうよ」みたいなことは言われました（笑）。とにかく面白くしないと続かない。だから、思いきって激しいバトルを入れて盛り上げて。それこそ半年で力を出し尽くすくらいの勢いで書いていましたね。あと、たしかあのときは脚本陣に女性が少なかったんですよ。なので、女の子の日常みたいな部分を頑張って書こうと思った記憶があります。バトルを書くのは好きだけど、それ以上に女の子の感情だったり、日常みたいな部分をちゃんと書かなきゃと思っていました。

――手応えみたいなものを感じたのは？

成田　放送前に書いているときはわからなかったです。女の子のバディもので、仲よしのふたりが悪と戦う……一生懸命書いてはいたんですけど、これが受け入れられるかどうかは、まったくわからなくて。放送が始まってしばらく経って、ようやく「玩具がめっちゃ売れているらしいよ」みたいな話を聞いて「わーっ！　それじゃあ続けられますね」って（笑）。

――そんな『ふたりはプリキュア』が2年続いた次の作品が『Splash☆Star』ですね。

成田　最初は各話の脚本で参加していたんですけど、迷いがあった感じは否めなかったです。たぶん『ふたりはプリキュア』のときに視聴者からいただいた「激しいバトルがちょっと……」という意見を汲んだ結果だと思うのですが、初代が肉弾戦だったのに対して『Splash☆Star』の（日向）咲と（美翔）舞は手からオーラを出すようになったりして、ちょっとパワーが落ちた印象がありました。

――前作と比べてしまうと。

成田　そうですね。初代のふたりの影を引きずっている感じもあって。だからシリーズ構成を引き受けたときは、このままでは『プリキュア』シリーズが終わってしまうという危機感が強くありました。

――成田さんは2クール目（第14話）から、シリーズ構成を担当していますね。

成田　すでに主人公のふたりのキャラクターは出来上がっているので、まわりのキャラクターで盛り上げようと考えました。それで（霧生）満と（霧生）薫というキャラクターを作ったんです。敵側のキャラクターも、コミカルなほうに振っています。

――そういえば『キボウノチカラ』には咲と舞も出演するんですよね。

成田　咲と舞のふたりを書くのは、久しぶりでしたね。声優さんのおふたりもいまだに仲がいいそうなんですけど、キャピキャピ楽しそうなところがすごくよくて。とはいえ、大人になると向いている方向がちょっと違ったりすることもある。昔のままではいられないところもあるよ、みたいな感じを咲と舞では意識しています。

『プリキュア5』ではできることは全部やろうと思った

――そしていよいよ、イチから企画を立ち上げることになったのが『5』。シリーズの大きな転機になった作品ですね。

成田　これも『Splash☆Star』と同じく、当たらないと『プリキュア』シリーズが終わるという危機感が強かったです（笑）。それこそ「ふたり」というところを脱却して「5人でいこう」がスタートラインで。「プリキュア」という名前は続くけど、今までとは違う感じにしようと考えていました。

――『5』の企画を進めるうえで、ポイントになったのはどこだったのでしょうか？

成田　『Splash☆Star』までは、変身のときに手をつなぐというルールがあったんですけど、じつはそれがけっこうな枷だったんです。ストーリー的にはそれぞれのキャラクターにスポットライトを当てた話を見せたくても、ふたりと妖精が揃わないと変身できなかったりする。でも、『5』ではプリキュアが5人に増えて、しかも変身がひとりずつになった結果、自由度が上がりました。とにかく「当たらないと終わる」という危機感があったので、できることは全部やろうと思ったのが大きかったですね。恋愛要素を入れたのも、そのひとつです。

――キャラクターについて少し突っ込んで聞きたいのですが、キャラクターの造形はどうやって決めていったのでしょうか？

成田　最初に色が決まったんですよ。ピンクと赤、黄色、緑、青の5色がすでに決まっていて、その色から受けるイメージを踏まえつつ、プリキュア名と本人たちの名前を考えていきました。たしか「キュアドリーム」

キボウノチカラ ～オトナプリキュア'23～

STAFF

原作
東堂いずみ

キャラクター原案
稲上 晃、川村敏江

シリーズディレクター
浜名孝行

シリーズ構成
成田良美

キャラクターデザイン
中嶋敦子

音楽
佐藤直紀

アニメーション制作
東映アニメーション、スタジオディーン

毎回『プリキュア』でできる枠のギリギリを攻めています

だけは最初から決まっていて「夢原のぞみ」という名前は私が考えたんじゃなかったかな。そんな感じで、シリーズディレクターの小村（敏明）さんと私とプロデューサーの鷲尾（天）さんが持ち寄って投票して決める、みたいな感じで。

—— 難航したキャラクターというと？

成田　（春日野）うららかな。「レモネードってどういうこと!?」と（笑）。「レモン」だと音的に足りない感じがあって、それで「レモネード」になった記憶があります。あと、変身のときの決めゼリフ（口上）も、一緒に考えていたんですよ。「弾けるレモンの香り」を提案したのは鷲尾さんだった気がするんですけど（笑）、面白いからこのままいっちゃおうかって。

—— 結果的に『5』は大きな評判を呼んで、シリーズの続行が決まるわけですが、気に入っているエピソードはありますか？

成田　中盤、のぞみがナイトメアのところに連れて行かれてしまうエピソードがあって。チームだった5人の心がバラバラになってしまうのを仮面で表現しつつ、そこを突破するキュアドリームという流れになるんですけど、闇に落ちていきそうなのぞみを、ココがつかんで引き戻すシーンがあって（第24話「新たなる5人の力！」）。このエピソードはいまだにおぼえていますね。

—— そして『5』は2年目（『Yes！プリキュア5GoGo！』）に突入していきます。

成田　うれしい一方で『5』でアイデアを出し尽くしたので、正直しんどいなという思いもありました。ただ、皆さんがそれぞれのキャラクターを気に入ってくださったからこその続編なので、そこを変えてはいけない、とも思っていて。そこからどうストーリーを作っていくか。敵が攻めてくるだけでは、到底50本には足りないので……。そこでミルクを出して、あとは童話みたいな要素を入れたり、敵にいろいろ動いてもらう。何かが起こりさえすれば、彼女たちはちゃんと動いてしゃべってくれるという感触があったので、「事件」をちゃんと作ることができれば、いけるかなと思いました。

—— その後、『フレッシュプリキュア！』『ハートキャッチプリキュア！』『スイートプリキュア♪』『ドキドキ！プリキュア』には各話脚本で参加しています。

成田　『フレッシュプリキュア！』は前川（淳）さんがシリーズ構成でしたけど、変身時の「チェインジ」が、すごく前川さんっぽいなと思いました（笑）。ここから毎年、いろいろな方がシリーズ構成を担当されるようになるんですけど、やっぱり書く人によって全然違うんですよ。いったい今年はどんなプリキュアが出てくるんだろうって、楽しみにしていました。

—— 次にシリーズ構成を担当したのは『ハピネスチャージプリキュア！』ですね。

成田　これはたしか、シリーズディレクターの長峯（達也）さんに声をかけていただいたんだと思います。長峯さんとは『冒険王ビィト』とか、あと『聖闘士星矢Ω 新生聖衣編』もそうですね。何本かご一緒していたので、そこからの流れだった気がします。『ハピネスチャージプリキュア！』のときは、キャラクターの履歴書が送られてきたんですよ。名前はもちろん、キャラクターの生まれた場所だったり、何歳のときに何があった、みたいな。

—— かなりしっかりしたビジョンがある状態からのスタートだったんですね。

成田　そうですね。そこはシリーズディレクターによって全然違います。一緒に考えていくタイプの方もいれば、長峯さんみたいにガッチリと資料を送ってくれる方もいて。あとは長峯さんの特徴である青いプリキュアですね。長峯さんのシリーズは、キュアプリンセスしかり、（『ハートキャッチプリキュア！』の）キュアマリンしかり、ブルーが元気な子なんです。

—— ちょっとおしゃまな感じで（笑）。

成田　このふたりは書いていて、すごく楽しいですね。すっごいしゃべるんですけど、セリフを考えるのが楽しい（笑）。『オールスターズ』を書いているときも、気がつくとマリンばっかりしゃべっちゃうんですけど（笑）、やっぱりそれだけキャラクターが立っている、ということなんです。よくできているなあって、本当に感心します。

—— テーマ的には「愛とは何か」みたいなところが話の中心になったシリーズですね。

成田　そうですね。子供向けで「愛」をテーマにするのは、すごく難しかったです。いろいろなかたちの「愛」を書くことになったんですけど、苦労した記憶があります。しかも、このときは敵のクイーンミラージュがプリキュアと同じくらいの年頃の女の子という設定で。たしか長峯さんのアイデアだったと思うんですけど、「女の子」が敵になるのは、これが初めてだったんじゃないかな。書くのに苦労した記憶があります。

シリーズを通して描かれてきた等身大の女の子たちの物語

—— 各話脚本のときと、シリーズ構成を担当するときでは、やはりスタンスが違ってくるのでしょうか？

成田　そこは全然違いますね。シリーズ構成のときは設定やキャラクターを作らなければいけないし、各話の脚本担当さんから質問を受けたら答えなければいけない。逆に自分が各話脚本なら、わからないことは聞けばいいわけで（笑）。各話脚本のときは、シリーズ構成の方から「こういうことがやりたい」と希望をうかがって、それを反映しながら書くというスタンスになりますね。

——各話脚本のときは、どういうところから脚本を書き始めるのでしょうか？

成田　基本的にはプロットを提出するところからスタートするんですけど、シリーズ構成の方によって、そのやり方は違ってきます。「こんな感じの話でよろしく」みたいな、それこそ2〜3行のあらすじだけというパターンもあれば、「こういう話を」とＡ４の紙1枚にびっしり書かれる方もいます。

——どちらのほうがやりやすい、ということはありますか？

成田　そこはわりと、どちらでも大丈夫です。これまで何本も書いてきているので、『プリキュア』シリーズでやっていいこと、悪いことはだいたいわかっているつもりだし、それにのっとって書けばいい。ただ、「やっていいこと」の枠の中だけで完結してしまうと、話が小さくまとまってしまったり、ワンパターンになってしまったりする。それはよくないと思うんですね。なので、枠のギリギリを攻めよう、という意識はあります。枠のギリギリを攻めて、たまにちょっとハミ出るくらいの話を書いていこう、と。

——その「枠」というのは、たとえばどういう部分なんでしょう？

成田　子供向けでこういうセリフは言っちゃいけないとか、あまりにつらい話だと子供がテレビの前からいなくなってしまうとか、そういうところですね。その枠のギリギリを攻めて、ダメだと言われたら「ごめんなさい」と言って書き直す（笑）。そういうスタンスで毎回書いています。

——ギリギリを攻めるというのはよくわかるのですが、逆に『プリキュア』シリーズの中核にあるものとは何なのでしょう？

成田　彼女たちがいつも考えているのは、自分たちの日常なんですね。プリキュアたちが戦うのは、まわりの人たちを守るという理由だったりするわけですけど、そういうなかで日常の大切さ、みたいなものが描かれる。変身してバトルして……というと、ちょっとファンタジックな感じがするんですけど、でも大切なのは等身大の女の子たちである、というところだと思います。なかなかひと言では言い表せないんですけど。

——どこか地に足のついた感覚が『プリキュア』シリーズのポイントなのかもしれません。作業をしていて、とくに大変だった回、苦労した回はありますか？

成田　毎回、苦労はしながらも楽しく書いていますが、『Go！プリンセスプリキュア』のときだったかな、自分の脚本を読んで「こんな話を前に書いたことがあるぞ!?」と思ったことがあったんです。シリーズの脚本をいっぱい書いてきたからこそだと思うんですけど、似たような話を書いているな、と思った瞬間があって。そのときに「自分の中の『プリキュア』のアイデアが枯渇してしまう、このままだとよくない。ちょっと離れさせてもらおう」と思ったんです。

——そして『Go！プリンセスプリキュア』で一度離れたあと、『HUGっと！プリキュア』『トロピカル〜ジュ！プリキュア』に参加して、またかなりの本数の脚本を書いているわけですが、シリーズの今後に期待することをお願いします。

成田　もう、この調子で永遠に続いてほしいと思っているんですけど（笑）。私自身はもちろん、いろいろな才能のある方に書いてもらって、これからもシリーズを盛り上げていってほしいなと本気で思います。『全プリキュア展〜20th Anniversary Memories〜』に行ったのですが、感動したんですよ。入り口にこれまでのプリキュアのパネルが立っていたんですけど、少し年齢が上のお姉さんは初代とか『5』の前で、小さい子たちは最近のプリキュアの前で写真を撮っていて。それぞれの年代にファンの方がいらっしゃるというのを目にすると、やっぱりありがたいなと思います。

——では最後に、『キボウノチカラ』を楽しみにしている方に向けて、メッセージをお願いします。

成田　当時、『5』を楽しみに見ていて、今は大人になった方が喜んでもらえるような、そういうドラマを意識して書きました。大人が見て「どうなっちゃうの？」と思ってもらえるような、飽きない作りになっていると思います。ぜひ最後まで楽しんで見ていただければうれしいです。

成田良美さんが手がけたプリキュア映像作品

2004	ふたりはプリキュア	脚本
2005	ふたりはプリキュア Max Heart	脚本
	映画ふたりはプリキュア Max Heart 2 雪空のともだち	脚本
2006	ふたりはプリキュア Splash☆Star	シリーズ構成（※）
	映画ふたりはプリキュア Splash☆Star チクタク危機一髪！	脚本
2007	Yes！プリキュア5	シリーズ構成
	映画Yes！プリキュア5 鏡の国のミラクル大冒険！	脚本
2008	Yes！プリキュア5GoGo！	シリーズ構成
	映画Yes！プリキュア5GoGo！お菓子の国のハッピーバースディ♪	脚本
2009	フレッシュプリキュア！	脚本
2010	ハートキャッチプリキュア！	脚本
2011	スイートプリキュア♪	脚本
2012	スマイルプリキュア！	脚本
	映画プリキュアオールスターズNewStage みらいのともだち	脚本
2013	ドキドキ！プリキュア	脚本
	映画プリキュアオールスターズNewStage2 こころのともだち	脚本
2014	ハピネスチャージプリキュア！	シリーズ構成
	映画プリキュアオールスターズNewStage3 永遠のともだち	脚本
	映画ハピネスチャージプリキュア！人形の国のバレリーナ	脚本
2015	Go！プリンセスプリキュア	脚本
2018	HUGっと！プリキュア	脚本
2021	トロピカル〜ジュ！プリキュア	脚本
	映画トロピカル〜ジュ！プリキュア 雪のプリンセスと奇跡の指輪！	脚本
2023	ひろがるスカイ！プリキュア	脚本
	キボウノチカラ〜オトナプリキュア'23〜	シリーズ構成

※第14話以降

PRECURE
20th ANNIVERSARY

プリキュア20周年アニバーサリーブック

2023年11月1日　初版発行

監修
東映アニメーション

執筆
宮 昌太朗
津久田重吾

執筆協力
水野二千翔（高円寺工房）

装丁・本文デザイン
宮下裕一 [imagecabinet]

玩具撮影
松本祐亮

協力（五十音順）
講談社
バンダイ
マーベラス
メガハウス

編集
串田 誠
山本貴志
倉本江梨

編集協力
木川明彦（ジェネット）
浅野健司
熊田唯子
田中尚道
針谷美和
岡部充宏
木村和美

発行人
野内雅宏

編集人
串田 誠

発行所
株式会社一迅社
〒160-0022
東京都新宿区新宿 3-1-13
京王新宿追分ビル 5F
03-5312-7439（編集部）
03-5312-6150（販売部）
発売元：株式会社講談社（講談社・一迅社）

印刷・製本
大日本印刷株式会社

Printed in Japan
ISBN978-4-7580-1845-6